학부들의 논쟁

학부들의 논쟁

임마누엘 칸트 지음
오진석 옮김

도서출판 b

| 일러두기 |

1. 이 번역은 그 저본으로 Der Streit der Fakultäten, 학술원판 칸트 전집 VII권 1-116쪽과 펠릭스 마이너Felix Meiner 출판사의 판본: Der Streit der Fakultäten in: Philosophische Bibliothek Band 522, 호르스트 D. 브란트Horst D. Brandt와 피에로 지오르다네티Piero Giordanetti 편집, Hamburg 2005를 사용하였다.
2. 본문에서 둥근 괄호( )로 묶은 것과 한글 고딕체로 옮긴 것이나 이탤릭체의 원문, 그리고 진하게 하여 강조한 것들은 모두 다 저자에 의한 것이지만, 대괄호[ ]로 묶은 것은 옮긴이의 것으로 대체할 수 있는 번역어이거나 설명하는 말이다. 그리고 이탤릭체로 쓰인 원문은 한글 고딕체로 옮겨 표기하였고, 원문에서 철자 띄어쓰기로 강조하고 있는 낱말은 진한 글자체로 표시하였다. 또한 본문에는 학술원판의 쪽수를 예를 들어 '…… 은총에 |57|자연적으로 ……'의 형태로 단어 앞에 표기하였다.
3. 별표 *로 표기한 본문의 각주는 본래 모두 다 저자의 것이지만, 예외로 다섯 곳만은 옮긴이의 각주이며 [옮긴이 주]라고 기입하였다. 그리고 번호로 표기하여 미주로 단 주해는 본래 마이너 판의 편집자 지오르다네티의 것을 우리말로 옮긴 것이다.

| 차 례 |

제1편 신학부와 철학부의 논쟁

제2편 법학부와 철학부의 논쟁

다시 제기된 물음: 인간종은 더 나은 상태로 지속적으로 진보하고 있는가?

제3편 의학부와 철학부의 논쟁

순전히 결단을 통해 마음의 병적인 감정들을 제어하는
마음의 권능에 관하여

임마누엘 칸트의

세 편으로 이루어진 학부들의 논쟁

쾨니히스베르크,

프리드리히 니콜로비우스

1798

괴팅겐의 박사이자 교수

칼 프리드리히 슈토이들린[1] 씨에게 바침

저자로부터

|5| 머리말

인간의 정신을 그 속박으로부터 벗어나게 하고, 바로 사유에서의 이 자유를 통해 그만큼 더 기꺼운 마음의 순종을 일으키게 하는 한 계몽된 정부[2]로부터 지금 외출을 허락받은 현재의 책장冊張들[3]은 또한 동시에 필자가 이러한 사태의 변화에서 필자 자신과 관련된 것에 관한 하나의 짧은 이야기 진술을 하기 위해 스스로 취하는 자유에 대하여 책임을 져야 할 것이다.

용감하고 성실하며 인간을 사랑하고— 어떤 기질적 특성들을 제외하면— 모든 점에서 탁월할 뿐만 아니라 또한 나를 개인적으로 알았고 때때로 자신의 은혜의 표현들을 나에게 베풀어 주었던 주인인 **왕 프리드리히 빌헬름 2세**Friedrich Wilhelm II.[4]는 나중에 종교부처의 장관으로 등용된 사람, 즉 사람들이 또한 으레 그에 대해서는 그 자신의 내적인 확신에 기인하는 선한 의도들을 가지고 있다는 것 외에 달리 해석할 이유를 갖지 않는 한 성직자[5]의 제안에 따라 1788년에 하나의 **종교칙령**Religionsedict을 공포케 하였고, 곧이어 저술활동 일반을 매우 제한하며 동시에 또한 저 종교칙령도 더불어 날카롭게 하는 검열칙령을 공포케 하였었다. 나중에 결과한 폭발에 선행한 어떤 징조들이 정부에게는 장래의 공적인 인민[민중]의 교사들Volkslehrer의 현학적인akademischen 가르침이라는 정체된 길에 이르게 했던 저 부서에서의 어떤 개혁의 필요성에 대한 충고로 작용했어야만 했다는 것은 부정될 수 없다. 왜냐하면 젊은 성직자들로서의 이 인민의 교사들은 농담을 이해하는 사람이 **그러한** 교사들을 통해서는 제대로 회개하지bekehren 못하게 될 것 같은 어조로 그들의 설교를 일치시켰기 때문이다.

그런데 종교칙령이 국내의 작가들뿐만 아니라 외부의 작가들에게도 생생한 영향을 끼쳤음에도 불구하고 나의 논문은 『순전한 이성의 한계들 안에서의 |6| 종교』*Religion innerhalb der Grenzen der bloßen Vernunft*[6]라는 제목 하에 출간되었고,* 나는 불법행위의 죄과를 지지 않기 위해 나의 모든 저술들에 내 이름을 내걸었기 때문에, 1794년도에는 나에게 다음과 같은 왕실의 답서가 발표되었다. 이에 관해 특기할 만한 것은 내가 그 답서의 존재를 나의 가장 신뢰하는 친구[7]에게만 알렸기 때문에 그 답서가 또한 이전에는 공적으로 알려지지 않았다는

* 이러한 제목붙이기는 저 논문이 (계시 없이) 순전한bloßer 이성에 **기인한**aus 종교를 의미한다고 해석되지 않도록 하기 위해 의도적으로 이루어졌다. 왜냐하면 저 논문이 그러한 의미로 해석되었다는 것은 결국 저 논문의 교설들Lehre이 초자연적으로 영감을 받은 사람들에 기인하였다는 것일 수 있었으므로 그렇게 해석하는 것은 너무 많은 월권이었을 것이기 때문이다. 오히려 여기서 나는 계시된 것으로 믿어진 종교의 텍스트, 즉 성경 속에서 **순전한 이성을 통해서도**auch durch bloße Vernunft 인식될 수 있는 것만을 하나의 연관 속에서 표상케 하려고 했던 것이다.

점이다.

신의 은총 **프리드리히 빌헬름,**
프로이센의 왕 등등으로부터

먼저 자비로운 인사를. 품위 있고 학식이 높은 친애하는 충신이여! 우리의 최고의 인격은 이미 오랜 시간 전부터 큰 불만을 가지고 알고 있었습니다. 어떻게 그대가 그대의 철학을 성서와 기독교의 많은 주요교설들 및 근본교설들에 대한 왜곡과 폄하를 위하여 오용하는지를, 어떻게 그대가 이러한 것을 특히 그대의 책 『순전한 이성의 한계들 안에서의 종교』와 마찬가지로 보다 작은 다른 논문들[8]에서 행하였는지를. 우리는 그대에게 하나의 개선을 기대합니다. 왜냐하면 그대 자신이 얼마나 무책임하게 그러한 책과 논문들을 통해 젊은이의 교사로서 그대의 의무와 그대에게 매우 잘 알려진 나라의 아버지 같은landesväterliche 우리의 의도들에 거슬러 행위하고 있는지를 통찰할 수밖에 없을 것이기 때문입니다. 우리는 가급적 빠른 그대의 가장 양심적인 책임을 촉구하며, 우리의 최고의 무자비함을 피하기 위해 그대는 장래에 그와 같은 어떠한 것도 그대에게 죄과로 돌아가지 않도록 해야 할 것이고, 오히려 그대의 의무에 따라 나라의 아버지 같은 우리의 의도가 더욱 더 많이 이루어지도록 그대의 명망과 그대의 재능을 사용하길 그대에게 고대합니다. 그렇지 않고 계속해서 거역할 경우 그대는 틀림없이 불편한 조처들을 기대해야만 할 것입니다.

그대에게 은총의 마음을 품으며.

베를린, 1794년 10월 1일

국왕 폐하의 가장 자비로운 **특별**명령으로
뵐너Woellner

|7| **특별히** —
프로이센
쾨니히스베르크의
품위 있고 학식이 높은
우리의 교수이며 또한 친애하는 충성스러운 칸트에게
1794년 10월 12일 **발표**.

이에 대한 나의 입장으로 다음과 같은 가장 신민다운 답변[9]이 행해졌다.

가장 자비하신 자 등등
지고하신 국왕 폐하시여, **10월** 1일에 저에게 발하여 동월 12일에 저에게 내려진 명령은 제게 다음의 것을 가장 겸허한 의무로 부과하고 있습니다. **첫째로** "특히 저의 책 『순전한 이성의 한계들 안에서의 종교』에서와 마찬가지로 보다 작은 다른 논문들에서 성서와 기독교의 많은 주요교설들 및 근본교설들을 왜곡하고 폄하하는 저의 철학의 오용 때문에, 그리고 이것을 통해 젊은이의 교사로서의 저의 의무를 위반하고 저게 매우 잘 알려진 나라의 아버지 같은 최고의 의도들에 거스르는 위반에 대해 저에게 해당하는 죄과 때문에 양심적인 책임을 질 것"을. **둘째로** "장래에 그와 같은 어떠한 것도 저에게 죄과로 돌아가지 않도록 할 것"을. — 이 두 가지 것과 관련하여 저의 가장 신민다운 순종에 대한 증명을 다음과 같은 해명으로 국왕 폐하의 발 앞에 내려놓기에 부족함이 없습니다.

첫 번째 것, 즉 저에 대해 제기된 고소에 관하여 말하자면, 저의 양심적인 책임은 다음과 같습니다.

제가 이해하고 있는 한, **젊은이의 교사**로서 저는 대학의 강의들에 결코 성서와 기독교에 대한 판정을 개입시키지 않았고 또 개입시킬 수도 없었다는 것을 그러한 강론에 대해 유일한 관계를 지니고 있을 것으로서 제가 기본으로 삼고 있는 바움가르텐의 교본들[10]이 이미 증명할 것입니다. 왜냐하면 이 교본들에는 결코 성경과 기독교의 항목이 포함되어 있지 않거니와 철학의 항목 외에는 아무것도 포함되어 있을 수 없기 때문입니다. 그러나 하나의 의도하고 있는 학문의 경계들을 넘어서게 하거나 그 학문의 경계들을 서로 간에 넘나들게 하는 잘못은 최소한 제게 제 자신이 그 학문에 대해 그러한 잘못을 항상 질책하였고 경고하였다는 비난을 받게 할 수 있을 것입니다.

또한 제가 **인민의 교사**로서 저술들, 특히 |8|『순전한 이성의 한계들 안에서의 종교』라는 책에서 저에게 알려진 **나라의 아버지 같은** 지고한 의도들을 조금도 거스르지 않았다는 것, 즉 **나라종교**[프로이센 영방종교]Landesreligion에 지장을 초래하지 않았다는 것은 이미 저 책이 그러한 것을 위해서는 적합지 않으며, 오히려 대중에게는[11] 이해될 수 없는 하나의 은폐된 책이고 인민에게는 어떠한 주의도 끌지 못하는 단지 학부의 학자들 사이의 논의만을 소개하고 있다는 점으로부터 밝혀집니다. 그러나 그러한 논의와 관련하여 학부들 자체는 그

들의 최선의 지식과 양심에 따라 공적으로 판단하도록 자유롭게 남아 있습니다만, 단지 (학교들과 설교단상 위에) 세워진 인민의 교사들은 나라[프로이센 영방]의 지배권이 이 인민의 교사들에게 공적인 강론을 위해 승인하는 저 논의들의 결과에 결부되어 있습니다. 왜냐하면 이 인민의 교사들은 또한 그들 자신의 종교신앙Rekigionsglauben을 **스스로** 생각해내어 전수할 수 있었던 것이 아니라, 그 신앙을 단지 다음과 같은 방법, 즉 그 종교신앙을 위해 자격을 갖추고 있는 학부들(신학부와 철학부)을 통한 심사와 정정의 방법을 통해서만 전수할 수 있었기 때문이며, 따라서 나라[영방]의 지배권은 이 학부들이 공적인 나라종교[영방종교]에 유익하다고 여기는 모든 것이 그들의 저술들을 통해 통치의 지식[노하우]Kenntnis이 되도록 이학부들을 용인할 권한뿐만 아니라 또한 그들에게 그러한 것을 요구할 권한이 있기 때문입니다.

저는 그 언급된 책이 전혀 기독교에 대한 **평가**Würdigung를 포함하고 있지 않기 때문에 그 책에서 제게 죄과를 돌릴 만한 기독교에 대한 어떠한 **폄하**Abwürdigung도 하고 있지 않습니다. 왜냐하면 본래 그 책은 자연종교에 대한 평가만을 포함하고 있기 때문입니다. 다만 종교의 어떤 순수한 이성론Vernunftlehre을 확인하기 위해 몇몇 성경의 구절들을 인용한 것이 그러한 오해를 유발하였을 수는 있습니다. 그러나 마찬가지로 그렇게 성경의 구절들을 자신의 철학적 도덕에서 다루었던 고故 **미하엘리스**Michaelis[12]도 이미 그것에 대해 그가 성경의 구절들을 통해서는 성경적인 어떤 무언가를 철학 속으로 집어넣지도 못하고, 철학적인 어떤 무언가를 성경으로부터 끄집어내지도 못한다고 생각하고 있으며, 오히려 단지 다른 (아마도 시인과 연설가의)

판단들과의 충실하거나 추정적인 일치를 통해 그의 이성명제들에 빛과 확증을 주게 되었다고 천명하였습니다. — 그러나 만약 여기서 이성이 자기 스스로를 충분한 것으로 여김으로써 계시론은 불필요할 것이라고 말한다면 (그러한 것이 객관적으로 이해되어야 할 경우에는 실제로 기독교를 폄하하는 것으로 간주될 수밖에 없을 것입니다), 이것은 확실히 이성의 [이론적인: 마이너 판의 삽입] 능력에 따라서가 아니라 도덕적-실천적인 것(우리가 **행해야 하는** 것) 속에 존속하는 어떤 종교 일반의 본질적인 것을 형성하는 신앙교설들의 **보편성**과 **통일성** 그리고 **필연성**이 오로지 이성으로부터 기인하는 한에서 |9| 이성이 행하라고 지시하는 것에 따른 이성 자신의 평가를 표현하는 것 외에 아무것도 아닙니다. 그에 반해 우리가 역사적 증명근거들에 대해 믿을 만한 원인을 갖는다는 것(그래서 여기에는 **해야 하는 것**[당위]이 해당하지 않는다는 점), 즉 그 자체 우연적인 신앙교설로서의 계시는 본질 외적인 것으로 간주됩니다. 그렇지만 그렇다고 해서 그 계시가 불필요하고 과도한 것으로 간주되지는 않습니다. 왜냐하면 그 계시는 순수한 이성신앙이 예를 들어 악의 근원과 이 악으로부터 선으로의 이행 그리고 인간의 확신에 대한 문제들과 그 확신의 상태에 있도록 하는 등등의 문제들에서 부정하지 못하는 그 이성신앙의 이론적 결함을 보완하는 데에 유용하며, 이성의 필요를 만족시키는 것으로서 시대 상황들과 인격들의 상이성에 따르는 이론적 결함의 보완을 위해 다소간 기여하는 도움이 될 수 있기 때문입니다.

더 나아가 저는 특히 기독교에서의 성경적 신앙교설에 대한 저의 커다란 존경을 위에 언급한 같은 책에서 다음과 같은 천명을 통해서도 증명하였습니다. 즉 거기서 저는 성경은 예견할 수 없는 시간들에 대해 실로 영혼을 개선하는 나라종교[영방종교]를 세우고 유지하기에 유용한 인도수단이며, 공적인 종교지도를 위한 현전하는 최선의 인도수단이라고 칭찬하였고, 그래서 또한 나는 비밀을 포함하고 있는 그 종교지도의 이론적 교설에 대해 학교들에서나 설교단상 위에서 또는 대중저술들에서 이의들과 의심들을 일으키는 불손함(그런데 학부들에서는 그러한 것이 허용되어 있어야만 합니다)을 질책하였고 위해한 짓이라고 천명하였습니다. 그러나 물론 이러한 것이 기독교에 대해 최대의 경의를 표하는 것은 아닙니다. 그렇다면 여기서 언급한 가장 순수한 도덕적 이성신앙과 기독교의 합치가 기독교에 대한 최선의 칭송이고 가장 영속적인 칭송입니다. 왜냐하면 매우 자주 변질되었던 기독교는 역사적 학식을 통해서가 아니라 바로 그러한 합치를 통해서 항상 재생산되었고, 더 나아가 또한 장래에도 일어날 수밖에 없는 그러한 유사한 운명들에 있어서만 재생산될 수 있기 때문입니다.

결국 저는 다른 신앙고백자들에게 언제나 그리고 우선적으로 양심적인 정직함을 권유하였을 뿐이지 그 이상으로 그러한 정직함을 내세워서 그들 자신이 확신하고 있는 것과는 다른 것을 신조Glaubensartikel로 강요하듯이 권유하지 않았으며, 또한 저는 표현에서 영혼을 부패시킬 수 있는 모든 오류뿐만 아니라 거부감[충격]을 유발하는 모든 신중하지 못함까지도 배격하기 위해 저의 저술들을 작성할 때 제 자신 속의 이 심판관[정직함]을 항상 제 옆에 서 있는 것으로 생각하였습니다. 그래서 저는 어쩌면 제가 이 모든 것에 대해 곧바로 마음을 잘 아는 자[13]로서의 한 세계 심판관에게 |10| 해명을 할 수 밖에 없을 것이라는 생각이 쉽게 드는 지금 제 나이 71살에도 불구하고 저의 학설 때문에 제게 요구되는 현재의 책임을 완전한 **양심**으로 작성하여

솔직하게 제출할 수 있습니다.

두 번째 점과 관련하여 말하자면, 즉 장래에 그와 같은(고발된) 기독교에 대한 어떠한 왜곡과 폄하도 저에게 죄과로 돌아가지 않도록 하는 점과 관련하여 말하자면, 그 점에 대한 최소한의 혐의를 또한 미리 방지하기 위해 저는 이제 **국왕 폐하의 가장 충성스러운 신민*** 으로서 제가 앞으로는 자연종교든 계시종교든 간에 종교와 관련한 모든 공적인 강론[진술]들을 강의들에서뿐만 아니라 저술들에서 완전히 삼갈 것을 가장 엄숙히 천명하는 것이 가장 확실한 것이라고 여깁니다.

저는 가장 낮은 겸허함 속에 침잠하여 있습니다. 등등.

점점 더 이성으로부터 멀어지는 신앙에 대한 지속적인 소동에 대한 그 밖의 이야기는 잘 알려져 있다.

지금껏 성직들을 위한 후보자들의 심사는 경건주의적 재단법裁斷法[방식]에 따르는 하나의 **심사 방안***Schema Examinationis*[14]이 심사근거로 놓여 있었던 하나의 **신앙위원회**Glaubenscommission[15]에 맡겨져 있었을 것이다. 그 신앙위원회는 수많은 성직들을 위한 신학의 양심적인 후보자들을 몰아내어 법학부를 사람들로 넘쳐나게 하였다. 이것은 일종의 밖으로-내보내기Aus-wanderung로서 우연히 그로인한 부수적인 이익도 얻게 했을 것이다. — 이 위원회의 정신에 관해 조금

* 내가 또한 이러한 표현을 조심스럽게 선택한 것은 내가 이 종교재판에서의 내 판단의 자유를 **영원히** 포기한 것이 아니라, 단지 국왕 폐하께서 살아있는 동안에만 포기했다는 것이다.

이해하기 위해서는 사면赦免에 필연적으로 선행하는 통회의 요구에 따라 또한 깊은 회한의 **비탄**Gram(**영혼의 비통***maeror animi*)이 요구될 것인데, 이때 이 비탄에 관해 다음과 같은 물음이 제기될 것이다. 인간은 그 깊은 회한의 비탄을 또한 스스로 보여줄 수 있는가? 대답은 **아니라는 것 그리고 더욱이 전적으로 아니라는 것***Quod negandum ac pernegandum*이었다. 회한으로 가득 찬 죄인은 이 참회를 특별히 하늘에 대해 청할 수밖에 없다. — 그렇다면 이제 분명히 (자신의 위반에 대해) 또한 **참회**를 구해야만 하는 자가 그의 범행을 실제로는 뉘우치지 않는다는 점도 눈에 띈다. 이러한 것은 바로 그것이 **기도**를 의미하는 경우 그 기도가 응답될 수 있어야 하는 것이라면, 그것이 신앙 속에서 발생할 수밖에 없다는 것과 마찬가지로 모순적으로 보인다. 왜냐하면 그 기도하는 자가 신앙을 가진 경우 그는 그러한 것을 구할 필요가 없지만, 그가 신앙을 가지고 있지 않다면 그는 응답될 수 있도록 구할 수 없기 때문이다.

이제부터 이러한 폐해[16]는 저지된다. 왜냐하면 종교를 하나의 |11|최고로 중요한 국가의 요구[필요]로 삼는 공동적 존재 일반의 시민적 안녕을 위해서뿐만 아니라 특별히 학문의 유익을 위하여 최근에 다음과 같은 다행한 사건이 그 학문의 유익을 촉진하기 위해 마련된 상급 학교 평의회Oberschulcollegium[17]에 의해 발생하였기 때문이다. 즉 현명한 영방정부Landesregierung는 한 계몽된 국정인[고위 정치인][18]을 선발하였는데, 그는 정부의 한 특별한 학과Fach(신학)에 대한 일방적

인 편애를 통하지 않고 전체 교사 계층에 널리 퍼져 있는 관심과 관련하여 그 관심을 촉진하기 위한 직무, 재능 그리고 의지를 가지고 있어서 학문 분야에서의 문화의 진보를 반계몽주의자들Obscuranten의 모든 새로운 공격에 맞서 보장할 것이기 때문이다.

* * *

여기 "학부들의 논쟁"이라는 일반적인 제목 하에서는 내가 세 가지 상이한 의도와 상이한 시기에 작성하였지만, 그럼에도 불구하고 하나의 작품 속에서 그 결합의 체계적 통일성을 위해 적합한 논문들이 등장한다. 그 논문들에 관해서 나는 세 개의 **상위** 학부들과 **하위** 학부와의 논쟁으로서 이 논문들이 (분산되는 것을 예방하기 위해) 한 권의 책 속에 함께 있을 수 있다는 것을 나중에서야 의식하게 되었다.

제1편

신학부와 철학부의 논쟁

|17| 들어가는 말

처음에 학식Gelehrsamkeit의 전체적인 총괄개념(본래는 그 학식에 전념한 두뇌들)을 이를테면 **공장생산 방식으로** 분업을 통해 다룬다는 생각을 붙잡았고, 그 생각을 공적인 실행을 위해 제안했던 것은 나쁜 착상이 아니었다. 이 착상에서는 학문들의 학과들Fächer이 있는 그만큼 공적인 교사들, 즉 그 학문들의 보유자들Depositeure로서 **교수들**이 채용되었을 것이며, 그들은 모두 (학자들에 대해서는 그 자체로 학자들만이 판단할 수 있기 때문에) 자신의 자율Autonomie을 가지고 있을 **대학**Universität(또한 고급 학교hohe Schule)이라 일컫는 일종의 학자 공동존재gelehrtem gemeinen Wesen를 형성하였다. 그래서 대학은 자신의 **학부들***(대학의 학자들을 나누는 상이한 학식의 주요학과

* 그 학부들 각각은 그 학부의 통치자로서 자신들의 **학장**Dekan을 갖는다. 점성술로부터 차용한 이 직함은 근원적으로 수대獸帶[황도대]의 한 기호의 (30°만큼) 앞에 자리하고 있으면서 각각 10도만큼씩 선도하는 세 가지 별의 정령들Astralgeister

들에 따르는 소규모의 여러 사회[모임]들)에 의해 부분적으로는 하급의 학교들로부터 그 대학으로 올라오려는 학생들을 받아들이는 권한을 지니며, 또한 부분적으로는 대학의 고유한 권능에 의한 선행하는 시험에 따라 **박사들**이라 불리는 자유로운 (대학의 구성원을 이루지 않는) 교사들에게 모든 사람에 의해 인정된 하나의 서열Rang을 갖추게 하는(그들에게 하나의 지위Grad를 수여하는) 권한, 즉 그들을 **임명하는** 권한을 지니고 있을 것이다.

|18| 이러한 **동업자 조합**[길드]**에 속하는**zünftigen 학자들 외에도 **동업자 조합에 속하지 않는**zünftfreie 학자들이 있을 수 있다. 이 학자들은 **대학**에 속하지 않고, 그들이 단지 학식이라는 커다란 총괄개념의 한 부분만을 담당함으로써 (**학술원들**Akademien, 또한 **학회들**Societäten der Wissenschaften이라고도 일컫는) 어떤 자유로운 협회들Cooperationen과 같은 공동연구회들을 형성하거나 이를테면 학식의 자연상태에 살면서 공적인 지침과 규칙 없이 각자가 **애호가**Liebhaber로서 스스로 그 학식의 확장이나 확산에 몰두한다.

본래적인 학자들로부터 또한 학사들Literaten(대학에서 공부한 자 Studierte)이 구별될 수 있다. 그들은 정부[통치]의 도구들로서 이 정부에 의해 (반드시 최선의 학문을 위해서가 아니라) 그 정부의 고유한 목적을 위해 공직의 옷을 입고서 대학에서 자신들의 공부를 한 것이

중 하나를 의미하였던 것으로서 별자리로부터 처음에는 야전으로 옮겨 사용되었고(*ab astris ad castra*. **살마시우스***Salmasius*,[19] 『**갱년기……에 대하여**』*de annis climacteriis* ……, 561쪽을 볼 것), 나중에는 대학에까지 옮겨 사용되었다. 그렇지만 이때 바로 (교수들의) 수 10은 고려되지 않았다. 사람들은 지금 국정인들Staatsleute이 스스로를 치장하는 거의 모든 명예직함을 맨 처음 고안해 낸 학자들이 그러한 치장을 위해 그들 자신들을 잊지 않았다는 것에 대해 나쁘게 여기지 않을 것이다.

틀림없지만, 만약 그들이 시민의 한 공직, 즉 그것의 근본이론상 단지 학자들로부터만 나올 수 있는 그러한 하나의 공직을 수행하기 위해 요구될 수 있는 만큼만을, 말하자면 그들의 공직의 조례들에 대한 경험적 지식(따라서 실천에 관한 것)만을 남겨 놓았다면, 아마도 그 공부한 것(이론에 해당하는 것) 중에 다수를 잊어버렸을 수도 있다. 그러므로 그들은 학식의 **실무자들**Geschäftleute 또는 실무전문가들 Werkkundige이라 일컬어 질 수 있다. 그들은 정부의 도구들(성직자들, 사법공무원들 그리고 의사들)로서 대중에 법칙적인 영향을 미칠 수밖에 없고, 학식에 관하여 공적으로 사용하기 위해서는 자기 자신의 지혜에 기인하는 자유가 없이 단지 학부들의 검열 하에 예속되어 있는 학사들이라는 한 특수한 부류를 형성할 수밖에 없다. 왜냐하면 그들은 (대략 사제신분과 평신도의 관계처럼) 직접적으로 무지한 자들로 이루어진 인민들을 향하여 있으며, 그들의 학과[분과]Fach에서 물론 입법 권력은 아니지만 부분적으로 행정[집행] 권력을 가지며, 그들이 학부들에 부속하는 사법[심판] 권력을 무시하지 못하도록 정부에 의해 엄격히 통제되기 때문이다.

학부들 일반의 분류

도입된 관행에 따라[20] 학부들은 두 부류, 즉 **세 개의 상위 학부들**과 하나의 **하위 학부**로 분류된다. 이러한 분류와 명칭에 있어서는 학자들의 지위가 아니라 정부가 관건이 되었다는 것을 잘 알 수 있다. 왜냐하면 학부들의 교설들Lehren에 있어서 그 교설들이 이러 저러한

성질을 지니고 있어야 할지 또는 공적으로 강론되어야 할지와 관련하여 단지 정부 자체의 관심을 끄는 학부들만이 상위 학부들에 헤아려지고, 그와 반대로 학부가 학문적 관심을 스스로 좋다고 생각하는 대로 자신의 명제들과 함께 견지하고자 하여 그 학문적 관심만을 |19|돌볼 수밖에 없는 학부는 하위 학부로 일컬어지기 때문이다. 그런데 정부는 대부분 정부로 하여금 인민에 대해 가장 강력하고 가장 지속적인 영향을 미치게 해주는 학문적 관심에 흥미를 가지고 있다. 그리고 그와 같은 것이 상위 학부들의 대상들이다. 그래서 정부는 상위 학부들의 교설들 자체를 **승인하는** 권리를 보유하고 있다. 반면에 하위 학부의 교설들에 대해 정부는 학식 있는 인민의 고유한 이성에 맡겨 둔다. — 그러나 비록 정부가 교설들을 승인한다 할지라도 정부는 스스로 **가르치는** 것이 아니라 단지 관련된 학부들의 어떤 교설들이 그 학부들의 **공적인 강론**Vortrag 속에 채택되어야 할지를 지시하고, 다만 그 학부들에 대립된 교설들은 그 공적인 강론으로부터 제외되어야 할 것이라고 지시하길 원한다. 왜냐하면 정부는 가르치는 것이 아니라, (진리와 상관이 있든 어떻든 간에) 단지 가르치는 자들에 대해 그들이 그들의 공직*에 들어설 때 정부와의 한 계약을

* 영국 의회의 원칙은 권좌에 있는 왕의 담화가 그의 장관의 작품으로 간주될 수 있다는 것인데(왜냐하면 의회가 그 담화의 내용을 판단하고 검사하여 이의제기할 권한을 틀림없이 가지고 있음에도 불구하고, 오류나 무지 또는 허위를 드러나게 하는 것은 한 군주의 품위를 거스르는 것이기 때문일 것이다), 말하자면 이 원칙은 매우 정교하고 제대로 고안되었다는 것이 인정되어야만 한다. 마찬가지로 정부가 공적인 강론을 위해 독점으로 승인하는 어떤 교설들의 선택도 학자들의 심사에 맡겨져 있어야만 한다. 왜냐하면 그 선택은 군주의 산물로 간주되지 않고, 그 선택을 위해 명령받은 국가공무원, 즉 자신의 주인[지배자]의 의지를 올바로 이해하지 못했거나 곡해했을 수 없다고 상정되는 국가공무원의 산물로서 간주되어야만 하기 때

통해 그 가르치는 일에 합의하는 것으로 인한 명령권을 갖기 때문이다. — 교설들뿐만 아니라 학문의 확장이나 개선에까지도 관여했던 한 정부, 따라서 자신이 몸소 학자의 역할을 하고자 했던 한 정부는 이러한 좀스러운 행위로 말미암아 단지 그러한 행위에 마땅한 존경만을 받을 것이고, 정부가 스스로를 농담을 이해하지 못하고 모든 것을 학문들과 뒤섞어서 똑같이 취급하는 인민(이 인민의 학식수준)과 같이 만드는 것은 그 정부의 품위를 떨어뜨리는 일이다.

학자 공동존재를 위해 단연코 대학에는 자신의 교설들과 관련하여 명령을 내리지는 않지만 모든 것을 |20|판정하도록 정부의 명령으로부터 독립하여* 학문적 관심, 즉 이성이 공적으로 말할 권리를 지녀야만 하는 진리에 관계하는 자유를 가지는 또 하나의 학부가 있어야만 한다. 왜냐하면 그러한 하나의 학부가 없으면 (정부 자체를 손상시키는) 진리는 드러나지 않겠지만, 이성은 자신의 본성상 자유롭고 어떤 무엇을 참으로 간주하는 (**믿어라***crede*가 아니라, 단지 하나의 자유로운 **믿음***credo*[나는 믿는다]일 뿐인) 명령을 수락하지 않기 때문이다. — 그러나 하나의 그러한 학부가 (자유의) 이 위대한 특권에도 불구

문이다.

* 프랑스의 한 장관[21]은 가장 명망 있는 몇몇 상인들을 불러들여서 그들에게 어떻게 하면 상거래가 회복될 수 있는지에 대한 제안들을 곧바로 그가 그 제안들 가운데서 최선의 것을 선택할 수 있을 것처럼 요구하였다.

어떤 이가 이러한 것을, 다른 이가 저러한 것을 제안하고 난 후, 그때까지 침묵하고 있었던 한 늙은 상인이 말하길, 좋은 방도들을 마련하여 족히 돈을 만들려면 즉각적인 어음거래권Wechselrecht 같은 것을 주시되 '우리가 하게 놔두십시오!' 이것이 바로 정부가 견식들과 학문들의 진보를 단지 저해하지 않기 위해 학자들 일반에 지시해야만 하는 교설에 관하여 묻는 경우 철학부가 해야 할 대답일 것이다.

하고 하위 학부로 일컬어지는 것에 관한 이유는 인간의 자연[본성] 속에서 마주칠 수 있다. 즉 명령할 수 있는 자는 설령 그가 타자의 한 겸손한 하인이라 할지라도 자유롭지만 아무에게도 명령할 권한이 없는 한 타자보다 스스로를 더 고상하게 여긴다는 것이다.

|21| I . 학부들의 관계에 관하여

제1절 상위 학부들의 개념과 분류

경험의 한 대상에서 (학식의 전체적인 현재 분야와 마찬가지로) 스스로를 실천적으로 증명해야 하는 (한 정부[통치]의 이념과 같은) 하나의 이성이념을 근거로 갖는 모든 인위적인 기관들은 일어나는 일들의 한낱 우연적인 집적과 자의적인 조합을 통해서가 아니라, 비록 불명료하다 할지라도 이성 속에 놓여 있는 그 어떤 한 원리와 그 원리에 근거한 일정한 방식의 분류를 필연적이게 하는 계획에 따라 설치되었다는 것이 상정될 수 있다.

이러한 근거로부터 한 대학의 조직은 그 학급Klasse과 학부들을 고려해 볼 때 전혀 우연에 의존한 것이 아니며, 정부는 자신에게 옛날의 지혜와 학식을 날조함 없이 이미 (일정한 교설들을 매개로 인민에게 영향을 미쳐야 한다고) 자기 스스로 느낀 필요를 통해 **선험적으로**

현재 채택된 것과 다행히도 합치하는 분류의 원리, 즉 보통은 경험적인 근원을 지니고 있는 것으로 보이는 그 분류의 원리에 이를 수 있었다는 것이 상정될 수 있다. 하지만 이것은 그렇다고 해서 내가 정부에 대해 마치 이 정부가 오류가 없는 것인 양 말하려는 것이 아니다.

이성에 따라 (즉 객관적으로) 정부가 (인민에게 영향을 미치는) 자신의 목적을 위해 이용할 수 있는 동인들은 다음과 같이 열거될 것이다. 첫째로 각각의 한 사람의 **영원한** 안녕, 그 다음으로 사회의 구성원으로서 **시민의** 안녕, 마지막으로 **신체의 안녕**(장수와 건강). **첫 번째 것**과 관련한 공적인 교설들을 통해 정부는 신민의 내적인 |22| 생각들과 가장 은폐된 의지규정에까지도, 즉 저 내적인 생각들을 발견하여 이 의지규정을 조종하는 데까지도 최대의 영향을 미칠 수 있다. **두 번째 것**과 관계된 교설들을 통해 정부는 신민들의 대외적인 행동을 공적인 법칙들[공법]의 고삐 하에 유지할 수 있다. **세 번째 것**을 통해서 정부는 자신의 의도들을 위해 유용하다고 생각되는 하나의 많고 강한 인민의 실존을 보장할 수 있다. — 그러므로 **이성**에 따라 통상적으로 채택한 그 서열은 확실히 상위 학부들 가운데에 이루어질 것이다. 즉 첫째로 **신학부**, 이어서 **법률가들**의 학부, 마지막으로 **의학부**. 그와 반대로 **자연본능**에 따르면 인간에게는 의사가 가장 중요한 사람일 것이다. 왜냐하면 이 의사는 인간에게 **생명**을 연장시키기 때문이다. 그 다음으로 인간에게 우연적인 **그의 것**을 유지하도록 약속하는 법률에 밝은 자, 마지막으로 물론 영복[구원의 축복]Seligkeit에 관계된 것이라 해도 인간은 (거의 죽음에 이르렀을 때에만) 성직자를 찾게 된다. 왜냐하면 이 성직자조차도 그가 그렇게 내세의 행복을 칭송함

에도 불구하고 그 행복에 관해 아무것도 스스로 현시하지 못하므로 의사의 도움으로 이 속세의 땅에 약간의 시간 동안 더 머물러 있길 간절히 소망하기 때문이다.

* * *

세 개의 상위 학부들 모두는 정부에 의해 그들에게 위임된 교설들을 **기록**Schrift, 즉 학식을 통해 지도된 한 인민의 상태에서도 다를 수 없는 것이 어떤 것인지를 보여주는 기록에 근거 짓는다. 왜냐하면 이러한 기록 없이는 또한 인민으로 하여금 준거할 수 있게 해줄 규준, 즉 지속적이며 누구나 접근할 수 있는 규준도 없을 것이기 때문이다. 하나의 그러한 기록(또는 책)이 **조례들**Statute, 즉 한 수장의 자의로부터 기인하는 (그 자체 이성으로부터 발생하지 않는) 교설들을 포함하고 있을 수밖에 없다는 것은 자명하다. 왜냐하면 이 기록은 정부에 의해 승인된 것 외의 경우 단적으로 복종을 요구할 수 없을 것이기 때문이다. 그리고 이러한 것은 법전에도 해당한다. 그러나 그 자체 동시에 **이성**으로부터 도출될 수 있을 교설들, 즉 공적으로 강론될 수 있는 교설들과 관련하여 저 법전은 이성의 명망을 고려하지 않고, 오히려 외적인 한 입법자의 명령을 근거로 놓는다. — 대개 **상징적 책**[신앙고백서]**들**[22]과 같이 (학자들과 비학자들의) 공동적 존재에게 보다 더 알기 쉬운 개념과 보다 더 확실한 사용을 위해 (소위) 법전의 정신을 완전하게 발췌한 것으로서 학부들에 의해 작성된 책들은 규범Kanon으로서의 법전으로부터 전적으로 구별된다. 그 책들은 저 법전에의 접근을 |23| 용이하도록 하기 위해 **도구**Organon로 간주되기만을

요구할 수 있고 어떠한 권위도 갖지 않는다. 또한 어떤 한 학과의 가장 뛰어난 학자들이 규범 대신에 하나의 그러한 책을 그들의 학과를 위해 타당한 것으로 인정하는 일에 대해 합의하였다는 것을 통해서도 그 권위가 인정되지 않는다. 그들은 그러한 것에 대해 전혀 권한이 없고, 다만 시대상황에 따라 변할 수 있는 교수법Lehrmethode, 즉 일반적으로 단지 강론의 형식적인 것에는 관계할 수 있지만, 입법의 실질적인 것에 있어서는 전혀 아무것도 만들어내지 못하는 교수법으로서의 그 책들을 당분간 채택할 권한이 있다.

그래서 (상위 학부에 속하는 자로서) 성서 신학자der biblische Theolog는 자신의 교설들을 이성으로부터 만드는 것이 아니라 **성경**으로부터 만들며, 법의 교사는 자연법으로부터가 아니라 **나라법**[영방법]Landrecht[23]으로부터 만들고, 약학자는 **대중에게 적용하는 그의 치료방법**을 인간의 몸의 **물리학**[생리학]Physik으로부터가 아니라 **의료지침**Medizinalordnung으로부터 만든다. — 이 학부들 중에 하나가 이성으로부터 차용한 것으로서의 어떤 무엇을 섞어 넣으려고 감행하는 즉시 그 학부는 그 학부를 통해 명령하는 정부의 권위를 손상시키는 것이고, 그 학부에게서 저 이성으로부터 빌려 온 빛나는 모든 펜들을 가차 없이 뺏고서 그 학부에 대해 평등과 자유의 척도에 따라 처리하는 철학부에 간섭하는 것이다. — 그래서 상위 학부들은 자신들의 조례의 명망이 하위 학부의 자유로운 사변을 통해 지장 받지 않기 위해서는 하위 학부와의 어울리지 않는 결혼을 감행하지 말고, 자신을 그 하위 학부로부터 존경을 표할 수 있는 만큼의 정교한 간격으로 유지하는 것에 대해 가장 많이 명심하고 있어야만 한다.

A. 신학부의 고유성

성서 신학자는 하나의 신이 있다는 것을 그 신이 성경에서 자신의 본성[본연]에 관해 (심지어 이성이 그 기록[율법]과는 발맞추어 갈 수 없는 곳에서, 예를 들어 그 신의 삼위의 인격성에 관해) 이야기한 것에 의해 증명한다. 그러나 그것은 하나의 이야기[역사]Geschichte의 사안이기 때문에 성서 신학자는 신이 스스로 성경을 통해 이야기했다는 것을 그 자체로 증명할 수도 없고 증명해서도 안 된다. 왜냐하면 그것은 철학부에 속하는 문제이기 때문이다. 그러므로 그는 신앙의 사안으로서 그것을 학자에 대해서까지도 성경의 신성神性[신적임]Göttlichkeit이라는 하나의 어떤 (당연히 증명될 수도 해명될 수도 없는) **감정**[느낌]Gefühl에 근거 지을 것이지만, 성경의 근원의 (문자적인 의미에서 취한) 신성神性과 관련한 문제를 인민을 향한 공적인 강론에서 전혀 |24| 제기할 필요는 없을 것이다. 왜냐하면 이 인민은 학식의 사안으로서의 그것에 대해 전혀 이해하지 못하고, 이를 통해 단지 괜한 호기심의 고뇌와 의심에 휩쓸릴 것이기 때문이다. 반면에 이점에서 사람들은 인민이 그의 교사들에 대해 가지는 신임을 훨씬 더 확실히 신뢰할 수 있다. — 성서 신학자는 성서의 구절들에서 표현과 정확히 합치하지 않는 의미, 즉 도덕적인 것과 같은 의미를 해석할 권한도 가질 수 없다. 그리고 신으로부터 전권을 위임받은 인간으로서의 성서해석자는 없기 때문에, 성서 신학자는 이성이 그 속에[성서 해석에] 섞여 드는 것과 (보다 더 높은 모든 권위를 결여하고 있는) 그 이성의 해석을 관철시키는 것을 허용하기보다는 오히려 모든 진리에로 인도하는 하나의 정신[영]Geist을 통한 이해의 초자연적인 개방

Eröffnung을 신뢰할 수밖에 없다. — 결국 우리의 의지에 대한 신적인 명령[계명]의 실행과 관련하여 말하자면, 성서 신학자는 당연히 자연[본연], 즉 인간의 고유한 도덕적 능력(덕)이 아니라, 은혜(하나의 초자연적인 그렇지만 동시에 도덕적인 작용)을 신뢰할 수밖에 없다. 그러나 인간은 또한 내부 깊숙이 마음을 변화시키는 신앙에 의해서 외에는 달리 그 은혜에 참여하게 될 수 없음에도 불구하고 이 신앙 자체를 다시금 은혜에 의해서만 기대할 수 있다. — 성서 신학자가 이러한 주장들 중 그 어떤 하나와 연관하여 이성도 또한 최대의 정직과 최대의 진심으로 동일한 목표를 위해 노력했다고 하며 이성에 간섭한다면, 그는 (로물루스Romulus의 동생처럼*) 오로지 영복[구원의 축복]을 얻게 하는 교회신앙[교의]Kirchenglaube의 담장을 넘어서 자기 자신의 판정과 철학의 열려 있는 자유로운 벌판에서 길을 잃게 된다. 그곳에서 그는 종교적인 정부로부터 떨어져 나와 온통 아나키[무법칙적인 상태]Anarchie의 위험에 노출된다. — 그러나 분명 여기서 사람들은 내가 이성과 철학의 평판이 좋지 않은 자유의 정신에 의해 아직 전염되어 있지 않은 **순수한**(*purus, putus*) 성서 신학자에 관해 이야기하고 있다는 것을 알아야만 한다. 왜냐하면 우리가 상이한 종류의 두 가지

* [옮긴이 주] 로물루스Romulus와 레무스Remus 형제. 로마신화에 따르면 이 쌍둥이 형제는 도시국가 로마의 건립자로서 이 도시국가를 건립하던 당시 누가 그 도시의 건립자가 되어 그 도시이름을 정할 것인지를 두고 싸웠고, 더 많은 지지자들을 가진 로물루스가 이겨 그 도시의 주인이 된 후, 곧바로 도시의 경계를 정하는 고랑을 파고 담장을 둘러쳤는데, 그때 레무스가 로물루스를 조롱하며 낮은 쪽의 담장을 넘었다. 그것은 권리와 법칙에 대한 심각한 침해에 해당했기 때문에, 로물루스는 "내 담장을 넘는 자는 누구든지 이렇게 될 것이다!"라고 하며 레무스를 때려죽이고 자신의 이름을 딴 도시국가 로마를 지배하였다는 전설이 있다.

업무를 혼합하여 서로 뒤섞이게 하자마자 우리는 그 업무들 각각의 개별적인 고유성에 관해 규정된 개념을 얻을 수 없기 때문이다.

B. 법학부의 고유성

법률학식이 있는 **법학자**[법률가]Jurist는 **나의 것**과 **너의 것**을 보장하는 법칙들을 (그가 정부의 공직자로서 해야 하는 대로 처리하는 경우에) 그의 이성 속에서가 아니라 공적으로 입법되어 최고 [25] 부서에서 승인한 법전[법령집]에서 찾는다. 그 법칙들의 진리와 합법성[정당성]의 증명은 그 법칙들의 진리와 합법성에 대해 행해진 이성의 반론에 대한 방어와 마찬가지로 당연히 그 법학자에게 요구될 수 없다. 왜냐하면 조례들은 무엇보다도 어떤 무엇이 정당하다는 것을 정하지만, 이 조례들 자체가 또한 정당한지 어떤지를 되묻는 것은 법학자들에게는 불합리한 것으로서 곧바로 기각될 수밖에 없기 때문이다. 대외적인 최상의 의지가 소위 이성과 일치하지 않는다는 이유로 그 의지에 대한 복종으로부터 벗어나고자 하는 것은 웃기는 일일 것이다. 왜냐하면 정부의 명망은 그 정부가 정당[법]과 부당[불법]에 대해 신민들에게 그들의 개념들에 따라 판단할 자유를 허락하는 것이 아니라 입법 권력의 지시에 따라 판단할 자유가 있다는 점에 있기 때문이다.

그러나 한 부분에 있어서는 실천에 대한 법학부의 사정이 신학부에서보다 낫다. 말하자면 법학부는 눈으로 볼 수 있는 하나의 법률 해석자를 갖고 있는데, 이를테면 한 재판관이나 그 재판관에 대한 항소의 경우에는 한 법률 위원회, 그리고 (최고 항소심의 경우에는) 입법자 자체에게서 그 법률 해석자를 갖는다는 것이다. 해석될 수 있는 성서

의 구절들과 관련하여 이러한 것이 신학부에서는 그다지 잘 이루어지지 않는다. 그렇지만 다른 한편으로 그러한 장점은 작지 않은 단점을 통하여 상쇄된다. 즉 세상의 법전들은 경험이 더 많거나 더 나은 통찰들을 가져다주는 경우 변화를 따를 수밖에 없다. 그에 반해 성서는 어떠한 변화(감소 또는 증가)도 보이지 않고 영원히 종결되어 있다고 천명한다. 또한 정확히 규정된 법집행의 한 규준(**확정 법***ius certum*)[24]을 희망하는 것은 거의 헛된 일이라는 법률가의 하소연이 일어나지만, 그러한 하소연이 성서 신학자에게는 일어나지 않는다. 왜냐하면 이 성서 신학자는 스스로에게 자신의 교의론Dogmatik이 그러한 하나의 분명하고 모든 경우들에 대해 규정한 규준을 포함하지 않는다는 것을 받아들일 수 없기 때문이다. 더 나아가 소송의뢰인에게 잘못 권고하고 그것을 통해 그에게 손해를 입힌 법률적 실천가들(변호사들Advocaten 또는 법무요원들Justizcommissarien)이 그럼에도 불구하고 그것에 대해 책임지려 하지 않는 반면에(**그 권고가 아무에게도 견지되지 않는 반면에***ob consilium nemo tenetur*), 신학적 실무자들(설교자들과 사제들)은 그러한 것을 망설임 없이 스스로 떠맡으며, 즉 그들의 어법에 따르면 모든 것은 그들이 이 세상에서 마무리한 그대로 내세에서도 심판될 것이라는 입장에 서 있다. 비록 그들에게 스스로 성경적 권위 위에서 확신하고 있다고 생각하는 모든 것의 진리에 대해 그들의 영혼을 걸고 보증하는 일을 |26| 감행할 것인지를 정식으로 해명하도록 요구되는 경우 그들이 개연적인wahrscheinlicher 방법으로 변명함에도 불구하고 그러한 입장에 서 있다. 그렇지만 이 인민의 교사들의 원칙들의 본성 속에는 그들의 보증이 옳다는 것을 결코 의심할 수 없게 하는 것, 즉 의심하면 할수록 그만큼 더 그들을 확신케 할 수 있는 것이 놓여 있다. 왜냐하

면 그들은 현생에서 경험을 통해 그러한 보증에 대한 반박을 두려워해서는 안 되기 때문이다.

C. 의학부의 고유성

의사는 하나의 기술자이다. 그렇지만 그의 기술이 자연으로부터 직접적으로 차용될 수밖에 없고 그 의사를 위해 한 자연의 학문으로부터 도출될 수밖에 없기 때문에, 그는 학자로서 그 어떤 한 학부에 속하여 있으며, 그 학부에서 자신의 학업을 해야만 하고 그 학부의 판정에 예속되어 있을 수밖에 없다. — 그러나 정부는 그가 인민의 건강을 다루는 방식에 대해 관심을 가지고 있기 때문에, 이 학부들의 선정된 실무자들(실무[개업] 의사들)의 회의를 통해 **최고의료평의회** Obersanitätscollegium와 의료지침들에 의한 의사들의 공적인 처리절차에 대해 감독할 권리를 가지고 있다. 그런데 말하자면 이 의료지침들은 이 학부가 자신의 처리규칙들을 앞의 두 상위 학부들처럼 수장의 명령으로부터가 아니라 사물 자체의 본성으로부터 이끌어내야만 하는 — 그래서 이 학부의 교설들도 또한 가장 넓은 의미로 취하여 근원적으로 철학부에 속해야만 할 — 이 학부의 특수한 성질 때문에 의사들이 행해야하는 것뿐만 아니라 그들이 하지 말아야 할 것으로 이루어져 있다. 즉 **첫째로** 대중 일반을 위해 의사들이 있다는 것이며, **둘째로** 사이비의사들Afterärzte은 없다는 것이다(**무가치한 신체로 실험하라***fiat experimentum in corpore vili*는 원칙에 따르면 **처벌되지 않는 살해권***ius impune occidendi*은 없다). 이제 정부는 (인민의 건강문제에 있어서) 첫 번째 원리에 따라 **공공의 편안함**을, 두 번째 원리에 따라

공공의 안전을 돌보지만, 이 두 가지 점은 하나의 **경찰**이 해결하기 때문에 모든 의료지침은 본래적으로 단지 **의학적 경찰**medizinische Polizei에 해당할 것이다.

그러므로 이 학부는 상위 학부들 중 앞의 두 학부들보다 훨씬 더 자유롭고 철학부와 아주 가까운 친척이며, 의사들을 **교육시켜**gebildet 주는 교설들과 관련해서는 전적으로 자유롭다. 왜냐하면 이 학부에는 최고 권위를 통해 승인된 책들이 아니라 자연에 기인하여 만들어진 책들만이 있을 수 있으며, 또한 (법칙들이 |27| 입법자의 불변적인 의지로 이해되는 경우의) 본래적인 법칙들이 아니라 단지 지침들(**지령들**Edikte)만이 있을 수 있는데, 이 지침들을 아는 것은 이 학부가 소유하고 있는 그 자체 교설들의 한 체계적인 총괄개념이 요구되는 것으로서의 학식이 아니며, (**법전**에 포함되지 않는 것으로서) 그러한 총괄개념에 대해서는 정부가 승인할 권한을 갖지 않고 저 학부에 일임해야만 하는 반면에, 정부는 약전들과 병원시설들을 통해 저 학부의 실무자들에게 공적인 사용에 있어서의 그들의 실천을 단지 장려하는 일에만 마음을 쓰기 때문이다. — 그러나 이 실무자들(의사들)은 의학적 경찰에 해당하는 자들로서 정부가 관심을 가지는 사례들에서는 그들의 학부의 판단에 예속되어 있다.

제2절 하위 학부의 개념과 분류

하위 학부는 한 수장의 명령이 규준으로 받아들여지지 않는 교설들에만 종사하는, 또는 그러한 한에서의 대학의 학급Klasse이라고 할 수 있다. 그런데 하나의 실천적 교설을 복종하여 따르는 것이 일어날 수는 있지만, 그 실천적 교설은 그것이 참으로 받아들이도록 (**왕에 의하여***de par le Roi*)[25] 명령되었기 때문에 전혀 객관적으로 뿐만 아니라(존재**해서는** 안 되는 한 판단으로서), 또한 주관적으로도(어떠한 인간도 내릴 **수** 없는 한 판단으로서) 불가능하다. 왜냐하면 잘못 생각하고자 하는 자는 그가 말하는 것처럼 실제로 잘못 생각하는 것이거나 틀린 판단을 실제에 있어서는 참으로 받아들이는 것이 아니라, 그 자신 속에서는 인정할 수 없음에도 불구하고 단지 참으로 간주한다고 거짓으로 꾸며대는 것이기 때문이다. — 그러므로 공적인 강론 속에서 진술되어야 하는 어떤 교설들의 **진리**에 관한 이야기라면, 이 경우에 교사는 최고의 명령에 호소할 수 없으며, 또 학생도 그 교설들을 명령에 따라 믿었다고 사칭할 수 없지만, 단지 **행함**Tun에 관해 이야기되는 경우만은 그럴 수 있다. 그러나 그렇다면 그는 하나의 그러한 명령이 실제로 내려졌다는 것뿐만 아니라 그가 그 명령에 복종할 의무가 지워져 있거나 적어도 복종할 권한이 있다는 것을 하나의 **자유로운** 판단을 통해 인식해야만 하며, 그렇지 않은 경우 그의 그 받아들임은 공허한 사칭과 거짓말이다. — 그런데 자율에 따라, 즉 자유롭게 (사유 일반의 원리들에 따라) 판단하는 능력은 이성이라 일컬어진다. 그러므로 철학부는 자신이 받아들여야 하거나 단지 인정해야 하는 교설들의 **진리**의 편에 서 있어야만 하는 이유 때문에, 그러한 한에서 자유롭고 이성의 입법 하에만 있으며 정부의 입법 하에 있지 않은 것으로 생각되어야만 할 것이다.

|28| 그러나 하나의 대학에는 또한 그러한 하나의 분과Department가 설립되어 있어야만 한다. 즉 하나의 철학부가 있어야만 한다. 세 개의

상위 학부들과 관련하여 철학부는 그 상위 학부들을 검사하고 바로 그것을 통해 그들에게 유익하게 되는 일을 한다. 왜냐하면 (학식 일반의 본질적이고 첫 번째 조건[으로서: 마이너 판]) **진리**가 모든 것의 관건이고, 그렇지만 상위 학부들이 정부를 위해 약속하는 **유용성**은 단지 두 번째 순위의 한 계기일 뿐이기 때문이다. — 또한 경우에 따라서는 사람들이 신학부에 철학부는 이 신학부의 시녀라는 의기양양한 권한을 인정할 수도 있다(그렇지만 여기서 또한 다음과 같은 물음이 여전히 남아 있다. 즉 이 철학부는 자신의 은혜로운 부인 **앞에서 횃불을 들고 있는가** 아니면 **뒤에서 치맛자락을 들고 있는가**).[26] 만약 사람들이 철학부를 쫓아내지만 않는다면, 또는 철학부의 입을 봉하지만 않는다면, 순전히 모든 학문의 유익을 위해 진리를 찾아내고 그 진리를 상위 학부들의 임의적인 사용을 위해 제시하도록 그저 자유롭게 있겠다고 하는, 그러나 또한 자유롭게 놔두라고 하는 바로 이 욕심 없음은 철학부를 무혐의한 것으로 뿐만 아니라 정말 필수불가결한 것으로 정부에 추천할 수밖에 없다.

지금 철학부는 두 가지 분과들을 포함하고 있다. 하나는 **역사적 인식**의 분과이며(여기에는 역사Geschichte, 지리Erdbeschreibung, 학술 언어지식gelehrte Sprachkenntnis, 인문학Humanistik 등 경험적 인식에 의한 자연지식Naturkunde이 제공하는 모든 것이 함께 속하며), 다른 하나는 **순수한 이성인식**의 분과(순수 수학과 순수 철학, 즉 자연과 윤리의 형이상학)이고, 학식의 양 부분들은 서로 상호적인 관계 속에 있다. 철학부는 바로 그 때문에 인간적인 앎의 모든 부분들에까지 (따라서 또한 역사적으로는 상위 학부들을 넘어서까지도) 그 영역이 미치며, 다만 철학부가 모든 것들(즉 상위 학부의 고유한 교설들이나 명령[계율]들)을 내용으로 삼는다는 것이 아니라 학문들의 유익을 위한 의도에서 그것들을 검사와 비판의 대상으로 삼는다는 것이다.

그러므로 철학부는 모든 교설들을 그것들의 진리를 검사하기 위해 요구할 수 있다. 정부가 자신의 본래적이며 본질적인 의도를 거슬러 행하지 않는 한, 철학부는 이 정부로부터 하나의 금지처분Interdict을 받을 수 없고, 상위 학부들은 철학부가 공적으로 제기하는 이의들과 의심들을 감수해야만 하는데, 그들은 그러한 것을 물론 부담스럽게 여길지도 모른다. 왜냐하면 그러한 비판자 없이는 저 상위 학부들이 어떤 호칭 하에 있든지 간에 일단 차지하고 있는 그들의 점유상태에 방해받지 않고 머무를 수 있고 그때 또한 전제적으로 명령할 수 있을 것이기 때문이다. — 하지만 저 상위 학부들의 실무자들(성직자들, 사법공무원들 그리고 의사들)에게만큼은 그들이 [29] 통치에서부터 강론에 이르는 그들 각각의 공직을 수행함에 있어서 그들에게 맡겨진 교설들에 공적으로 반론하지 못하고 철학자들에게 과감히 그 역할을 하도록 는 것이 거부될 수는 있다. 왜냐하면 그러한 것은 단지 학부들에게만 허용될 수 있고 정부에 의해 임명된 공무원들에게는 그들이 그들의 앎을 단지 저 학부들로부터만 가져온다는 이유로 인해 허용될 수 없기 때문이다. 말하자면 공무원들, 예를 들어 설교자들과 사법공무원들은 만약 그들로 하여금 종교적이거나 현세적인 입법에 대한 그들의 반론들과 의심들을 인민에게 향하게끔 내버려둔다면 그것으로 말미암아 정부에 반대하여 인민을 선동할 것이다. 그에 반해 학부들은 그러한 반론들과 의심들을 학자들로서의 서로에 대해서만 제기하며, 그것에 관해 인민은 그러한 반론들과 의심들이 자신의 지식이 되었을 때조차도 실제적으로 어떠한 주의도 기울이지 않는다. 왜냐하면 인민은 사변Vernünfteln은 자신의 일이 아니라는 점에 스스로 만족하고, 그래서 그러한 것을 위해 임명된 정부의 공무원들을 통해 그에게 고지된 것에 대해서만 지킬 의무가 있다고 느끼기 때문이다.—그러나 하위 학부에게서 축소되어서는 안 되는 이러한 자유는 상위 학부들이 (스스로 더 잘 깨우쳐서) 공무원들을 점점 더 진리의 궤도에로 이끄는 성과를 갖는다. 그 이후 공무원들은 그들의 입장에서 그들의 의무에 대해서도 더 잘 알게 되며, 강론을 변경함에 있어서 어떠한 거부감도 느끼지 않을 것이다. 왜냐하면 그 강론은 바로 동일한 목적을 위한 수단에 대한 단지 하나의 더 나은 이해일 뿐이며, 그 이해는 기존의 교습방식Lehrweise에 대해 논쟁적이고 단지 소란만을 일으키는 공격들을 하지 않고도 그 교습방식의 실질적인 것을 온전히 간직하면서 아주 잘 이루어질 수 있기 때문이다.

제3절 하위 학부와 상위 학부들의 위법적인 논쟁에 관하여

견해들에 대한 하나의 공적인 논쟁, 따라서 하나의 학술적인 논쟁은 만약 공적인 명제와 그 반대명제에 대해 판단하는 것이 전혀 허용되어 있지 않음으로써 하나의 공적인 명제에 대해 **논쟁하는** 것이 전혀 허용되어 있지 않다면 그 논쟁의 **질료**Materie와 관련해 **위법적**이거나, 만약 그 공적인 명제가 다루어지는 방식이 상대방의 이성을 향하여 있는 객관적 근거들 속에 있는 것이 아니라 그 상대방에게서 계략(매수도 여기에 속한다)이나 폭력(협박)을 통한 동의를 이끌어내기 위해 상대방의 판단을 **경향성**을 통하여 규정하는 주관적인 동인들Bewegursachen

속에 있다면 순전히 그 논쟁의 **형식**과 관련하여 위법적이다.

이제 학부들의 논쟁은 인민에 대한 영향을 둘러싸고 [30] 이루어진다. 그리고 학부들은 각각의 학부들이 인민의 무사안녕을 최선으로 촉진할 수 있을 것이라고 인민을 믿게 할 수 있는 한에서만 이 영향력을 지닐 수 있다. 그렇지만 이때 학부들은 그들이 이러한 무사안녕을 이루려고 생각하는 방식에 있어서 서로 직접적으로 대립되어 있다.

그러나 인민은 자신의 최상의 무사안녕을 자유가 아니라 그의 자연적[본성적]인 목적들, 따라서 다음과 같은 세 가지 점들에 두고 있다. 즉 사후에 **영생복락하며**, 다른 동료인간들과의 삶에서 공적인 법칙들을 통해 **그의 것**이 보장되고, 마지막으로 **삶**[생명] 그 자체의 물리적인 향유Genuss(즉 건강과 장수)를 기대한다는 것이다.

그러나 이성으로부터 빌려온 지침들을 통해서만 이 모든 소망들에 관여할 수 있는 철학부, 따라서 자유의 원리에 따르는 철학부는 단지 인간이 스스로 부가할 수 있고 부가해야 하는 것만을 견지한다. 즉 **정직하게** 사는 것, 어떠한 **부당함**도 행하지 않는 것, 향유함에 있어서 **적절한** 태도를 취하는 것과 질병을 견뎌내고자 하는 것, 그리고 그때 특히 자연의 자조自助를 헤아리는 태도를 취하는 것. 물론 이 모든 것을 위해서는 그렇게 많은 학식이 필요치 않다. 그러나 그때 만약 사람들이 자신의 경향성들을 억제하고 자신의 이성에 통치권을 위임하려고만 한다면 대부분 이러한 학식이 불필요할 수도 있다. 그렇지만 자기노력으로서 그 통치권은 인민에게 전혀 놓여 있지 않다.

그래서 세 개의 상위 학부들은 (위의 교설들 속에서는 **향유**하려는 자신의 경향성과 이 경향성을 **고치길** 꺼려하는 것에 대해 나쁜 보상을 받는) 인민으로부터 좀 더 만족할 만한 그 학부들 입장의 제안들을

할 것을 요구받는다. 그리고 여기서 학자들에 대한 요구들은 다음과 같다. 나는 너희 **철학자들**이 거기서 떠드는 것을 이미 오래전부터 알고 있었다. 그런데 나는 너희 학자들에게서 다음과 같은 것을 알고 싶다. 만약 내가 **극악무도하게** 살았다면, 그럼에도 불구하고 어떻게 내가 마지막 순간에 천국에 들어가는 입장권을 마련할 수 있는지, 내가 **부당함**[불법]을 지니고 있음에도 불구하고 어떻게 내가 나의 소송을 이길 수 있는지, 그리고 내가 나의 신체의 힘들을 마음대로 이용하고 **오용**하였음에도 불구하고 어떻게 내가 건강을 유지하고 오래 살 수 있는지. 분명 너희들은 이러한 것에 대해 연구하지 않았느냐. 너희들은 건전한 지성[상식] 외에는 더 이상 아무것도 요구하지 않는 (너희들로부터 무지한 자[바보]들Idioten이라 불리는) 우리들 중 어느 누구보다도 더 많이 알고 있음이 틀림없지 않느냐. — 그러나 여기서 이것은 마치 인민이 초자연적인 것들에 대해 알고 있는 점쟁이와 마법사와 같이 학자들을 대하는 것과 같다. 왜냐하면 비학자는 일반적으로 그가 한 학자에 대해 어떤 무엇을 무리하게 요구할 만큼 그 학자에 관한 과대한 관념을 갖고 있기 때문이다. 그래서 만약 누군가가 그러한 기적을 행하는 사람Wundermann이라 사칭할 만큼 충분히 뻔뻔스럽다면, |31| 인민은 그에게 사로잡힐 것이고 철학부의 편을 멸시하여 떠날 것이다.

그러나 만약 세 개의 상위 학부들의 실무자들의 교설들을 전복시키기 위해서가 아니라, 단지 대중이 그 교설들과 그 교설들에 결부된 관습법들Observanzen에 미신적으로 부여하는 마술적인 힘에 반대하기 위해 그 실무자들에 대해 공적으로 맞서 저지하는 것이 철학부에 허용되어 있지 않다면, 그 실무자들은 언제나 그러한 기적을 행하는 사람들이다. 이러한 것은 대중이 모든 자기행위를 그러한 교묘한 안내인들에게 수동적으로 양도함으로써 책임을 면하게 되는 것이고, 이미 저 정해놓은 목적들의 달성을 위해 대단히 느긋하게 그 안내인들을 통해 인도되는 것과 같다.

만약 상위 학부들이 (분명 그들의 규정[사명]Bestimmung이 아닌) 그러한 원칙들을 받아들인다면, 그들은 영원히 하위 학부와의 논쟁 속에 머물러 있게 된다. 그러나 이러한 논쟁은 또한 **위법적**이다. 왜냐하면 그들은 그들의 대단한 기술과 수완[능숙함]을 발휘하여 모든 것을 다시 좋게 만들고, 또한 그 기술과 수완 없이 일어날 수 있을 것보다 더 낫게 만들기 위해 법칙들의 위반을 걸림돌이 아닌 것으로 간주할 뿐만 아니라 심지어 바라던 계기로 간주하기 때문이다.

인민은 **인도되길** 원한다. 즉 (선동정치가[인민지도자]들Demagogen의 언어로는) 인민은 **기만당하길** 원한다. 그러나 인민은 학부의 학자들에 의해서 인도되길 원하지 않고(왜냐하면 그들의 지혜는 인민에게는 너무 수준이 높기 때문이다), 조작操作/造作Machwerk(**실행적인 지식** [**노하우**]*savoir faire*)을 이해하는 그 학자들의 실무자들, 즉 실천가들로서 그 자체 가장 유리한 추측을 하는 성직자들, 사법공무원들, 의사들에 의해 인도되길 원한다. 그렇게 되면 단지 그들을 통해서만 인민에게 영향을 미칠 수 있는 정부조차도 학부들의 학자들의 순수한 통찰로부터 생겨난 이론이 아니라 그 학자들의 실무자들이 인민에게 미칠 수 있는 영향이 계산되어 있는 하나의 이론을 그 학부들에 강요하도록 **미혹**된다. 왜냐하면 당연히 인민은 그 영향에 가장 많이 결부되어 있으며, 그때 최소한 스스로 노력하고 자기 자신의 이성을 사용할 필요를 느끼고, 거기서 의무들이 경향성들과 가장 잘 타협될 수 있기 때문이다. 예를 들어 신학과에서는 문자적으로 "믿기glauben", 즉 조사하지 않고(한번 제대로 이해하지도 않고서) 믿어져야 하는 것이 그 자체로 구원받게 한다고 하고, 일정한 지시규정에 맞는 격식적인 것들Formalien을 치름으로써 직접적으로 범죄가 씻길 수 있다고 한다. 또는 법학부에서 법칙을 글자그대로 따르는 것이 입법자의 의도에 대한 연구를 면하게 한다고 한다.

이제 여기에 상위 학부들과 하위 학부 사이의 하나의 본질적이며 결코 조정될 수 없는 위법적인 |32| 논쟁이 있다. 왜냐하면 정부 하에 놓이는 입법의 원리가 상위 학부들에게는 정부에 의해 위임된 하나의 무법칙성 자체일 것이기 때문이다. — 그렇다면 **경향성**과 일반적으로 누군가가 자신의 **사적 의도**에 유리하다고 여기는 것은 전혀 하나의 법칙이 될 자격이 없기 때문에, 따라서 그러한 것으로서는 상위 학부들에 의해 강론될 수 없기 때문에 그와 같은 것을 승인한 한 정부는 스스로 이성을 거스름으로써 저 상위 학부들을 하위 학부와의 논쟁[싸움]에 휘말리게 할 것이며, 그 논쟁[싸움]은 철학부를 완전히 파멸시키기 때문에 결코 용납될 수 없다. 물론 그러한 것[철학부를 파멸시키는 것]이 하나의 논쟁[싸움]을 종결시키기 위한 가장 빠른 수단이지만, 또한 (의사들의 표현에 따르면) 죽음의 위험 속으로 데리고 가는 **영웅적인**[마약적인?]heroisches 수단이기도 하다.

제4절 하위 학부와 상위 학부들의 합법적인 논쟁에 관하여

정부가 자신의 승인을 통해 상위 학부들에 공적인 강론을 하도록 부과할 권한이 있을지도 모르는 교설들이 어떠한 종류의 내용이든 간에 그 교설들은 단지 정부의 자의로부터 기인하는 조례들Statute로서만, 그리고 틀리지 않을 수 없는 인간적 지혜로서만 받아들여지고 존중될 수 있다. 그렇지만 그 교설의 진리는 정부에 전적으로 상관없는 것이어서는 안 되며, 그 진리와 관련하여 상위 학부들은 이성에 (철학부는 이 이성의 관심을 돌보아야만 한다) 예속되어 있어야만 한다. 그러나 이러한 것은 단지 철학부에 한 공적인 검사를 위한 완전한 자유를 갖추게 함으로써만 가능하며, 또한 비록 최고의 부서가 승인하였다 할지라도 자의적인 규정들Satzungen이 이성을 통해 필연적인 것으로 주장된 교설들과 항상 저절로 합치하지는 않을 것이기 때문에, 첫째로 상위 학부들과 하위 학부 사이에 논쟁[다툼]은 불가피할 것이며, 둘째로 그 논쟁은 그럼에도 불구하고 **합법적**일 것이다. 그리고 이것은 비록 **전체의** 진리를 공적으로 말하지는 못할지라도 이른바 원칙으로 세워진 **모든 것**이 참이라는 것을 고려하고 있는 하위 학부의 권한으로서 뿐만 아니라 의무로서도 그렇다는 것이다.

어떤 승인된 교설들의 원천이 **역사적**historisch임에도 불구하고 이 교설들은 또한 마치 그것들이 아주 신성한 것인 양 신앙의 의심 없는 순종을 위해 간곡히 권고될지도 모른다. 철학부는 비판적인 의심을 가지고 이 근원을 추적할 권리가 있으며,[33] 또 책임이 있다. 비록 그 교설들이 (계시로서) 역사적 인식의 어조로 주장되었다 할지라도 그 원천이 **이성적**rational이라면, 역사적인 강론으로부터 입법의 이성 근거들을 찾아내고 게다가 그 근거들이 기술적-실천적technisch-praktisch인지 도덕적-실천적moralisch-praktisch인지에 대해 평가하는 것이 그 학부(하위 학부)에게서 제지될 수 없다. 종국에 법칙으로 고지되는 교설의 원천이 전적으로 **감성론적**ästhetisch일 뿐이라면, 즉 한 교설과 결부된 하나의 감정[느낌]에 근거 지어져 있다면(그 감정은 어떠한 객관적 원리도 제시하지 않기 때문에 단지 주관적으로만 타당하며 그 감정으로부터 초자연적인 영향의 어떤 경건한 감정[느낌]과 같은 하나의 보편적 법칙을 만드는 것은 소용없는 일일 것이다), 그 감정은 철학부에 하나의 그러한 명목상의 교습근거의 근원과 형태를 냉철한 이성을 가지고 검사하고 평가하도록 열어놓고 있어야만 하며, 느껴진다고 주장하는 그 대상의 성스러움[거룩함]Heiligkeit을 두려워하지 말고 있어야만 하고, 이 추정적인 감정을 파악[이해]하려고 결심하고 있어야만 한다. — 다음과 같은 것은 그러한 하나의 논쟁을 이끄는 형식적 원칙들과 그로부터 나타나는 귀결들을 포함하고 있다.

1) 이 논쟁은 평화적인 합의(**우호적인 타협***amicabilis compositio*)를 통해 조정될 수도 조정되어서도 안 되고, (소송으로서) 하나의 **판결** Sentenz, 즉 한 심판관(이성)의 확정적인 선고를 필요로 한다. 왜냐하면 불순함, 분쟁Zwist의 원인 숨기기 그리고 험담을 통해서는 단지 그 논쟁이 조정되는 일만이 일어날 수 있을 것인데, 그러나 그와 같은 준칙이 진리의 공적인 서술에 관계하는 하나의 **철학적** 학부의 정신에는 완전히 위배되기 때문이다.

2) 그 논쟁은 결코 중지될 수 없고, 철학부는 그것을 위해 언제나 무장되어 있어야만 하는 학부이다. 자신의 모든 견해들을 대중에게 소리치는 제한되지 않은 자유는 부분적으로는 정부에, 그러나 또한 부분적으로는 이 대중 자체에 위험하게 될 수밖에 없을 것이기 때문에 공적으로 강론하는 교설들과 관련한 정부의 조례적인 지침들이 항상 있어야만 할 것이다. 그러나 정부의 모든 규정들은 그것들이

인간으로부터 기인하며, 적어도 인간에 의해 승인되기 때문에 언제나 오류나 목적위반의 위험에 예속되어 있으며, 따라서 그 규정들은 또한 정부가 상위 학부들에 마련해 주는 이 정부의 승인들을 고려해서도 그러하다. 그러므로 철학부는 자신에게 수호하도록 맡겨진 진리를 위협하는 위험에 대한 자신의 무장을 결코 해제할 수 없다. 왜냐하면 상위 학부들은 지배하려는 그들의 욕망을 결코 내려놓지 않을 것이기 때문이다.

|34|3) 이 논쟁은 정부의 명망에 결코 손상을 줄 수 없다. 왜냐하면 그 논쟁은 정부와 학부들의 논쟁이 아니라 정부가 가만히 지켜볼 수 있는 다른 학부와 한 학부의 논쟁이기 때문이다. 즉 정부는 자신이 상위 학부들의 어떤 명제들을 자신의 특별한 보호 속에 두긴 했지만, 그 정부가 그 상위 학부들의 그러한 명제들을 공적인 강론을 위해 그들의 실무자들에게 지시하는 한에서 그 정부는 공적으로 강론될 수 있는 이러한 그들의 교설들과 견해들 그리고 주장들의 진리[옳음] 때문이 아니라, 그 교설들의 내적인 진리내용에 대해 결정하여 학자들에게까지 스스로 역할 하는 것이 정부의 품위에 맞지 않을 것이므로 단지 자신의(정부의) 고유한 유익을 위해 학자사회들로서의 그 학부들을 보호 속에 두었기 때문이다. — 말하자면 상위 학부들은 공적인 강론을 위해 그들의 **실무자들**에게 부여하는 지도와 가르침 외에 더 이상 아무것도 정부에 책임을 질 것이 없다. 왜냐하면 그 실무자들은 **시민** 공동존재로서의 대중 속으로 들어가고 그들이 이 대중에 대한 정부의 영향을 손상시킬 수 있을 것이므로 이 정부의 승인 하에 예속되어 있기 때문이다. 그에 반해 학부들이 이론가라는 명칭 하에 서로 간에 합의한 교설들과 견해들은 다른 종류의 대중,

말하자면 학문에 종사하는 학자 공동존재 속으로 들어간다. 그러한 것들에 관해 아무것도 이해하지 못하는 것에 대해 인민은 스스로 만족하지만, 정부는 학자들의 분쟁을 다루는 것을 그 자체로 바람직하지 못한 것으로 여긴다.* |35|(학식Gelahrheit의 의회의 오른쪽으로서) 상위 학부들의 학급[부류]Klasse은 정부의 조례를 수호하지만, 반면에 진리가 관건이 되는 곳인 존재해야만 하는 것으로서의 하나의 자유로운 헌정체제에는 또한 철학부의 의석인 반대당파(왼쪽)도 있어야만 한다. 왜냐하면 철학부의 엄격한 검사와 이의제기들 없이 정부는 무엇이 그 자신에게 유리할지 또는 불리할지에 관해 충분히

* 그에 반해 만약 그 논쟁이 시민 공동존재 앞에서 (공적으로, 예를 들어 설교단상 위에서) 마치 (실천가라는 명칭 하에) 실무자들이 기꺼이 그 시민 공동존재를 시험해 보듯이 행해진다면, 그 논쟁은 (학식의 사안에 있어서는 전혀 판단의 자격이 없는) 인민의 재판관석 앞에 월권적으로 소환되어 하나의 학자적인 논쟁이기를 멈추는 것이다. 왜냐하면 그때 위에서 언급한 저 위법적인 논쟁의 상태가 나타나며, 거기서 교설들은 인민의 경향성들에 맞게 진술되고 반란과 분파의 씨앗이 뿌려지며, 더욱이 그것을 통해 정부는 위험에 처하게 되기 때문이다. 독단적으로 자기 스스로 인민을 위하는 체하는 이 호민관들Volkstribunen은 아주 멀리 학자계층으로부터 등장하여 시민적 헌정체제의 권리들(세상분쟁Welthändel)에 간여한다. 그리고 그들은 본래 **신해석자들**Neologen[27][새로운 것을 말하는 자들, 특히 18세기 개신교 신학자들 중 계몽을 지향하여 교회적인 전승을 순전히 역사적으로 해석하면서도 계시 자체를 부정하지 않는 새로운 부류의 성서 해석자들이나 성서 신학자들: 옮긴이]이라 하지만, 실로 혐오스러운 그 명칭은 그것이 교설들과 교설형식들에서 하나의 새로움을 만든 각각의 창시자를 말하는 경우에는 오해를 일으킨다. (그렇다면 왜 옛것이 곧바로 항상 더 나은 것이어야 하는가.) 그와 반대로 그들은 학식의 한 사안인 것을 인민의 목소리[투표]Stimme에 결정을 위해 넘겨주며, 그 인민의 판단을 인민의 습관들과 감정들 그리고 경향성들에 대한 영향력을 통해 임의에 따라 조종할 수 있고, 그래서 하나의 합법적인 정부[통치]에 영향을 미칠 수 있기 때문에 본래 전혀 다른 하나의 정부[통치]형식이나 아니면 무정부상태Regierungslosigkeit(아나키Anarchie)를 초래하는 자들이라고 낙인찍혀 마땅하다.

알지 못할 것이기 때문이다. — 그러나 만약 학부들의 실무자들이 공적인 강론을 위해 주어진 지침들과 관련하여 그들의 머리에 변화를 주고자 한다면, 정부의 감독은 정부에게는 위험하게 될 수 있을 **개혁자들**Neuerer로서의 이러한 실무자들을 이용할 수도 있지만, 그럼에도 불구하고 그들에 대해 직접적으로는 아니고 다만 상위 학부에 의해 만들어진 가장 신민다운 감정평가에 따라서는 거부할 수 있다. 왜냐하면 이 실무자들은 어떤 교설의 강론을 위해 단지 정부의 **학부를 통해서**만 지시받을 수 있기 때문이다.

4) 이러한 논쟁[다툼]은 아주 충분히 학자 공동존재와 시민 공동존재의 조화Eintracht와 더불어 준칙들 속에 함께 존속할 수 있으며, 그 준칙들의 준수는 보다 더 큰 완전성을 위한 두 부류의 학부들의 한 지속적인 진보를 야기할 것이 틀림없고, 결국에는 공적인 판단의 자유에 대해 정부의 자의가 행한 모든 제한들의 해방을 마련한다.

이러한 방식으로 언젠가는 분명히 다음과 같은 방향으로 나아갈 수 있을 것이다. 즉 나중인 자들Letzten이 처음인 자들Ersten이(하위 학부가 상위 학부로) 될 것인데,* 물론 권력을 가진다는 점에서 그런 것이 아니라 철학부의 자유와 그로부터 성장하는 철학부의 통찰 속에서 정부의 고유한 절대적 권위에서 보다 더 낫게 정부의 목적들을 달성하기 위한 수단을 발견하도록 집권자(정부)를 권고함에 있어서 그렇게 될 것이다.

* [옮긴이 주] 마태복음 19장 30절. "그러나 많은 처음인 자들이 나중인 자들이 되고 나중인 자들이 처음인 자들이 될 것이다" (마르틴 루터 번역 성경, 1984에 따라 인용)

결론

그러므로 이러한 대립관계Antagonism, 즉 하나의 공동체적인 궁극목적을 위해 서로 통일된vereinigter 두 당파들의 **논쟁**[다툼](**불화적인 조화***concordia discors*, **조화적인 불화***discordia concors*)[28]은 **전쟁**Krieg이 아니다. 즉 그 논쟁은 정치적인 나의 것과 너의 것처럼 **자유**Freiheit와 **자산**Eigentum으로 이루어지며 거기서 조건으로서의 전자가 필연적으로 후자에 선행해야만 하는 학자적인 **나의 것**과 **너의** |36| **것**과 관련한 궁극의도들의 대립으로 인한 분쟁[불화]Zwietracht이 아니다. 따라서 권리에 대한 하위 학부의 의심을 학자적 대중[학자 공동존재]에게 제기하는 것이 동시에 하위 학부에 허용되어 있지 않고서는 상위 학부들에 어떠한 권리도 허락될 수 없다.

Ⅱ. 부록: 신학부와 철학부 사이의 논쟁 사례를 통한 학부들의 논쟁의 해명

Ⅰ. 논쟁의 재료

성서 신학자der biblische Theolog는 본래 조례들Statute, 즉 한 타자의 자의로부터 발원하는 법칙들에 기인하는 **교회신앙**[교의]Kirchenglauben을 위한 **성서**[율법]**학자**Schriftgelehrte이며, 그에 반해 이성적rationale 신학자는 **종교신앙**Religionsglauben, 따라서 모든 인간의 고유한 이성으로부터 전개시킬 수 있는 내적인 법칙들에 기인하는 종교신앙을 위한 이성학자Vernunftgelehrte이다. 이러한 것, 즉 종교가 규정들Satzungen(설령 이 규정들이 매우 높은 근원에 의한 것일지라도)에 결코 근거지어질 수 없다는 것은 종교의 개념으로부터 자명하다. 종교는 신적인 계시들로서의 어떤 교설들의 총괄개념이 아니라(왜냐하면 그러한 총괄개념은 신학이라 불리기 때문에), 신적인 **명령들**로서의 (그리고 주관적으로 그 명령들을 그 자체로 따르는 준칙으로서의)

모든 우리의 의무들 일반의 총괄개념이다. 도덕이 의무들 일반에 관계하기 때문에 종교는 질료Materie, 즉 객체에 따라서는 어떤 한 부분에 있어서도 그 도덕으로부터 구별되지 않고, 오히려 도덕과 종교의 구별은 한낱 형식적일 뿐이다. 즉 종교는 이성 자체로부터 산출된 신의 이념을 통해 인간적 의지의 모든 의무들을 이행하도록 도덕에다 그 인간적 의지에 끼치는 영향력을 갖춰 주기 위한 이성의 입법이다. 그러나 그 때문에 또한 종교는 단지 하나의 유일한 종교일 뿐이고, 상이한 종교들이라는 것은 없다. 그렇지만 신적인 계시에 대한 상이한 신앙방식들과 이성으로부터 나올 수 없는 그 계시의 조례적인 교설들, 즉 신적인 의지에다 마음들Gemüter에 끼치는 영향력을 마련해 주기 위해 그 신적인 의지에 대한 감성적인 표상방식의 상이한 형식들이 분명히 존재한다. 우리가 아는 한 그 형식들 가운데에 기독교가 가장 적당한 형식이다. 바로 이러한 것이 한 부분에는 |37| 종교의 규범Kanon, 다른 부분에는 종교의 도구Organon 또는 수레Vehikel를 포함하는 이종적인 두 부분들로 함께 이루어진 성경 속에서 발견된다. 그 중에 첫 번째 것은 (조례들 없이 순전히 이성에 근거지어진) 순수한 **종교신앙**이라 일컬어질 수 있고, 다른 것은 전적으로 조례들에 기인하는 **교회신앙**이라 일컬어질 수 있다. 그 조례들은 그것들이 성스러운 교설들과 삶의 지침들에 대해 유효해야 하는 경우에는 하나의 계시를 필요로 할 것이다.— 그러나 또한 이러한 지도수단은 이것이 신적인 계시로 받아들여도 되는 경우 저 목적을 위해 필요한 의무이기 때문에 그로부터 왜 성서[율법]Schrift에 근거하고 있는 교회신앙이 종교신앙을 언급할 때 통상적으로 함께 이해되는지가 설명될 수 있다.

성서 신학자는 다음과 같이 말한다. 너희가 영원한 생명을 발견한다고 생각하는 곳인 성서[율법]에서 구하라.[29] 그러나 이 영원한 생명의 조건이 인간의 도덕적 개선 이외의 다른 것이 아니기 때문에, 인간은 그가 그 영원한 생명의 조건을 해석해 넣는 경우 외에는 성서[율법]의 그 어떤 곳에서도 그 영원한 생명을 발견할 수 없다. 왜냐하면 본래 그 영원한 생명의 조건을 위해 요구될 수 있는 개념들과 원칙들은 그 어떤 다른 것에 의해 가르침을 받을 필요가 없고, 단지 강론을 해야 할 경우 교사의 고유한 이성으로부터 전개되어야만 하기 때문이다. 그런데 성서는 그 자체로 영원한 생명을 위해 요구될 수 있는 것보다 더 많은 것, 말하자면 역사신앙Geschichtsglauben에 속하고 종교신앙을 고려해 볼 때는 순전히 감성적인 수레[매체]로서 물론 (이러 저러한 인격과 이러 저러한 시대에) 도움이 될 수는 있지만 필연적으로 종교신앙에 속하지 않는 것을 포함하고 있다. 그런데 성서-신학부는 그 역사신앙에 속하는 것을 영원한 생명에 대한 신앙이 종교에 속한다고 하는 경우와 같은 정도로 신적인 계시라고 주장한다. 그러나 철학부는 이러한 혼동과 관련하여, 그리고 저 성서-신학부가 본래적인 종교를 넘어 참된 것을 지니고 있다는 것과 관련하여 저 성서-신학부와 충돌한다.

이러한 수레Vehikel(즉 종교론을 넘어 더 추가되는 것)에는 또한 **교습방법**Lehrmethode이 해당하는데, 이러한 교습방법은 사도들 자체에 맡겨진 것으로 간주되고 신적인 계시로 간주되어서는 안 된다. 오히려 그것은 (**인간적 지성에 따른**κατ' ἄνθρωπον[kat anthropon]) 그 당시의 사유방식과 관련된 것이어서 (**진리에 따른**κατ' ἀλήθειαν[kat aletheian]) 그 자체 시대들의 교습항목들Lehrstücke로서 타당하게 받아들여질 수 없다. 그래서 그 교습방법은 물론 소극적으로는 하나의

지배적인 망상, 그렇지만 본질적으로 종교와 충돌하지 않는 그 당시의 망상을 깨뜨리지 않기 위해 당시에 지배적인 그 자체 잘못된 특정한 견해들(예를 들어 귀신들린 자들Besessenen[30]에 관한 것)을 단순히 허용하는 것으로 상정될 수 있거나, 아니면 적극적으로 새로운 교회신앙[교의]을 도입하기 위해 지금은 종결되어야 할 그들의 옛 교회신앙[교의]에 대한 한 민족의 특별한 관심[애호]을 이용하기 위한 것으로 상정될 수 있다. (예를 들어 구약의 역사를 신약에서의 사건에 대한 전형들로 |38| 해석하는 것. 그러한 해석은 유대주의로서 만약 그 해석이 그릇되게 신앙교설Glaubenslehre 안에 그 교설의 한 항목으로서 수용된다면 우리로 하여금 한숨을 자아내게 할 수 있다: **지금 여기 이 성유물들은 우리를 움직이게 한다***nunc istae reliquiae nos exercent.* **키케로**Cicero.)[31]

그러한 것 때문에 기독교의 성서학식은 해석기술의 많은 난점들에 부닥치게 되며, 그 해석기술과 그것의 원리에 대해 상위 학부(성서신학자)는 하위 학부와의 논쟁에 빠질 수밖에 없다. 그 논쟁에서 특히 이론적인 성경적 인식을 돌보는 상위 학부는 하위 학부에 대해 본래적인 계시론Offenbarungslehren으로서 글자그대로 받아들여져야만 할 모든 교설들을 철학적으로 제거하여 그 계시론에 하나의 임의적인 의미를 밀어 넣는다는 혐의를 두고 있다. 그러나 이 하위 학부는 교회신앙을 돌보는 것보다 더 많이 실천적인 것, 즉 더 많이 종교를 돌보는 것이며, 반대로 저 상위 학부는 그러한 수단을 통해 도덕적이어야만 하고 이성에 기인하는 내적인 종교로서의 궁극목적을 완전히 도외시하는 죄를 지고 있다. 그래서 진리를 목적으로 삼는 나중인 자die letztere, 따라서 철학은 한 성서구절의 의미에 대한 논쟁의 경우에 그 의미를 규정할 특권이 있다고 믿는다. 다음의 것은 성서해석행위의 철학적 원칙들인데, 그 원칙들을 통해 해석이 철학적으로(철학의 확장을 목표로 하여) 이루어져야만 한다는 것을 이해시키려는 것이 아니라 순전히 해석의 **원칙들**이 그렇게 만들어져 있어야만 한다는 것을 이해시키려는 것이다. 왜냐하면 모든 원칙들은 그것들이 지금 하나의 역사적-비판적인 해석에 해당하든 문법적-비판적인 해석에 해당하든 간에 언제나 이성에 의해서도 지시되어야만 하기 때문이며, 여기서는 특별히 성서구절들로부터 (순전히 이성의 한 대상일 수 있는)* **종교**에 대해 알려질 수 있는 것이 이성에 의해서도 지시되어야만 하기 때문이다.

Ⅱ. 논쟁의 조정을 위한 성서해석의 철학적 원칙들

Ⅰ. 어떤 **이론적이며** 성스러운 것으로 고지된 교설들, 그러나 모든 (그 자체 도덕적인) 이성개념을 **넘어서는** 교설들을 포함하는 성서구절들은 실천이성에 유리하게 해석**해도 되지만**, 실천이성에 모순적인 명제[교리]들을 포함하는 성서구절들은 실천이성에 유리하게 해석**되어야만 한다**. — 다음의 것은 이에 대한 몇몇 사례들을 포함한다.

* [옮긴이 주] '(순전히 이성의 한 대상일 수 있는)'이라고 괄호로 묶어 '종교'를 수식하는 이 관계형용사절은 학술원 판에서는 괄호로 묶이지 않고 '종교에 대해 알려질 수 있는 것' 다음에 쉼표와 함께 나란히 배치되어 이 문장에서의 동등한 주어자격으로서 편집되어 있다. 이 편집에 따라 옮기면, '…… 성서구절들로부터 종교에 대해 알려질 수 있는 것, 즉 순전히 이성의 대상일 수 있는 것이 이성에 의해서도……'로 된다.

a) 글자 그대로 취해 삼위일체론Dreieinigkeitslehre으로부터는 설령 그것이 이해된다고 믿어졌다 해도, 적어도 만약 그 삼위일체론은 모든 우리의 개념들을 넘어선다는 점이 의식된다면 |39| 단적으로 **실천[실제]적인 것**das Praktische**은 아무것도** 가능하지 않다. — 우리가 신성神性에 세 가지 인격을 신봉해야만 하는지 열 가지 인격을 신봉해야만 하는지에 대해 학생은 똑같이 쉽게 말씀으로 받아들일 것이다. 왜냐하면 그는 다수의 인격들(의인화된 위격들 Hypostasen) 속에 있는 하나의 신에 관해 전혀 개념[이해]을 갖고 있지 않기 때문이지만, 더욱이 그가 이러한 상이성으로부터는 그의 삶의 행실을 위해 상이한 규칙들을 전혀 끌어낼 수 없기 때문이다. 그와 반대로 만약 사람들이 신앙교리들 속에 하나의 도덕적 의미를 들고 들어온다면(내가 그러한 일, 즉 『**순전한 이성의 한계들 안에서의 종교**』를 시도했듯이), 그 의미는 하나의 결과 없는 믿음[신앙]이 아니라 우리의 도덕적 규정과 관련하여 이해될 수 있는 믿음을 포함하게 될 것이다. 신성을 지닌 한 인격의 육신화[인간으로 됨]Menschwerdung에 대한 교설의 사정도 마찬가지이다. 그래서 만약 이 신적 인간Gottmensch[그리스도]이 전적으로 신의 마음에 드는 도덕적으로 완전한 인간성Menschheit에 대한 영원부터 신 안에[32] 놓여있는 이념*으로서가 아니라(같은 책 73f

* 이러한 점에 대한 16세기 베네치아의 **포스텔루스**Postellus[34]의 열광은 아주 독창적인 종류의 것이고, 한 순수한 이성이념의 감성화[구체화]를 감관의 한 대상의 표상으로 변화시키는 경우 어떤 오류들에 빠질 수 있게 하는지, 그리고 더욱이 어떻게 **이성**을 미치게 하는지에 대한 아주 좋은 사례로 사용된다. 그래서 만약 저 이념을 인간성이라는 추상Abstraktum이 아니라 한 인간으로 이해할 경우 이 인간은 어떤 하나의 성性을 지니고 있어야만 한다. 신에 의해 만들어진 이 인간이 남성(아들)이며 인간들의 약점Schwachheit을 지니고 있으면서 그 약점의 책임을 스스로 지고 있다면, 그

쪽)[33] 한 현실적인 인간 속에 "육신화 하여 거주하는" 신성과 그 인간 속에서 두 번째 자연[본성]으로서 작용하는 신성으로 표상된다면, 이러한 비밀[불가사의]로부터 우리에게서의 실천[실제]적인 것은 전혀 아무것도 이루어질 수 없다. 왜냐하면 우리는 우리가 하나의 신과 같이 그 비밀[불가사의]을 행해야 한다는 것을 우리자신에게 요구할 수 없기 때문이며, 따라서 일단 그러한 통일이 가능한 경우 왜 신성은 모든 인간을 그러한 통일에 참여토록 하지 않았는지, 그렇게 했다면 모든 인간들이 남김없이 모두 신의 마음에 들게 되었을 것이라는 곤란한 문제를 일으킴이 없이 그 신이 우리를 위한 본보기가 될 수 없기 때문이다. — 하나의 유사한 것이 바로 그 신적 인간의 부활과 승천의 이야기에 대해서도 말해질 수 있다.

|40| 우리가 장차 순전히 영혼에 따라서만 살아갈지, 아니면 여기 우리의 육체를 이루고 있는 동일한 물질[질료]이 우리 인격의 동일성을 위해 요구될 것인지, 따라서 영혼이 우리의 육체를 소생시킬 수밖에 없는 특수한 실체가 아닌지는 실천[실제]적 견지에서 우리와 전적으로 무관할 수 있다. 왜냐하면 분명 누군가에게는 자신의 육체를 남겨 가지고 있을 수 있다면 기꺼이 그 육체를 영원히 함께 끌고 가고 싶어 할 만큼 자신의 육체가 사랑스럽기 때문이다. 따라서 "그리스도가 부활하지 (육체적으로 살아나지) 않았다면, 우리도 또한 부활

약점들은 다른 성을 넘어서는 것들Übertretungen일 뿐만 아니라 남성의 약점들과도 종별적으로 구별된다. 그리고 사람들은 이 성性이 또한 여대속자Versöhnerin로서의 신의 특별한 여대리인Stellvertreterin(말하자면 신의 딸)이 될 수 있다고 상정하도록 시도할 이유가 없지 않다. 그래서 포스텔Postell은 이 여대속자를 베네치아의 한 경건한 동정녀의 인격에서 발견하였다고 믿었다.

하지 못할 (죽은 후에는 더 이상 전혀 살지 못할) 것이다"는 사도의 추론[35]은 설득력이 없다. 그러나 또한 그리스도가 부활하지 않았다고 할지라도(왜냐하면 논증함에 있어서는 하나의 영감이 근거로 놓이지 않을 것이기 때문에), 다만 그는 여기서 우리는 그리스도가 여전히 살아 있다고 믿을 근거를 가지고 있다는 것과 설령 그렇게 완전한 한 인간도 (육체적) 죽음 후에는 살아있지 않다 할지라도 우리의 믿음이 허황하지 않다는 것을 말하고자 했던 것이다. (모든 인간들에게서와 마찬가지로) 그에게 이성이 불어 넣은 그러한 믿음은 그가 진심으로 참이라고 받아들인 공공연한 사건에 대한 역사적 믿음[신앙]에로 그를 움직였던 것이고 그가 장래의 삶에 대한 도덕적 신앙[믿음]의 증명근거 없이는 이 전설에 믿음을 부여하기 어려웠을 것이라는 것을 의식하지 못한 채 그 공공연한 사건을 그러한 증명근거로 사용하였던 것이다. 비록 그 표상방식이 그를 교육시켰었던 학교개념들의 특징을 그 자체에 지니고 있었음에도 불구하고, 여기서 도덕적 의도는 달성되었다. — 그 밖에 저 사건에 대해서는 중요한 이의들이 맞서 있다. 그[그리스도]를 기념하기 위해 (슬픈 담소를 나누는) 최후의 만찬 Abendmahl을 집어넣은 것은 (단순히 금방의 재회를 기대하지 않은) 하나의 공식적인 작별과 유사해 보인다. 십자가상의 탄식하는 말[36]은 (그가 살아있을 때 유대인들을 참된 종교에로 인도하고자 했던) 하나의 실패한 의도를 표현한다. 왜냐하면 오히려 그때는 성취된 의도에 대한 기쁨이 기대되어야 했을 것이기 때문이다. 마지막으로 누가복음에서 "우리는 그가 이스라엘을 구원할 것이라 생각했다"는 제자의 표현[37]은 또한 그들이 고대한 삼일 후의 재회를 준비하고 있었다는 것과 더욱이 그의 부활에 관한 어떤 무엇이 그들의 귀에 들어갔다는 것을 믿을 수 없게 한다. — 그러나 만약 종교가 관건이라면, 즉 그 종교를 위해 이성이 우리에게 불어넣은 실천적 관계에서의 믿음[신앙]이 이미 그 자체로 충분하다는 점이 관건이라면, 왜 우리는 우리를 항상 현장에(아디아포라Adiaphora* 가운데에) 서 있도록 해야 하는 역사[이야기]진술Geschichtserzählung 때문에 그렇게 많은 학술적 연구들과 논쟁들에 얽혀들어야 하는가.

b) 신적인 본성과 의지에 관한 우리의 |41| 이성개념에 모순되는 표현을 지닌 성서구절들을 해석함에 있어서 성서 신학자들은 오래전부터 인간적 방식으로(ἀνϑϱωποπαϑῶς[anthropopathos]) 표현된 것은 신에 어울리는(ϑεοπϱεπῶς[theoprepos]) 하나의 의미에 따라서 **해석**되어야만 한다는 것을 규칙으로 삼았다. 그렇다면 그것을 통해 성서 신학자들은 분명히 이성이 성서에 대한 최상의 해석자라고 고백을 한 것이다. — 그러나 성서작가로부터 그가 실제로 자신의 표현들과 결합시킨 의미가 해석될 수 없을 때, 즉 우리의 이성과 전혀 모순되는 의미 외에 다른 의미가 해석될 수 없을 때조차도 이성은 스스로 그 작가의 성서구절을 이성 자신의 원칙들에 맞게 여기는 대로 해석하는 것을 정당하게 느낀다고 하는 것과 이성이 전혀 저 성서작가에게 한 오류의 책임을 돌리고 싶지 않은 경우 글자 그대로 해석해서는 안 된다고 하는 것은 전적으로 해석을 위한 최상의 규칙들에 저촉되는 것으로 보인다. 그리고 그럼에도 불구하고 그러한 일은 여태껏 가장 칭송받

* [옮긴이 주] '아디아포라'는 구별되지 않는 것 또는 무차별적인 것이라는 뜻의 그리스어로서 도덕적으로 가치중립적이며 신학적으로 구원이나 정통신앙과 관련하여 중요치 않고 그러한 것과 무관한 사태나 행위, 그리고 사회적으로 규범화되지 않은 행동방식들, 따라서 자의적으로 행해질 수 있는 행동방식들을 의미한다.

는 신의 학자들Gottesgelehrte의 박수갈채를 받으며 일어났다. — 그렇게 은총의 선택Gnadenwahl에 관한 성 바울의 교설[38]과 더불어 그러한 일이 일어났으며, 그 교설에서 그의 사적 견해는 그 말의 가장 엄격한 의미에서 예정론Prädestination이었음에 틀림없다는 것이 가장 명확하게 판명되었다. 그래서 그 예정론은 또한 한 거대 프로테스탄트 교회[교단][39]에 의해 그 교회의 신앙[교의]으로 수용되었지만, 그 뒤로 그 교회의 대부분[40]에 의해 다시금 내버려졌거나 할 수 있었던 한에서 좋게 달리 해석되었다. 왜냐하면 이성은 그 예정론을 자유론과 행위 책임론, 따라서 전체적인 도덕과 일치될 수 없는 것으로 여기기 때문이다. — 또한 성서 신앙이 윤리적 원칙들에 대한 일정한 교설들의 위반이 아니라 단지 물리[자연]적 현상들을 판정함에 있어서의 이성준칙에 대한 위반에 빠지는 곳에서도, 예를 들어 귀신들린 자(악마의 사람들)에 관한 이야기진술이 성서에서의 그 밖의 성스러운 이야기[역사]와 동일한 역사적 어조로 진술되어 그 이야기의 작가가 그 이야기를 문자적으로 참으로 간주한 것이 거의 의심될 수 없게 했음에도 불구하고, 성서해석자들은 그 자신들에게 이러한 권한을 문제 삼지 않고 거의 보편적인 찬성으로 많은 성경의 역사[이야기]진술들을 거기에 이성이 함께 존속할 수 있는 것인 양(모든 미신과 기만에 자유로운 진입을 허용하지 않는 것인 양) 해석하였다.

II. 그 자체 인식되었어야 한다면 본래 계시되었어야만 하는 성서 교설들에 대한 믿음[신앙]은 **업적**Verdienst이 아니라 그 업적의 결여이며, 그렇다고 그 믿음에 대립해 있는 의심이 그 자체로 **죄짓는 일**Verschuldung도 아니다. 오히려 종교에서 모든 것은 **행함**Tun이 관건이고, 이러한 궁극의도, 따라서 또한 이 궁극의도에 맞는 하나의 |42| 의미

가 모든 성경의 신앙교설들에서 해석되어야만 한다.

신앙교리들Glaubenssätzen은 믿어져야 하는 것을 의미하지 않고(왜냐하면 신앙[믿음]은 명령을 허락하지 않기 때문이다), 비록 증명될 수는 없다 해도 실천적(도덕적) 견지에서 받아들이는 것이 가능하고 합목적적인 것, 따라서 단지 믿어질 수 있는 것을 의미한다. 만약 내가 신앙을 이러한 도덕적 고려함 없이 한낱 이론적인 참으로 간주한다Fürwahrhalten는 의미, 예를 들어 이야기[사건]에 맞게 타자의 증언에 근거 짓는다는 의미에서 하나의 원리로 받아들이거나, 또한 내가 스스로 어떤 주어진 현상들을 이러 저러한 전제들 하에서와 다르지 않게 설명할 수 있다고 해서 하나의 원리로 받아들인다면, 하나의 그러한 신앙은 그것이 하나의 더 선한 사람을 만들지도 않고 증명하지도 않기 때문에 전혀 **종교**의 항목이 아니다. 그러나 그 신앙이 단지 두려움과 희망을 통해 강요된 것으로서 영혼 속에서 만들어진 것이라면, 그 신앙은 정직함, 따라서 또한 종교에도 위배된다. — 그러므로 만약 언명구절들이 마치 계시론의 믿음[신앙]을 그 자체 업적적인 것으로 간주할 뿐만 아니라 더욱이 그 계시론의 믿음을 도덕적-선한 일[업적]들을 넘어 고양시키는 것처럼 들린다면, 그 구절들은 마치 이성을 통해 영혼을 개선하고 고양시키는 도덕적 신앙만이 거기서 의미하고 있는 것인 양 해석되어야만 한다. 예를 들어 지금 여기서 믿어지고 세례 받는 사람은 복되다 등등의 문자적인 의미가 이러한 해석에 위배되어 있다고 해도 그렇게 해석되어야 한다. 그러므로 저 조례적인 도그마[교의]들에 대한 의심과 그 도그마의 신빙성은 하나의 도덕적이며 선한 마음을 가진 영혼을 동요시킬 수 없다. — 그럼에도 불구하고 바로 그와 같은 명제들은 일정한 **교회신앙**[교의]의 **강론**

을 위해 본질적인 필요조건들로 간주될 수 있다. 그러나 그 교회신앙[교의]은 공공의 화합과 평화를 염려하는 정부의 감호 하에 있기 때문에 물론 교회들 내에서는 공적으로 반박되지 않을 수도 있고 또한 쉽사리 간과될 수도 있지만 단지 종교신앙의 수레일 뿐이며, 따라서 그 자체 변할 수 있고 종교신앙과 일치할 때까지 점차적으로 정화될 가능성이 틀림없이 있기 때문에 신앙고백조항[신조]Glaubensartikel으로까지 삼아지지는 않는다. 반면에 그 교회신앙에 그 자체로 존속하는 성스러움[거룩함]Heiligkeit을 부여하지 않도록 경고하고 그 성스러움을 통해 인도된 종교신앙으로 지체 없이 이행하도록 하는 것이 교사의 일이다.

Ⅲ. 행함Tun은 인간 자신의 도덕적 힘들을 스스로 사용함으로써 발생하는 것으로서 표상되어야만 하고 인간으로 하여금 |43| 당하는 [수동적인] 태도를 취하게 할 하나의 보다 더 높은 외적인 작용원인의 영향에 의한 결과로서 표상되어서는 안 된다. 그러므로 문자적으로 후자[외적인 작용에 의한 행함]를 포함하고 있는 것으로 보이는 성서 구절들의 해석은 의도적으로 전자의 원칙과의 일치를 지향해야만 한다.

만약 자연[본성]Natur에 대해서 인간 속에 지배하는 그 자신의 **행복**을 촉진하는 원리가 이해되고, 반면에 은총[은혜]Gnade에 대해서는 우리 안에 놓여있는 개념화될 수 없는 도덕적 소질, 즉 **순수한 윤리성** Sittlichkeit**의 원리**가 이해된다면, 자연과 은총은 서로 구별될 뿐만 아니라 또한 서로 자주 충돌한다. 그러나 자연[본성]에 대하여 (실천적 의미에서) 자기 자신의 힘들 일반에 의해 어떤 목적들을 지향하게 하는 능력이 이해되는 경우, 인간이 그 자신의 내적이지만 초감성적인 원리(그 자신의 의무에 대한 표상)를 통해 행위 하도록 스스로 규정되는 한에서 은총은 인간의 자연[본성] 이외의 다른 아무것도 아니다. 따라서 그 초감성적 원리는 우리가 그 원리를 해명하려고 하지만, 우리가 우리 안의 선에 대한 소질을 스스로 근거 짓지 않은 그 선에 대해 우리 안에 있는 신성神性Gottheit에 의해 작동된 추동 외에는 우리로부터 더 이상 그 초감성적 원리의 근거[이유]를 알지 못하기 때문에 은총으로 표상된다. — 말하자면 죄(인간적 자연[본성] 속의 사악함)는 (바로 노예Knechte를 위한 것으로서의) 형법[처벌법]Strafgesetz을 필연적이게 만들었지만, 은총(즉 우리 안의 선을 위한 근원적 소질에 대한 믿음과 신의 아들이라는 신의 마음에 드는 인간성의 본보기를 통해 살아있게 되는 이 선의 전개에 대한 희망)은 만약 우리가 그 은총을 단지 작용하도록, 즉 저 성스러운 본보기에 유사한 삶의 행실의 마음가짐들Gesinnungen을 활동하도록 하기만 한다면 (자유인으로서의)우리 안에서 더욱 강력해질 수 있고 강력해져야 한다. — 그러므로 물론 저 도덕적 소질이 그 자체 (원인의 이론적 탐색에 있어서) 모든 이성보다 더 높은 한 근원의 신성[신적임]Göttlichkeit을 증명하고, 따라서 그 신성을 소유하는 것이 업적이 아니라 은총이긴 하지만, 우리 안에 성스러움[거룩함]을 작동시키는 하나의 외적인 힘에 대해 한낱 수동적인 내맡김을 포함하고 있는 것으로 보이는 성서 구절들은 우리가 그 도덕적 소질을 전개함에 있어서 우리 안에서 **스스로 일해야**만 한다는 것[41]이 그 성서구절로부터 밝혀지도록 해석되어야만 한다.

Ⅳ. 인간 자신의 행함이 (엄격히 심판하는) 자기 자신의 양심 앞에서 정당화하기에 충분치 못한 곳에서 이성은 경우에 따라서는 그 불충분

한 인간의 정의에 대한 하나의 초자연적인 보완을 (어디에 그 정의가 있는지를 이성이 또한 규정할 것 없이) 믿고 받아들일 권한이 있다.

이러한 권한은 그 자체로 명료하다. 왜냐하면 인간이 자신의 규정에 따라(즉 성스러운 법칙에 맞게) 존재해야 한다는 것을 |44| 인간은 또한 이룰 수밖에 없기 때문이다. 그리고 그러한 것이 자신의 힘들을 통해 자연적[본성적] 방식으로 가능하지 않다면, 인간은 그러한 것이 외적인 신적 협력을 통해 (그것이 어떠한 방식으로든지) 일어날 것이라고 희망해도 된다. — 게다가 이러한 보완에 대한 믿음이 영복[구원]을 얻게 하는 것이라고 덧붙일 수 있다. 왜냐하면 인간은 그 보완에 대한 믿음을 통해 오로지 (영복[구원의 축복]Seligkeit에 대한 희망의 유일한 조건으로서) 신의 마음에 드는 삶의 행실을 위한 용기와 그가 (신의 마음에 들게 되는) 자신의 궁극의도의 성취에 대해 의심하지 않는 확고한 마음가짐을 붙잡을 수 있기 때문이다. — 그러나 인간이 **어디에** 이러한 보상의 수단(그렇지만 결국 너무 거대해서 신이 그 수단 자체에 대해 우리에게 말하고 싶어 하는 모든 경우에도 우리에게는 개념화될 수 없는[이해될 수 없는] 수단)이 있는지를 알 수 있어야만 하고 명시적으로 제시할 수 있어야만 한다는 것은 반드시 필요한 것이 아니다. 그렇다. 이러한 지식에 대해서까지도 요구[권리주장]를 한다는 것은 오만이다. — 그러므로 그러한 하나의 특수한 계시를 포함하고 있는 것으로 보이는 성서구절들은 그 구절들이 단지 지금까지 널리 퍼져 있는 신앙교설들을 따르는 한 인민을 위한 저 도덕적 신앙의 수레에 해당하고 (모든 인간을 위한) 종교신앙에 해당하지 않는 것으로 해석되어야만 하며, 따라서 모든 사람이 공유하게 될 수 없는 역사적 증명들을 필요로 하는 순전히 (예를 들어 유대기독교

인들을 위한) 교회신앙[교의]에만 관련하는 것으로 해석되어야만 한다. 반면에 (도덕적 개념들에 근거 지어진 것으로서) 종교는 그 자체로 완전하고 의심의 여지가 없음이 틀림없다.

* * *

그러나 나는 그 자체 하나의 철학적 성서해석의 이념에 반대하는 성서 신학자들의 통일된 목소리[42]가 높아지는 것을 듣는다. 말하자면 그 이념은 첫째로 하나의 자연주의적naturalistische 종교를 견지하고 있고 기독교를 견지하고 있지 않다는 것이다. **답변**: 기독교는 특히 이성에 근거하고 있어야만 하고 그러한 한에서 자연적[본성적]natürlich 일 수밖에 없는 종교에 관한 이념이다. 그러나 기독교는 인간들 가운데에로 그 종교를 들여오는 매개수단Mittel, 즉 성경을 포함하고 있다. 말하자면 성경의 근원은 초자연적인 것으로 간주되며, 성경은 (그 근원이 어떤 것이든 간에) 그것이 이성의 지침들에 대한 공공의 확산과 마음 속 깊은 고취와 관련하여 장려될 수 있는 한에서 종교를 위한 수레Vehikel로 헤아려질 수 있고 또한 초자연적인 계시를 위한 수레로서도 상정될 수 있다. 그래서 종교가 그러한 계시를 인정하지 않는 것을 원칙으로 삼는 경우 그 종교는 단지 **자연주의적**일 뿐이라고 일컬어질 수 있다. 그러므로 기독교는 그 자체 하나의 자연적 종교이기는 하지만 하나의 |45| 자연주의적 종교는 아니다. 왜냐하면 기독교는 성경이 자연적 종교를 끌어들이고 그 종교를 공적으로 가르치고 고백하는 교회를 세우기 위한 하나의 초-자연적 수단일 수 없다고 부정하고 있는 것이 아니라 단지 종교론Religionslehre이 관건인 경우

에 이러한 [초자연적인] 근원을 고려하지 않기 때문이다.

Ⅲ. **성서해석의 원칙들과 관련한 반론들과 답변**

나는 이러한 해석규칙들에 반대하여 외치는 소리를 듣는다. **첫째로** 그것은 당연히 모두 다 철학부, 말하자면 성서 신학자의 일에 마음대로 개입하는 철학부의 판단들이다. — **답변**: 교회신앙을 위해서는 역사적 학식이 요구되며 종교신앙을 위해서는 이성이 요구된다. 하지만 저 교회신앙을 종교신앙의 수레로서 해석하는 것은 이성의 요구이다. 그러나 어디에서 그러한 요구가 단지 수단으로서의 어떤 무엇이 궁극목적으로서의 다른 무엇(종교와 같은 것)을 위한 하나의 가치를 갖는 곳에서보다 더 합당하겠으며, 진리에 대해서 논쟁되는 경우 혹시 이성보다 더 높은 결정의 원리가 어디엔가 있겠는가? 그러한 것은 만약 철학부가 신학부와의 조율을 통해 신학부의 교설들을 강화하도록 신학부의 조례들을 다룬다면 또한 신학부에게도 결코 저해되지 않는다. 오히려 그러한 것을 통해 저 신학부에 하나의 명예가 주어진다는 것이 생각되어야 할 것이다. 그러나 성서해석에 관한 문제가 전적으로 양자 간의 논쟁이어야 한다면, 나는 다음과 같은 비교 외에 다른 비교를 알지 못한다. **만약 성서 신학자가 자신의 목적을 위해 이성을 사용하길 중지한다면, 철학적 신학자도 또한 그의 명제들의 확인을 위해 성경을 사용하길 중지할 것이다**. 그러나 나는 성서 신학자가 이러한 계약을 수락할지는 매우 의심스럽다. — **둘째로** 저 해석들은 비유적-신비적allegorisch-mystisch이고, 따라서 성경적이지도 않고

철학적이지도 않다. **답변**: 그것은 정반대이다. 즉 성서 신학자가 종교의 외피를 종교 자체로 간주하는 경우, 예를 들어 만약 그가 구약성서는 그 당시 이미 (그보다 더 참일 수 없는) 참된 종교였을 것이라는 것과 또 그것을 통해 신약성서가 불필요하게 |46| 되었을 것임을 받아들이고 싶지 않다면, 그는 전체 구약성서를 아직도 도래하고 있는 종교상태에 대한 (전형들과 상징적 표상들에 관한) 하나의 신행하고 있는 **비유**Allegorie라고 선언해야만 한다는 것이다. 그러나 소위 이성 해석들의 신비론과 관련하여 말하자면, 철학이 성서구절들에서 하나의 도덕적 의미를 찾아내고 더욱이 그 텍스트에서 그 의미를 주장한다면 철학은 (예를 들어 **스베덴보리**Swedenborg[43]의) 신비론을 저지할 유일한 수단이다. 왜냐하면 만약 환상Phantasie이 초감성적인 것 Übersinnliche(종교라 불리는 모든 것에서 생각되어야만 하는 것)을 도덕적 개념들과 같은 이성의 규정된 개념들에 결합시키지 않는다면 그 환상은 종교의 문제들에 있어서 불가피하게 과도한[과장된] 것 Überschwengliche에로 빠져들어 내적인 계시들에 대한 하나의 광명회주의Illuminatism로 이끌리고, 그렇게 되면 각각의 한 사람은 각자 자신의 계시들을 갖게 되고 진리의 공적인 시금석은 더 이상 없어지기 때문이다.

그런데 우리가 위에서 언급한 해석의 규칙들의 계열에 따라 방금 환기시키고 개선시키고자 하는 성경의 이성해석에 대해 이성이 자기 자신에게 제기하는 반론들도 있다. a) **반론**: 계시로서 성경은 그 자체로부터 해석되어야만 하고 이성을 통해 해석되어서는 안 된다. 왜냐하면 인식원천 자체가 이성이 아닌 다른 곳에 놓여 있기 때문이다. **답변**: 저 책이 신적인 계시로서 받아들여진다는 바로 그 이유 때문에

성경은 한낱 (자기 자신과 합치하는) 역사교설들Geschichtslehren의 원칙들에 따라 이론적으로 해석되어서는 안 되고 이성개념들에 따라 실천적으로 해석되어야만 한다. 왜냐하면 하나의 계시가 신적이라는 것은 결코 경험이 부여하는 표징을 통하여서는 통찰될 수 없기 때문이다. (적어도 **불가결의 조건***conditio sine qua non*으로서) 계시의 특성은 항상 이성이 신에 대해 올바르게 설명하는 것과 일치한다. — b) **반론**: 그렇지만 모든 실천적인 것에 대해 항상 하나의 이론이 선행해야만 하고, 어쩌면 계시론으로서의 이 이론이 우리가 파악할 수는 없지만 우리로 하여금 촉진케 하는 구속력을 지니고 있을지도 모르는 신의 의지의 의도들을 포함하고 있을 수 있기 때문에 그와 같은 이론적 명제들에 대한 믿음은 그 자체로 하나의 구속력을 포함하고 있는 것으로 보이며, 따라서 그러한 명제들에 대한 의심은 하나의 책임을 포함하고 있는 것으로 보인다. **답변**: 이것이 만약 교회신앙[교의]에 관한 이야기인 경우에는 인정될 수 있다. 그 교회신앙[교의]에서는 지시된 적용들이라는 실천 외에 다른 실천을 목표로 삼고 있지 않으며, 거기에서 그렇게 하나의 교회를 위해 시인되는 그 지시된 적용들은 그것을 참으로 받아들이기 위해 단지 그 교설이 불가능하지 않다는 것 외에 더 이상 아무것도 필요로 하지 않는다. 그에 반해 종교신앙을 위해서는 진리에 관한 **확신**이 요구된다. 그러나 그 진리에 관한 확신은 조례들(이 조례들이 신적인 언명[말씀]들이라는 것)을 통해서는 명시될 수 없다. 왜냐하면 그 조례들이 신적인 언명들이라는 것은 단지 **그 자체** 신적인 계시라고 주장할 |47| 권한이 없는 역사[사건]를 통해 항상 반복적으로 증명되어야만 할 것이기 때문이다. 그래서 전적으로 삶의 행실의 도덕성, 즉 행함에 방향이 맞춰져 있는 이러한

종교신앙에서 아무리 성경의 교설이라 해도 역사적 교설을 참으로 간주하는 것은 그 자체로 어떠한 도덕적 가치도 갖지 않거나 무가치하고 무차별적인 것[무관한 것]Adiaphora에 속한다. — c) **반론**: 만약 죽은 자에게 생명을 불어넣는 하나의 초자연적인 힘이 동시에 "일어나 걸어라"[44]라는 부르는 소리에 동반되지 않는다면, 어떻게 사람들은 종교적으로[기독교 신앙 안에서] 죽은 한 사람에게 그 부르는 소리를 외칠 수 있는가? **답변**: 그 부르는 소리는 이성이 도덕적 생명[삶]의 초감성적 원리를 자기 자신 속에 갖고 있는 한에서 인간에게 그의 고유한 이성을 통해 일어난다. 이러한 원리를 통해 인간은 아마도 즉시 생명이 깨워져서 스스로 일어설 수는 없을 것이지만, (그 힘들이 단지 잠자고 있을 뿐, 그렇다고 그 힘들이 소멸되지 않은 한 사람과 같이) 마음이 움직여서 하나의 선한 삶의 행실을 위해 진력하도록 일깨워질 것이다. 그리고 그것은 이미 어떠한 외적인 영향을 필요로 하지 않고 더 나아가 의도한 변화를 일으킬 수 있는 하나의 행함이다. — d) **반론**: 우리 자신의 정의의 결핍을 위한 우리에게 알려져 있지 않은 한 보완방식에 대한 믿음, 따라서 한 타자의 선행으로서의 그 보완방식에 대한 믿음은 우리에게 느껴진 필요의 충족을 위해 근거 없이 상정된 하나의 원인이다(**증명근거의 요청***petitio principii*[증명되지 않은 한 명제를 하나의 주장을 위한 증명근거로서 암묵적으로 전제하는 것: 일종의 순환논증]). 왜냐하면 우리가 최고 존재자의 은총을 기대하는 것에 관해 우리는 마치 그것이 우리에게 부여될 수밖에 없다는 것이 자명한 것인 양 상정할 수 있는 것이 아니라 단지 그것이 우리에게 약속되어 있을 때에만 상정할 수 있고, 그래서 하나의 공식적인 계약과 같이 단지 우리에게 발생한 일정한 약속을 받아들임으로써만 상정할 수 있기 때문이다. 그러므로 우리는 우리에게 그렇게 보이는 것처럼 저 보완을 단지 그것이 신적인 **계시**를 통해 실제로 승인되고 행운에 맡겨지지 않는 한에서만 희망하고 전제할 수 있다. **답변**: "너의 죄들이 네게서 사하여졌다"[45]라고 위로하는 언명에서의 하나의 직접적인 신적 계시는 하나의 불가능한 초감성적 경험이다. 그러나 이 경험은 또한 (종교처럼) 도덕적 이성근거들에 기인하는 것, 그리고 그것을 통해 **선험적으로** 확실한 것, 적어도 실천적 견지에서 확실한 것과 관련해서는 필요치 않다. 한 성스럽고 선량한 입법자에 의해 사람들은 나약하긴 하지만 의무로 인식하는 모든 것을 자신의 전 능력에 따라 지키려고 노력하는 피조물들을 고려한 교령[법령]들Dekrete을 하나의 경험적 신앙이 행할 수 있는 것이라는 것 외에는 달리 생각할 수 없고, 그러한 하나의 보완에 대한 이성신앙과 신뢰마저도 그 보완에 대해 경험적으로 부여되는 일정한 승인이 요구될 필요 없이 하나의 경험적 신앙이 행할 수 있는 것보다 더 많이 진정한 도덕적 마음가짐을 증명하고 이로써 저 희망되는 은총베풂Gnadenbezeigung에 대한 감수성[감응력]을 증명한다.

* * *

|48| 그러한 방식으로 모든 성서해석들은 **그 해석들이 종교에 관계하는 한에서** 계시에서 목적으로 삼은 윤리성Sittlichkeit의 원리에 따라[46] 이루어져야만 하고, 그 원리 없이 그 해석들은 실천적으로 공허하거나 전적으로 선善에 방해가 된다. — 또한 그러할 때에만 본래 그 성서해석들이 **신빙성이 있는** 것이다. 즉 우리 안의 신der Gott

in uns이 그 자체 해석자이다. 왜냐하면 우리는 우리 자신의 지성과 우리 자신의 이성을 통해 우리와 이야기 하는 자 외에는 아무도 이해하지 못하기 때문이며, 따라서 우리에게 공표된 한 교설의 신성[신적임]은 순수-도덕적이어서 기만할 수 없는 한에서의 **우리의** 이성개념들을 통하는 것 외에 어떠한 것을 통해서도 인식될 수 없기 때문이다.

· 일반적 주해. 교파들에 관하여

본래 종교라고 일컬어질 가치가 있는 것에서 교파[종파]들의 상이성은 있을 수 없다(왜냐하면 종교는 통일적, 보편적 그리고 필연적, 따라서 불변적이기 때문이다). 그러나 교회신앙과 관련하여 말하자면, 한낱 종교의 수레인 것에 대한 믿음[신앙]이 그 종교의 강령[조항]Artikel으로 간주되는 한 지금 그 교회신앙이 순전히 성경에 근거 지어져 있든 아니면 전통에 근거 지어져 있든 간에 분명 교파들의 상이성이 있을 수 있다.

기독교가 **메시아적** 신앙으로 이해된다면 단순히 **기독교**의 교파들 모두를 헤아리는 것은 헤라클레스적인 작업이고 보람 없는 일일 것이다. 왜냐하면 여기서 저 기독교는 순전히 메시아적 신앙의 한 교파*

* 우리 종교의 신봉자들이 **그리스도들**Christen이라 불리는 것은 독일어의 언어사용(또는 오용)의 한 이상한 표현이다. 그것은 마치 한 명 이상의 그리스도Christus가 있는 것과 같고 각각의 신자가 하나의 그리스도라는 것과 같다. 그 신봉자들은 **그리스도인들**[기독교인들]Christianer이라 일컬어져야만 할 것이다. — 그러나 곧바로 이러한 명칭은 (페레그리누스 프로테우스Peregrinus Proteus[47]에게서 일어나듯이) 상당히 악하다고 말해질 수 있는 사람들의 한 교파의 명칭처럼 보일 것이다. 그리스도와

이기 때문이다. 그래서 기독교는 보다 좁은 의미에서(기독교가 [유대] 민족에 대해 지배권을 나눠 갖지 못했다는 최근의 시점時點에서) **유대교**에 대립된다는 것이다. 여기에 물음이 있다: "네가 여기에 와야 할 사람이냐? 아니면 |49| 우리가 다른 사람을 기다려야 할까?"[48] 이것 때문에 또한 처음부터 로마인들이 기독교를 받아들였다. 그러나 이러한 의미에서 기독교는 조례들과 성서[율법]에 근거한 일종의 민족신앙Volksglaube일 것이다. 이 민족신앙으로부터는 과연 이 민족신앙이 모든 인간에게 타당한지, 또는 계속해서 남아있을 수밖에 없을 최종적 계시신앙인지, 혹은 장차 목적에 조금 더 근접할 다른 신적인 조례들이 기대될 수 있는지가 알려질 수 없을 것이다.

그러므로 교파들에서의 한 신앙교설을 분류하는 일정한 도식을 갖기 위해 우리는 경험적 자료들로부터 시작할 수 없고, 우리는 신앙의 사안에 있어서의 사유방식을 구별하는 단계들의 계열 내에 맨 먼저 상이성에 의해 하나의 교파적 차이가 근거 지어지게 될 단계를 형성하기 위해서는 **선험적으로** 이성을 통해 사유될 수 있는 상이성들로부터 시작해야만 한다.

신앙의 사안들에 있어서 분류의 원리는 **받아들여진** 사유방식에 따라 **종교**이거나 **이교**Heidenthum(이것들은 A와 비A처럼 서로 대립한다)이다. 첫 번째의 종교를 고백[시인]하는 자는 통상적으로 **신자**Gläubige라고 일컬어지며, 두 번째의 이교를 고백하는 자는 **비신자**

관련하여 그러한 악행은 일어나지 않는다. — 그래서 할레Halle 지역 신문에서 한 비평가는 예호바[여호와]Jehovah라는 이름은 **야훼**Jahwoh로 발음되어야 한다고 요구하였다. 그러나 이러한 변화는 세계의 주인을 명명하는 것이 아니라 한낱 하나의 민족신성神性Nationalgottheit을 명명하는 것으로 보일 것이다.

Ungläubige라고 일컬어진다. 종교는 신에 대한 모든 숭배의 **본질적인 것**을 인간의 도덕성 안에 놓는 신앙이다. 이교는 그 본질적인 것을 인간의 그 도덕성 안에 놓지 않는다. 왜냐하면 그것은 그 이교에 초자연적이고 도덕적인 한 본질의 개념이 결여되어 있기 때문이거나(**원생적 이교***ethnicismus brutus*), 그 이교가 한 윤리적으로 잘 인도된 삶의 행실의 마음가짐과는 다른 어떤 무엇, 따라서 종교의 비본질적인 것을 종교의 항목으로 삼기 때문이다(**전형적 이교***ethnicismus speciosus*).

이제 동시에 신적인 명령으로 생각되어야 하는 신앙교리들은 한낱 **조례적** 계시론, 따라서 우리에게는 우연적인 계시론들이거나 **도덕적** 이성론, 따라서 그 교리들의 필연성과 결합되어 **선험적으로** 인식될 수 있는 신앙의 이성론들이다. 첫 번째의 계시론의 총괄개념은 **교회신앙**을 형성하지만, 다른 교설의 총괄개념은 순수한 **종교신앙**을 형성한다.*

하나의 교회신앙[교의]에 대해 **보편성**을 요구하는 것(**사제계급체계적 가톨릭주의[보편주의]***catholicismus hierarchicus*)은 하나의 모순이다. 왜냐하면 무조건적[무제약적] 보편성은 이성이 신앙교리들까지도 근거 짓는 곳, 따라서 이 명제[교리]들이 한낱 조례들이 |50|아닌 곳에서만 발생하는 필연성을 전제하기 때문이다. 그에 반해 순수한 종교신앙은 보편타당성에 대한 합당한 요구[권리주장](**이성적 가톨릭주의[보편주의]***catholicismus rationalis*)를 갖는다. 그러므로 신앙의 사안들에서 교파분리는 결코 발생하지 않고, 이 교파분리가 일어나는 곳에서는 그

* 내가 정밀하게 행하지 않고 통상적인 말사용에 따라 행한 이 분류는 여기서 당분간 타당할 것이다.

것이 항상 교회신앙[교의]의 오류로부터 발생한다. 이 교회신앙[교의]의 조례들(또한 신적인 계시들)을 종교의 본질적인 항목으로 간주하는 것, 따라서 신앙의 사안들에서의 경험주의를 이성주의 하에 밀어넣는 것은 한낱 우연적인 것을 그 자체 필연적인 것이라고 사칭하는 것이다. 그래서 우연적인 교설들에서 부분적으로는 조례들이 서로 충돌하며, 부분적으로는 그 조례들에 관한 해석이 다양하게 서로 충돌하는 일이 있을 수 있기 때문에, 한낱 교회신앙[교의]은 순수한 종교신앙을 통해 정화되지 않고서는 신앙의 사안들에 있어서 무한히 많은 교파들에 대한 한 풍부한 원천이 될 것이라는 점이 쉽게 통찰될 수 있다.

이 정화, 즉 어느 점에 그 정화가 있는지를 명시적으로 제시하기 위해 나에게는 다음과 같은 명제가 사용하기에 가장 적합한 시금석으로 보인다. 각각의 교회신앙[교의]은 그것이 한낱 조례적 신앙교설들을 본질적인 종교론들이라 사칭하는 한에서 **이교에 대한 일정한 혼합**을 지니고 있다. 왜냐하면 이 이교는 종교의 외적인 것(본질외적인 것)을 본질적이라고 사칭한다는 점에서 존립하기 때문이다. 이 혼합은 전체 종교가 관례적 사용들을 법칙들이라고 사칭하는 것을 넘어 단계적으로 하나의 한갓된 교회신앙[교의]으로 이행하지만, 그런 다음에는 어떤 욕된 명칭들에 맞서 저 신앙교설들이 신적인 계시들이라고 전혀 받아쳐 말하지 못하는 순전한 이교*가 되는 데까지 나아갈

* **이교**Heidentum(**이단***Paganismus*)는 낱말 뜻에 따르면 숲들Wälder(광야[또는 가시덤불의 들판]Heiden)에 사는 민족의 종교적 미신, 즉 아직 모든 교회적 규약, 따라서 공적인 법칙이 없는 종교신앙을 가진 무리의 미신이다. 그러나 유대교도들, 회교도들 그리고 인도인들은 그들의 것이 아닌 것을 법칙으로 간주하지 않고, 똑같은

수 있다. 왜냐하면 저 조례적 교설들과 교회의 의무들이 아니라 그것들에 부여된 무조건적 가치(한낱 수례와 같은 것이 아니라 그 교설들과 의무들이 내적인 도덕적 내용을 지니고 있지 않음에도 불구하고 그 자체 종교의 항목들이라고 하는 것, 따라서 계시의 질료가 아니라 실천적인 마음가짐 속에 그 계시를 받아들이는 형식이라고 하는 것)는 그러한 하나의 신앙방식에 대해 당연히 이교라는 명칭을 부여케 하는 것이기 때문이다. 그러한 하나의 신앙에 따라 영복[구원]을 받았다고 선언하거나 정죄하는 교회적 권위는 성직자계급[승직제도]Pfaffentum이라고 일컬어질 것이며, 그렇게 일컫는 프로테스탄트교도들 Protestanten도 만약 그들이 명제[교리]들과 규율들Obsevanzen, 즉 이것들에 관해 이성은 그들에게 아무것도 말하고 있지도 않고 가장 악하며 가장 무가치한 인간이 최선의 인간과 똑같은 정도로 시인[신앙고백]하고 준수하기에 적당한 그 명제들과 규율들에 대한 믿음[신앙] 안에 그들의 신앙교설의 본질|51|적인 것을 놓으려고 생각하고 있다면 그러한 존칭으로부터 제외될 수 없다. 그것은 그들이 항상 원하던 대로 교회적 권위의 놀라운 힘으로 인해 생겨났을 자들로서의(따라서 자신들의 고유한 뿌리에서 생겨나지 않은 자들로서의) 덕재[성자]들 Tugenden이라는 더욱더 커다란 하나의 꼬리표를 스스로 갖다 붙인다고 해도 그렇다.

그러므로 교회신앙[교의]이 시작하는 점에 관해 **종교신앙**을 통한 그 교회신앙의 교정을 유의하지 않고 그 자체로 권위를 가지고 말하

교회[교단]의 계율을 준수하지 않는 다른 민족들을 (고이[비유대인]Goj, 자우어 Dschaur 등등의) 배척하는 명칭, 말하자면 비신자라고 이름 한다.

는 것도 또한 교파분리를 일으킨다. 왜냐하면 그때 (실천적 이성신앙으로서) 이 종교신앙은 인간의 영혼에 대해 자유의 의식과 결합되어 있는 자신의 영향력을 잃어버릴 수 없는 반면에, 교회신앙은 양심[의무의 의식]Gewissen에 대해 폭력[권력]을 행사하는 것이므로 각각의 한 사람은 자기 자신의 견해를 위한 어떤 무엇을 그 교회신앙[교의] 안에 집어넣으려 하거나 그 교회신앙으로부터 끄집어내려고 하기 때문이다.

이러한 폭력[권력]은 교회[교단]로부터의 순전한 분리Absonderung (분리주의Separatism), 즉 교회와의 공적인 유대관계[공동체]Gemeinschaft에 대한 기권을 유발하거나, 질료에 따라서는 비록 똑같은 교회를 시인하지만 교회의 형식과 관련하여 다르게 생각하는 자들의 공적인 분열Spaltung(분파주의자Schismatiker)을 유발하거나, 특정한 신앙 교설들과 관련하여 교회를 탈퇴한 자들의 회동, 특히 항상 비밀스러운 것은 아니지만 국가로부터 승인되지 않은 모임들(종파[파벌]주의자들Sectirer)을 유발하거나, 이러한 모임들 중 조금 더 특수하며 대부분의 대중에게는 맞지 않는 비밀 교설들을 똑같은 자산으로부터 가져오는 몇몇 모임들(말하자면 경건회원들Clubbisten der Frömmigkeit)을 유발하거나, 마지막으로 상이한 신앙방식들의 융합을 통해 모든 이에게 만족을 준다고 생각하는 거짓 평화중재자들(융합주의자들Synkretisten)을 유발한다. 그렇다면 이들은 종파[파벌]주의자들보다 더 나쁘다. 왜냐하면 그 융합주의자들에게는 종교 일반과 관련한 무관심[무차별성]Gleichgültigkeit이 근거로 놓여있기 때문이고, 일단 하나의 교회신앙[교의]이 인민에게 있어야만 한다고 하며, 한 교회신앙[교의]은 그것이 단지 정부를 통해 그 정부의 목적들을 위해 잘 조종되기만

한다면 다른 교회신앙[교의]과 마찬가지로 좋다고 하기 때문이다. 그렇지만 그러한 하나의 원칙은 물론 통치자 그 자체의 입에서는 전적으로 옳고 또한 현명하기까지 하지만 이러한 사안을 자기 자신의 관심, 더욱이 도덕적 관심으로부터 검토해야만 하는 신민 자체의 판단으로 볼 때는 종교에 대해 극도로 얕보고 있음을 드러내는 것일 것이다. 왜냐하면 종교의 수례 자체가 어떻게 만들어졌는지, 누군가가 그의 교회신앙 속에 무엇을 받아들였는지는 종교에 있어서 무관한 사안이 아니기 때문이다.

(프로테스탄트교도들에게서 일어났던 것처럼 또한 분명 교회[교단]들이 다양화되기까지 [52] 그 머리를 쳐드는) 교파분리와 관련해 흔히 다음과 같이 말해진다. 다양한 종교들(본래는 한 국가에서의 교회[교단]의 신앙방식들)이 있다는 것은 좋고, 이것은 또한 그것이 하나의 좋은 징표인 한에서 옳기도 하다. 말하자면 신앙의 자유가 인민에게 허용되어 있는 것이다. 그러나 그것은 본래 정부에 대한 하나의 칭찬일 뿐이다. 그렇지만 그 자체로 하나의 그러한 공공의 종교상태는 좋지 않으며, 그 종교상태의 원리는 그 자체 하나의 종교의 개념이 요구하는 것과 같은 본질적인 신앙의 준칙들의 보편성과 통일성을 지니고 있지 않고 비본질적인 것에 의해 일어나는 논쟁을 저 종교의 상태로부터 구별하지 못하는 성질을 지니고 있다. 그러므로 궁극의도 자체(말하자면 인간들을 도덕적으로 개선하는 것)로서의 종교에 대한 그 종교의 수례의 좀 과하거나 좀 모자란 적절함이나 부적절함과 관련한 견해들의 차이가 경우에 따라서는 교회교파들의 상이함을 야기케 할지도 모르지만, 그렇다고 바로 종교(따라서 보이지 않는unsichtbaren 교회)의 통일성과 보편성에 위배되는 종교교파들

의 상이함을 야기케 해서는 안 된다. 그러므로 계몽된 가톨릭교도들 Katholiken과 프로테스탄트교도들은 기대(그리고 이러한 목적을 위한 작업) 속에서 양자가 섞이지 않으면서도 서로를 신앙의 형제들로 간주할 수 있을 것이다. 그것은 정부의 장려 하에서 시간이 (물론 신을 순수한 도덕적 마음가짐을 통하는 것 외에 다른 어떤 무엇을 통해 적당하게 만들거나 조정하게 되면 하나의 신앙이 아닐 수밖에 없는) 신앙의 형식성들을 점차적으로 그 형식성들의 목적의 위엄, 즉 종교 자체에 더 가까이 가게 할 것이라는 것이다. — 또한 유대인들과 관련해서도 이러한 것은 만약 그들 가운데에 지금 일어나는 것처럼 정화된 종교의 개념들이 잠을 깨어 지금은 아무런 소용도 없고 오히려 모든 참된 종교의 마음가짐을 억압하는 낡은 우상숭배의 옷을 벗어던진다면 (하나의 **메시아적** 신앙으로서의 기독교로의) 하나의 보편적 유대인개종Judenbekehrung*을 |53|꿈꾸지 않고서도 가능하다. 그러한 한에서 지금 그 정화된 종교의 개념들은 **사람 없는 옷**(종교 없는 교회)을 가지고 있지만, 그렇다고 **옷 없는 사람**(교회 없는 종교)

* 모세스 멘델스존Moses Mendelssohn[49]은 (**인간에 대한 논증***argumentatio ad hominem*을 통하여) 그의 **명민함**에 대해 존경을 표하게 할 만한 방식으로 이 [무리한] 요구를 기각하였다. (그가 말하길) 신이 시나이Sinai 산에서 우리의 법칙[율법]을 바로 (천둥과 번개 가운데에서) 무기한 영원히 부여한 것과 마찬가지로 격식을 갖추어 그 법칙을 폐지하지 않는 한, 우리는 그 법칙에 구속되어 있다. 그것으로써 그는 아마도 다음과 같은 것을 말하고자 했을 것이다. 먼저 너희 기독교인들이 **너희의** 고유한 신앙으로부터 유대교를 제거하지 않는다면, 우리도 또한 우리의 것을 버리지 않을 것이다. — 그러나 그는 그 자신의 신앙의 동지들에게서 이 힘든 요구를 통해 그의 동지들을 압박하는 짐들을 최소한으로 경감시키고자 하는 희망을 잘라낸 것이다. 어쩌면 그가 그 최소한의 짐들을 본질적으로 그의 신앙에 속하는 것으로 간주했다 할지라도 그의 선한 **의지**에 대해 존경을 하게 할지 어떤지는 그 최소한의 짐들 자체가 결정할 것이다.

도 잘 유지되지 않기 때문에, 따라서 그 종교의 개념들은 교회의 현재 처지에서 궁극목적에 가장 잘 맞을 그 교회의 일정한 형식성들을 필요로 하기 때문에, **예수** 종교를 (추정컨대 그 종교의 수레, 즉 **복음서**Evangelium와 함께) 공적으로 받아들이는 이 민족의 아주 좋은 한 두뇌, **벤다비드**Bendavid[50]의 생각은 매우 행운인 것으로 간주될 수 있을 뿐만 아니라 또한 유일한 제안으로도 간주될 수 있다. 이 민족이 그 제안을 실행하는 것은 신앙의 사안들에 있어서 다른 것들과 섞이지 않고서도 곧바로 자신의 신앙이 정부에 의해서도 승인될 수 있을 하나의 교화되고 잘 도야된, 그리고 시민적 상태의 모든 법[권리]들에 역량이 있는 민족임을 깨닫게 할 것이다. 그렇지만 그때 그 실행함에 있어서 예수가 유대인으로서 유대인들에 대해 말한 방식을 그가 도덕적 교사로서 인간 일반에 대해 말한 방식으로부터 구별하기 위해 (토라Thora[모세의 율법서]와 복음서의) 성서해석은 자유롭게 허용되어야만 할 것이다. — 유대교의 안락사Eu-thanasie는 모든 옛 규정론들Satzungslehren을 버림으로써 순수한 도덕적 종교[가 되는 것]이지만, 그럼에도 불구하고 그 규정론들 중 몇몇은 (메시아적 신앙으로서의) 기독교 속에 또한 보존되어 남아 있어야만 한다. 그렇지만 그러한 교파구별[교파적 차이]은 결국에는 사라질 수밖에 없고, 그래서 지상에서의 종교변화의 거대한 극적사건Drama의 결말이라 일컬어지는 것(모든 것의 복원)을 적어도 정신 속에 초래하며, 거기에서는 하나의 목자와 하나의 무리[51]만이 발생한다.

* * *

그러나 만약 무엇이 기독교인지뿐만 아니라, 그러한 하나의 기독교가 인간들의 마음속에서 실제로 발견되기 위해 어떻게 기독교의 교사가 그 기독교를 시작해야만 하는가(이것은 동시에 종교신앙이 더 나은 인간들을 만들기 위해 무엇을 행할 수 있는가?라는 과제와 같은 종류의 물음이다)라고 물어진다면 그 목적은 한 가지이고 어떠한 교파적 차이도 유발할 수 없지만, 그 목적을 위한 수단의 선택은 이 교파적 차이를 초래할 수 있다. 왜냐하면 하나의 동일한 결과에 대해 **하나** 이상의 원인이 생각될 수 있고, 그러므로 그러한 한에서 어떤 한 수단이나 다른 수단이 그 목적에 적합한지 어떤지, 그리고 신적인지 어떤지에 대한 견해들의 상이함과 충돌, 따라서 그 자체 |54| 종교 일반의 (주관적인 의미에서의) 본질적인 것을 다루는 원리들에 있어서 하나의 분리Trennung를 야기할 수 있기 때문이다.

이러한 목적을 위한 수단들이 경험적일 수 없기 때문에 — 이 수단들이 경우에 따라서는 분명 실행에 영향을 끼칠 수 있지만 마음가짐에는 영향을 끼칠 수 없기 때문에 — 모든 **초감성적인 것**Übersinnliche을 동시에 **초자연적**übernatürlich이라고 간주하는 자에게 위의 과제는 다음과 같은 물음으로 변해야만 한다. 어떻게 (누군가로 하여금 하나의 다르고 새로운 인간[52]이 되게 하는 회개Bekehrung의 귀결로서) 거듭남이 신의 직접적인 영향을 통해 가능한가, 그리고 이러한 영향을 초래하기 위해 인간은 무엇을 행해야만 하는가? 나는 순전히 이러한 과제가 (물론 견해들을 생각나게 할 수는 있지만 그 견해들의 필연성을 생각나게 할 수 없는 것으로서의) 역사에 자문을 구하지 않고서 하나의 자연적인 결과에 대해 초자연적인 원인들을 불러들이는 것이 하나의 사소한 일인 이들에게 야기하는 하나의 불가피한 교파적 차이가 **선험적으로** 앞서 말해질 수 있다고 주장한다. 그렇다 이러한 분열 Spaltung은 또한 두 종류의 상이한 종교교파들Religionssekten을 명명하기에 정당하며 유일한 것이라는 것이다. 왜냐하면 사람들이 잘못 그렇게 이름하고 있는 다른 종교교파들은 단지 교회교파[교단종파]들Kirchensekten일 뿐이고 종교의 내적인 것에는 관계하지 않기 때문이다. — 그러나 모든 문제는 첫째로 과제의 **문제제기**Quästion[**문제제기** 또는 과제: 마이너 판], 둘째로 **해결** 그리고 셋째로 **증명**으로 이루어진다. 즉 요구된 것이 마지막의 것을 통해 성취된다는 것이다.

1) 그러므로 (용감한 **슈페너**Spener가 열정적으로 교회의 모든 교설들에 대해 소리쳤던) 과제는 다음과 같다. 종교의 강론은 우리에게서 (마치 우리가 선을 일정 정도 등한시 했을 뿐이지 이미 선한 인간들인 양) 한낱 더 나은[선한] 인간을 만드는 것뿐만 아니라 **다른** 인간을 만드는 것을 목적으로 삼아야만 한다. 이 명제는 존경받을 만한 (물론 위반들과 함께 뒤섞여 있긴 하지만 규율들을 통해 항상 다시금 개선되는) 삶의 행실 외에 순수 계시론에 대한 믿음[신앙]과 교회에 의해 지시된 규율들(기도, 교회출석 그리고 성사聖事들Sakramenten) 안에서 신의 마음에 들게 되는 방식을 정한 **정교도들**Orthodoxisten(나쁘지 않게 고안된 명칭)에 의해 길에 내버려졌다. — 그러므로 과제는 완전히 이성 속에 근거하고 있다.

2) 그러나 해결은 철저히 **신비주의적**으로 이루어진다. 이것은 사람들이 종교의 원리들에서 초자연주의Supernaturalism의 것을 기대할 수 있었다는 것과 같다. 초자연주의는 인간이 본성 상 죄 속에서 죽었다고 하기 때문에 자기 자신의 힘들로 인한 개선을 희망하지 못하게 하며, 인간의 본성[자연]Natur 속에 있는 근원적이며 거짓될 수 없는

도덕적 소질로 인한 개선마저도 희망하지 못하게 한다. 인간의 본성 속의 이 도덕적 소질은 비록 그것이 **초감성적**임에도 불구하고 살[육신]Fleisch이라 일컬어진다. 왜냐하면 그 소질의 작용결과는 그때 그 작용결과의 직접적인 원인이 오로지 (신의) 정신뿐일 것이라는 것처럼 동시에 |55| **초자연적**이지 않기 때문이다. — 이제 저 과제의 신비주의적인 해결은 신자들을 초자연적인 영향들에 대한 **감정**[느낌]Gefühl의 두 가지 교파들로 나눈다. 하나의 교파에는 **마음을 산산조각내는**herzzermalmender(통회하는) 종류의 감정이 있으며, 다른 교파에는 **마음을 완전히 녹이는**herzzerschmelzender(영복의 공동체 속으로 신과 함께 녹아드는) 종류의 감정이 있는 것이 틀림없다고 한다. 그래서 (악한 인간들로부터 선한 인간들을 만드는) 문제의 해결은 두 가지 대립된 입장들로부터 출발한다("거기서 의욕함Wollen은 물론 선하지만 완수는 결핍되어 있다"). 말하자면 한 교파에서는 단지 자신 속에 있는 악의 지배로부터 **벗어나는 것**만이 관건이며, 그렇게 되면 선한 원리가 저절로 나타날 것이라고 한다. 다른 교파에서는 선한 원리를 자신의 마음가짐에 받아들이는 것이 관건이며, 거기에는 하나의 초자연적인 영향에 의하여 악 그 자체는 더 이상 어떠한 자리도 발견하지 못할 것이고 선만이 지배하게 될 것이라고 한다.

그러나 단지 초자연적인 영향을 통해서만 가능한 하나의 도덕적인 인간의 탈바꿈[변형]Metamorphose에 관한 이념[생각]은 분명 이미 오래전에 신자들의 머릿속에서 **시끄럽게 소리를** 냈을 것이다. 그러나 그 이념은 근대에 비로소 제대로 언급되기에 이르렀고, 회개론Bekehrungslehre에서의 **슈페너-프랑케의**Spener-Franckischen 교파와 **매렌**[모라비아]-**친첸도르프의**Mährisch-Zinzendorfschen 교파의 차이

(경건주의Pietism[53]와 모라비아주의Moravianism[54])를 초래하였다.

첫 번째 가설에 따르면 (인간의 본성[자연]에 혼융되어 있는) 악으로부터 선을 갈라내는 일은 하나의 초자연적인 작위, 즉 거의 절망에 가깝긴 하지만 또한 한 천상의 정신의 영향에 의해서만 그 정신이 요구하는 수준에 도달될 수 있는 하나의 비탄Gram(**영혼의 비통***maeror animi*)으로서의 **참회**Buße 속에서 마음의 통회와 산산 조각남을 통하여 발생한다. 인간은 그가 충분히 비탄에 빠질 수 없다는(따라서 그럼에도 불구하고 그에게서 그 괴로움이 그다지 전적으로 마음으로부터 일어날 수 없다는) 것에 대해 비탄해함으로써 인간은 스스로 그 비탄을 간청해야만 한다. 이러한 "자기인식의 지옥행은 고故 하만Hamann[55]이 말하듯이 거룩함으로 가는 길을 닦는다". 말하자면 이러한 참회의 격정이 최절정에 이른 후에 **타개**가 이루어지고, **거듭난 자**의 쇳덩어리Regulus[광물을 녹여 얻은 반고체상태의 금속]가 자신을 둘러싸고 있지만 오염시키지 않는 석탄재들 가운데에서 하나의 선한 삶의 행실 속에서의 신의 마음에 드는 사용을 위해 충분히 빛난다고 한다.—그러므로 이러한 급진적인 변화는 하나의 **기적**과 함께 시작하고, 그 기적이 **이성**을 규정하기 때문에 보통은 자연적[본성적]이라고 간주되곤 하는 것, 말하자면 도덕적-선한 삶의 행실과 더불어 끝나게 된다. 그러나 사람들은 |56| 하나의 신비주의적으로-조율된 상상력이 최고도로 비행할 때조차도 인간을 완전히 기계로 만들지 않고서는 그 인간을 모든 자기행위로부터 면책할 수 없기 때문에, 끈임 없는 열렬한 **기도**는 인간에게 행해야 할 의무가 되는 것이고(그러한 한에서 사람들은 일반적으로 그 기도를 하나의 행함을 위해 인정하려고 한다), 그 기도에 의해서만 인간은 저 초자연적인 작용결과를 약속할

수 있다. 그렇지만 그때 또한 양심의 가책Skrupel도 나타난다. 여기서 그 기도는 그 자체가 말하듯이 그 기도가 믿음[신앙]으로 행해지는 한에서만 응답될 수 있다는 것이지만, 그 믿음 자체는 하나의 은총[은혜]의 작용, 즉 인간이 자기 자신의 힘들에 의해 도달할 수 없는 어떤 무엇이라는 것이며, 인간은 자신의 은총의 수단들과 더불어 맴돌게 되고, 결국 본래적으로 어떻게 그가 그것[어떤 무엇]das Ding을 붙잡아야 할지를 알지 못한다는 것이다.

두 번째 교파의 견해에 따르면 자신의 죄의 성질을 의식하게 되는 인간이 더 선한 상태를 위해 행하는 첫 걸음이 완전히 자연적[본성적]으로, 즉 **이성**을 통해 이루어진다. 이 이성은 도덕 법칙 안에서 인간으로 하여금 자신의 비난받을 만한 일을 바라보게 해주는 거울을 그에게 보여줌으로써 앞으로는 선을 자신의 준칙으로 삼도록 그를 결심시키기 위해 선을 위한 도덕적 소질을 이용한다. 그러나 이러한 결단의 실행은 하나의 **기적**이다. 말하자면 그 결단은 악한 정신의 깃발로부터 돌아서서 선의 깃발 아래에 처하는 것이다. 그것은 하나의 손쉬운 일이다. 그러나 이제 이 선의 깃발 하에 머물러 있으면서 다시금 악에 도로 빠지지 않고, 오히려 선 안에서 점점 더 진보하는 것은 인간에게 자연적[본성적]인 방법으로는 불가능하다고 하는 일이지만, 오히려 하나의 초자연적인 공동체의 감정[느낌]과 더욱이 한 천상의 정신과의 하나의 지속적인 교제의 의식 외에는 최소한의 그 어떤 것도 요구되지 않는 일이다. 그때 물론 그 전자의 감정과 그 후자의 의식사이에 한편으로는 질책함이, 다른 한편으로는 용서를 구함이 없을 수 없다. 그렇지만 만약 인간이 단지 그 자체 하나의 지속적인 기도인 그 교제를 끊임없이 도야한다면, (은총으로부터의) 분리 또는 [악으로의] 복

귀가 염려될 수 없다.

이제 여기에 과제의 해결을 위한 하나의 이중적인 신비주의적 감정 이론이 있다. 하나의 새로운 인간이 되는 것에서는 모든 종교의 **객체**[대상]와 목적이 문제가 아니라(즉 신의 마음에 드는 삶의 행실이 문제가 아니라, 왜냐하면 이 문제에 대해서는 양측이 일치하기 때문이다), 오로지 우리로 하여금 저 이론을 우리 안에서 실행시키기 위해 힘을 얻게 해주는 **주체**[주관]**적** 조건들이 문제이다. 그렇다면 여기에서는 (하나의 공허한 명칭이라고 하는) 덕에 관한 이야기가 아니라 단지 **은총**[은혜]에 관한 이야기가 될 수 있다. 왜냐하면 양 당파는 이 은총에 |57|자연적으로 접근할 수 없다고 하는 점에 대해서는 일치하고 있지만, 한 쪽이 악한 정신의 권력으로부터 벗어나기 위해 그 악한 정신과의 **끔찍스러운** 싸움을 견뎌내야만 하는 데 반해, 다른 쪽은 이러한 일을 전혀 필요치 않다고 생각할 뿐만 아니라 으레 [외식外飾적] 행위의 거룩함Werkheiligkeit으로서의 그러한 일을 배척되어야 할 것으로 여기며, (**추한 계약***pactum turpe*으로서) 악과의 동맹은 악에 대해 어떠한 항변도 유발할 수 없다는 것 때문에 오히려 곧바로 선한 정신과 동맹Allianz을 체결한다는 점에서 다시 서로 분리되기 때문이다. 그렇다면 이제 영혼의 상태에 단 한 번 선행하는 초자연적이고 근본적인 혁명으로서의 거듭남은 양 당파들의 서로 아주 뚜렷한 대조를 이루는 감정들로 인한 하나의 교파적 차이를 또한 충분히 외적으로 알 수 있게 해줄지도 모른다.*

* (만약 그와 같은 것이 가능하다면) 이러한 교파들 중의 한 교파 안에서 양육되었을 한 전체 민족은 분명 어떤 민족적 인상Nationalphysiognomie[56]을 가질 가능성이 있는가? 왜냐하면 마음에 각인되는 자주 반복되며 특히 자연스럽지 않은 인상들은 몸짓

3) **증명**: 만약 2번[해결]에 요구되어 있는 것[은총]이 일어난다면, 그 요구되어 있는 것을 통해 과제 1번이 해결될 것이라고 하는 것.— 이러한 증명은 불가능하다. 왜냐하면 인간은 그에게서 그 자체로 하나의 모순인 하나의 초자연적인 경험이 일어났다는 것을 증명해야만 할 것이기 때문이다. 경우에 따라서는 인간이 그 자신 속에서 하나의 경험(예를 들어 새로운 그리고 더 나은[선한] 의지규정들에 대한 경험)을 했다는 것, 즉 그가 하나의 기적을 통해 설명하는 것 외에는 달리 설명할 방법을 알지 못하는 변화에 대한 경험, 따라서 초자연적인 어떤 무엇에 대한 경험을 했다는 것이 인정될 수도 있다. 그러나 (초자연적인 것으로서의) 경험이 우리의 지성의 본성적인 규칙에 전거될 수 없고 그러한 것을 통해 입증될 수 없기 때문에, 그가 그 경험이 실제의 경험이라는 것을 단 한 번도 확인시킬 수 없는 경험은 일정한 느낌들Empfindungen에 대한 하나의 해석이며, 그 느낌들에 관해 사람들은 그 느낌들로부터 무엇을 해야 할지, 그 느낌들이 인식에 속하는 것으로서 하나의 현실적인 대상들을 갖는지, 아니면 한낱 몽상들일

과 말투로 표현되고, 얼굴표정들은 결국 고정적인 얼굴모습들이 되므로 그러한 한 인상이 나타날 것이라는 점은 분명 의심될 수 없기 때문이다. **복 받은** 얼굴들이나 니콜라이 씨Hr. Nikolai[57]가 말하는 것처럼 **복스러운** 얼굴들은 그 민족을 다른 교화되고 일깨워진 민족들로부터 (그렇다고 그 민족의 장점에 속하지는 않지만) 구별시킬 것이다. 왜냐하면 그것은 풍자화Karikatur한[두드러지게 한] 경건함Frömmigkeit의 표현이기 때문이다. 그러나 (항상 일종의 멸시가 결합되어 있는) 경건주의자들Pietisten이라는 명칭을 교파의 명칭으로 삼은 것은 경건함을 멸시하는 것이 아니라, 비록 그들의 행실이 사람들이 알 수 있을 만큼 그들이 말하는 세상자녀들의 행실보다 도덕성에 있어서 최소한의 우수함을 보여주지 않음에도 불구하고 스스로를 초자연적으로-우대된 하늘의 자녀들로서 특징짓는 공상적인 월권이자 모든 겸손의 모습을 한 오만한 월권이다.

뿐인지를 알지 못한다. [58] 신성神性 그 자체의 직접적인 영향을 **느끼길** 원하는 것은 이 신성의 이념이 순전히 이성 속에만 놓여 있기 때문에 자기 모순적인 하나의 월권이다. — 그러므로 여기서 하나의 과제는 그 해결과 더불어 그 어떤 하나의 가능한 증명도 가지고 있지 않다. 그렇다면 그로부터 또한 이성적인 어떤 무엇도 결코 이루어지지 않을 것이다.

이제 또한 성경이 순전한 정교Orthodoxie의 교회적 원칙의 결실불가능성을 대체할 수 있다고 하는 저 슈페너의 문제에 대한 언급된 두 가지 교파에 맞는 해결 외에 또 하나의 다른 해결의 원리를 포함하고 있는 것은 아닌지를 추적하는 하는 것이 관건이다. 실제로 하나의 그러한 원리가 성경 안에서 발견될 수 있다는 것이 눈에 띌 뿐만 아니라, 또한 이 책이 단지 그러한 원리와 이 원리 속에 포함된 기독교를 통해서만 아주 넓게 펼쳐진 작용범위와 세상에 대한 지속적인 영향력, 즉 하나의 작용결과를 획득할 수 있었다는 것은 설득력 있으면서도 확실하다. 그 작용결과는 인간의 영혼 자체로부터 창조되지 않았을 것이고, 따라서 인간에게는 항상 낯설게 머물러 있을 수밖에 없었을 것이기 때문에, 어떠한 계시론(그 자체)도, 기적에 대한 어떠한 신앙[믿음]도, 수많은 신앙고백자들의 통일된 목소리도 여태껏 만들어내지 못했을 작용결과이다.

말하자면 그것[원리]은 만약 우리가 일단 발견했다면 우리가 경탄하기를 결코 멈출 수 없는 우리 안의 어떤 무엇이다. 그리고 이 어떤 무엇은 동시에 경험의 대상으로서의 **인간**에게서 추정되어서는 안 될 하나의 존엄에 대한 이념 속에서 **인간성**을 고양시키는 것이다. 우리가 도덕 법칙들에 예속된 존재들이고 그 도덕 법칙에 충돌하는

모든 삶의 안락함들을 희생하면서까지 그 도덕 법칙들을 준수하도록 우리의 이성을 통해 규정된 존재들이라는 것은 놀라운 일이 아니다. 왜냐하면 저 법칙들에 복종하는 것은 객관적으로 순수한 이성의 객체들로서의 사물들의 자연적인 질서 안에 놓여 있기 때문이다. 혹시 우리가 그 법칙들의 근원을 알 때까지 그 법칙들의 준수를 미루기 위해서나, 아니면 아예 그 법칙들의 진리를 의심하기 위해 어디로부터 저 법칙들이 우리에게 나타나게 되는 것인지를 묻는 일이 보통의 지성과 건전한 지성에게는 단 한 번도 일어나지 않는다는 것이다.— 그러나 이것은 우리가 또한 우리의 감성적인 자연[본성]을 가지고서 도덕에 아주 커다란 희생제물을 바칠 **능력**도 가지고 있다는 것이며, 우리는 우리가 전적으로 쉽고 명료하게 이해하는 것을 또한 **할 수 있다**können는 것이고, 우리는 그것을 **해야 한다**sollen는 것이다. 우리 안의 **초감성적 인간**의 이러한 우월함Überlegenheit은 **감성적 인간**을 넘어서는 것이며, 이 감성적 인간이 그 자신의 눈에는 **전부**alles이지만 (만약 서로 충돌하게 되는 경우) 저 초감성적 인간에 대해 이 감성적 인간은 **아무것도 아닌 것**[무]nichts이다. 인간성으로부터 분리될 수 없는 우리 안의 이러한 도덕적 소질은 최고의 |59| **경탄**의 대상이며, 이 경탄은 이러한 (고안해 낸 것이 아닌) 참된 이상을 더 오래 응시하면 할수록 점점 더 높이 상승하기만 한다. 그래서 우리 안의 이러한 **초감성적인 것**의 불가해성Unbegreiflichkeit을 통해 미혹되며, 그럼에도 그 초감성적인 것이 실천[실제]적이라는 이유로 그 초감성적인 것을 **초자연적**이라고 간주하는 이들, 즉 그것이 전혀 우리의 권능 안에 있지 않고 우리에게 고유한 것으로서 속하지 않는 어떤 것이며, 오히려 한 다른 더 고상한 정신의 영향이라고 간주하는 이들은 충분

히 용서될 수 있다는 것이다. 그러나 그 점에서 그들은 상당히 결함을 지니고 있다. 왜냐하면 그때 이러한 능력의 작용결과는 우리의 실행일 수 없을 것이며, 따라서 또한 우리에게 귀속될 수도 없으므로 그러한 능력이 우리의 것이 아닐 것이라고 하기 때문이다. — 이제 우리에게 불가해한 방식으로 내주하는 이러한 능력의 이념을 이용하는 것과 가능한 한 이른 청소년기부터 그리고 나아가 공적인 강론에서 이 이념을 마음에 심는 것이 (새로운 인간에 관한) 저 문제의 진정한 해결을 포함하는 것이다. 그리고 성경도 또한 눈으로 보았던 것 외에는 다른 아무것도 지니고 있지 않은 것으로 보인다. 즉 성경은 이성 대신에 이러한 혁명을 일으켰다고 하는 초자연적인 경험들과 열광적인 감정들을 암시하는 것이 아니라, 그리스도가 그의 정신을 가르침과 실례로 증명했던 것처럼 그 정신을 우리의 것으로 만들기 위해서거나 아니면 그 정신이 근원적인 도덕적 소질과 더불어 이미 우리 안에 놓여 있기 때문에 그 정신에 단지 공간만을 마련해 주기 위해 그 그리스도의 정신을 가리키는 것으로 보인다. 그리고 그렇게 영혼 없는 **정교주의**와 이성을 살해하는 **신비주의** 사이에서 성경적 신앙교설은 그것이 이성을 매개하여 우리 자신으로부터 전개될 수 있듯이 근본적인 개선을 위해 신적인 힘으로 모든 인간들의 마음에 영향을 끼치고 그 모든 인간들을 하나의 (보이지는 않지만) 보편적 교회 안에서 통일시키며 실천 이성의 **비판주의**에 근거 지어진 참된 종교론이다.

* * *

그러나 이 주해 속에서 본래적으로 관건이 되는 것은 다음과 같은 물음에 대한 답변이다. 정부는 정말로 감정신앙의 한 교파에 하나의 교회라는 승인을 해줄 수 있다는 것인가, 아니면 정부의 고유한 의도에 거슬러 행동하지 않는 한에서 정부가 그러한 교파를 허용하고 보호할 수는 있지만 저 특권으로 영예를 줄 수 없다는 것인가.

만약 신민들의 내세적인 영복[구원]을 보살피고 신민들에게 그러한 영복의 길을 안내하는 것은 (통치자 자신도 |60| 인민과 인민의 교사들의 통상적인 방식으로 자기 자신의 종교를 가지듯이 정부는 그러한 것을 당연히 신민들 자신에게 맡겨 두어야만 하기 때문에) 결코 정부의 사안이 아니라고 (그래서 그러한 것이 기본적으로 행해질 수 있는 것이라고) 상정해도 된다면, 정부의 의도는 단지 이러한 수단(교회신앙[교의])을 통해서도 조종 가능한 도덕적으로-선한 신민들을 갖는 것일 수 있다.

결국 정부는 첫째로 **자연주의**Naturalism[58](성경 없는 교회신앙)를 승인하지 않을 것이다. 왜냐하면 자연주의에는 전혀 정부의 영향에 예속된 교회적 형식이 없을 것이며, 그러한 것은 전제에 모순되기 때문이다. — 그러므로 성경적 정교는 공적인 인민의 교사들을 구속시키는 일일 것이며, 그 성경적 정교와 관련하여 이 인민의 교사들은 다시금 그들을 구속시키는 일과 상관있는 학부들의 판정 하에 서 있을 것이다. 왜냐하면 그렇지 않은 경우 하나의 성직자계급[승직제도]Pfaffentum, 즉 인민을 자신들의 의도들에 따라 지배하는 교회신앙[교의]에 대한 실무자들의 지배력이 생겨날 것이기 때문이다. 그러나 그 **정교주의**, 즉 종교를 위해 교회신앙이 충분하다는 견해를 정부는 자신의 권위를 통해 인정하지 않을 것이다. 왜냐하면 이 권위는 윤리성Sittlichkeit의

자연적인 원칙들을 부수적인 것으로 만들지 않으며, 오히려 그 윤리성은 정부가 자신의 인민을 신뢰해야 하는 경우 반드시 헤아릴 수 있어야만 하는 주지지대이기 때문이다.* 결국 정부는 적어도 초자연적인 영감 자체에 참여하게 될 수 있는 인민의 견해로서의 신비주의를 하나의 공적인 교회신앙[교의]의 지위로 들어 올릴 수 있다. 왜냐하면 그 신비주의는 전혀 공적인 것이 아니고, 따라서 정부의 영향으로부터 완전히 벗어나기 때문이다.

* 종교적 사안들에 있어서 오로지 국가의 관심을 끌게 되는 것은 다음과 같은 것이다. 국가가 유용한 시민들, 훌륭한 군인들 그리고 전반적으로 충성스러운 신민들을 갖기 위해 그 종교적 사안들의 교사들이 가르칠 수 있는 것이 무엇인지이다. 이제 만약 국가가 그러한 것을 위해 정교신앙Rechtgläubigkeit을 조례적 신앙교설들과 바로 그러한 은총의 수단을 가지고 엄격히 가르치는 것을 선택한다면, 이때 국가는 매우 해롭게 운행될 수 있다. 왜냐하면 그때 이러한 조례를 받아들이는 것은 하나의 쉬운 일이고 선한 인간에게보다는 가장 나쁜 생각을 하는 인간에게 훨씬 더 쉬운 일이며, 그와 반대로 마음가짐의 도덕적 개선은 많고 오랜 노력을 필요로 하는 데 반해 인간이 전자로부터 주로 자신의 영복을 희망하도록 가르침을 받게 되므로 인간은 바로 그가 하나의 틀릴 수 없는 수단을 손에 갖고 있다는 것을 통해 자신의 의무를 (그렇지만 살짝) 위반하는 것과 모든 비밀[불가사의]들에 대한 그의 정통의 신앙과 은총의 수단의 긴급한 이용을 통해 (단지 그가 때늦지 말아야 한다는 것만을 의미하는) 신적인 형벌정의Strafgerechtigkeit에서 벗어나는 것을 크게 염려할 필요가 없게 되기 때문이다. 반대로 만약 저 교회의 교설이 바로 도덕성을 향하여 있다고 한다면, 인간의 양심의 판단은 완전히 다르게 소리를 낼 것이다. 말하자면 인간은 그가 행한 악에 대해 배상할 수 없는 한 그것에 대해 그는 한 장래의 심판관에게 답변해야만 한다는 것이고, 이러한 운명을 어떠한 교회적 수단이나 두려움을 통해 밀려나온 신앙도, 또한 그러한 하나의 기도도 피할 수 없다는 것이다(**신들의 운명이 간청을 들어줄 것이라는 희망[망상]을 버려라***desine fata deum flecti sperare percando*[59]). 이제 국가는 어떤 신앙에서 더 안전한가?

|61| · 평화–협정과 학부들의 논쟁의 조정

순수하지만 실천적인 이성이 순전히 관계하는 논쟁점들에 있어서 철학부는 반론의 여지없이 강론[진술]을 행할 특권, 그리고 형식적인 것과 관련하여 말하자면 그 과정을 **지시할** 특권을 갖고 있다. 그러나 질료[실질]적인 것과 관련해서는 우위를 표명하는 팔걸이의자를 차지하고 있는 신학부가 소유하고 있다. 그러나 그것은 신학부가 이성의 사안과 같은 일에서 나머지 학부들보다 더 많은 통찰에 대한 권리주장을 할 수 있기 때문이 아니라 그 질료적인 것과 관련된 것이 가장 중요한 인간적 사안에 해당하고, 그래서 **최상위** 학부라는 (그렇지만 단지 **같은 것들 가운데 첫 번째 것***prima inter pares*으로서) 명칭을 갖게 하기 때문이다. — 그러나 신학부는 순수하고 **선험적으로** 인식할 수 있는 이성종교의 법칙들에 대해 말하지 않고(왜냐하면 여기서 신학부는 자신을 낮추어 철학적인 자리에서 내려와야 할 것이기 때문이다), 특히 **성경**이라는 하나의 책, 즉 수백 년 전에 이루어진 신과 인간의 구약과 신약이라는 계시의 한 필사본[법전]Codex 속에 포함된 **조례적** 신앙의 지침들에 대해 말한다. 그렇지만 하나의 역사신앙(그러나 도덕적 신앙은 아니다. 왜냐하면 도덕적 신앙은 철학으로부터도 끌어내질 수 있기 때문이다)으로서의 그 약속[구약과 신약]의 신빙성은 그 성경 속에 들어 있는 가르침들과 이야기들을 비판적으로 검사하여 제시한 증명에 의해서보다는 성경읽기가 인간의 마음에 끼칠지 모르는 작용결과에 의해 더 많이 기대될 것이며, 그 약속의 **해석**도 또한 평신도[문외한]들의 자연적인 이성이 아니라 성서학자들의 명민함에 맡겨질 것이다.*

[62] 성서 신앙은 아브라함과 신의 약속에 대한 한 책이 근거로 놓여 있는 하나의 **메시아적인** 역사신앙이고, 하나의 **모세적**-메시아적인 mosaisch-messiahnischen 교회신앙[교의]과 하나의 **복음적**-메시아적인evangelisch-messiahnischen 교회신앙[교의]으로 이루어져 있다. 이 교회신앙[교의]은 그것이 세계역사 일반에 있어서 최상의 존재가 있다는 것과 그때 어떠한 인간도 그 자리에 없었다는 것으로부터, 말하자면 (창세기에서의) 세계의 시초로부터 시작하여 (계시록에서의) 모든 사물의 종말에까지 그 세계역사를 추적하는 식으로 신의 민족의 근원과 운명들을 아주 전체적으로 이야기한다. — 물론 그러한 것은 한 신적-영감 받은 저자 외에 다른 저자에 의해서는 기대될 수 없는 것이다. — 그렇지만 성스러운 연대기의 가장 중요한 시대들과 관련하여 하나의 의심스러운 카발라-수Zahlen-Kabbala가 제시된다. 그 카발라-수는 이 성경적 **역사진술**의 신빙성에 대한 믿음을 어느 정도

* 이 점(성경독해)과 관련하여 말하자면 프로테스탄트의 교회신앙[교의]의 체계에서보다 로마-가톨릭 체계에서 더 일관적이다.— 개신교 설교자[목사] **라 코스트**La Coste[60]는 그의 신앙동료들에게 다음과 같이 말한다. "원천(성경) 자체에서 신의 말씀을 길으시오. 그러면 그곳에서 그대들은 신의 그 말씀을 순수하고 거짓 없이 얻을 수 있습니다. 그러나 분명 그대들은 성경에서 우리가 발견하는 것과는 다른 아무것도 그 안에서 찾아내서는 안 됩니다.— 사랑하는 친구들이여, 이제 우리가 스스로 불필요하게 그 안에서 찾을 것 없이, 그리고 나중에 우리가 그 안에서 발견했다고 생각한 것이 그대들에 의해 성경을 잘못 해석한 것이라고 얘기되는 것보다는 오히려 그대들이 성경 안에서 발견하는 것을 우리에게 말하시오."— 또한 가톨릭 교회도 다음과 같은 명제에서 말한다. "(가톨릭)교회 밖에는 지복[구원]Heil이 없다" 이것은 프로테스탄트 교회가 사람들은 가톨릭으로도 영복[구원]을 받을 수 있다고 말하는 경우보다 더 일관적이다. (**보쒸에**Bossuet[61]가 말하듯이) 만약 그렇다고 하면, 의당 사람들은 가장 확실하게 전자가 선언하는 것을 선택한다. 왜냐하면 어떠한 인간도 구원받게 되는 것보다 더 많이 구원받게 되길 요구할 수 없기 때문이다.

약화시킬지도 모른다.*

* 계시록의 70월(이 속에는 4번의 순환주기Cyclus가 있다)은 각각의 월이 $29\frac{1}{2}$년에 해당하므로 2065년을 말한다. 이것으로부터 대 안식년(이것은 이 시간경과 속에 42번 있다)으로서 각각의 49번 째 해를 빼면 바로 2023년이 남는다. 그 해는 아브라함이 신이 그에게 선물하였던 가나안 땅으로부터 이집트로 갔던 해이다.— 그로부터 이스라엘의 자손들을 통해 그 땅을 차지할 때까지 계시록의 70주(=490년)가 걸렸다 — 그리고 그러한 년주年週Jahrwoche를 4번 곱하여 헤아리고(=1960) 2023을 더하면, **페토**P. Petau[62]의 계산에 따라 그리스도 탄생의 해(=3983)가 되고 거기에서 아주 정확히 1년도 빠지지 않는다.— 그로부터 70년 후 예루살렘의 파괴가 (또한 하나의 신비주의적 시기Epoche도) 있었다.— 그러나 어떻게 **벵엘**Bengel[63]은 [그의 책] **시대의 순서***ordine temporum*, 9쪽과 218쪽에 이어지는 쪽에서 그리스도의 탄생의 해를 나타내는 수 3939를 산출하는가? 그러나 그것은 7이라는 수numerus septenarius의 신성함에 아무런 변화도 주지 않는다. 왜냐하면 신이 아브라함을 부른 해부터 그리스도 탄생까지의 수는 1960이며, 그 해는 각각의 주기가 490에 해당하는 4번의 계시록의 주기[기간]들Perioden을 표현하거나, 또한 각각의 주기가 7번씩 7=49년에 해당하는 40번의 계시록의 주기들을 말한다. 이제 각각의 49번째 대 안식년과 490번째 해인 최대 안식년의 해(합하여 44)를 빼면 바로 3939가 남는다.— 그러므로 상이하게 제시된 그리스도 탄생의 해로서 3983과 3939라는 햇수는 단지 다음과 같은 점에서만 구별된다. 전자의 햇수의 시간 속에는 4번의 큰 주기의 시간이 해당하는 것이라면, 후자의 햇수는 안식년의 수만큼 차감된다는 것이다. 벵엘에 따르면 성스러운 역사의 표는 다음과 같이 보일 것이다.

2023: 가나안 땅을 점유하도록 하는 아브라함에 대한 약속
2502: 가나안 땅의 취득
2981: 첫 번째 성전의 봉헌
3460: 두 번째 성전의 건축을 위해 주어진 명령
3939: 그리스도의 탄생

대홍수의 해도 그렇게 **선험적으로** 계산될 수 있다. 즉 490(=70×7)에 대한 4번의 주기는 1960에 해당한다. 이로부터 각각의 7번째 해(=280)를 빼면 1680이 남는다. 이 1680으로부터 그 안에 포함된 각각의 70번째 해(=24)를 빼면 대홍수의 해로서 1656년이 남는다.— 이 해로부터 아브라함에 대한 신의 부름까지는 온전한 366년이며, 그 중 한해는 윤년이다.

이제 이러한 것에 대해 무엇을 말해야 하는가? 성스러운 수들은 약간이나마 세계운행을 규정하였는가? **프랑크**Frank[64]의 [50년의]**안식년 순환주기***Cyclus iobilaeus*도 마찬가지로 신비주의적인 연대기의 이러한 중심점 주위를 돌고 있다.

|63| 인간의 이성으로부터 도출되지는 않았지만, 그럼에도 궁극목적에 따라 도덕적-실천이성으로서의 그 이성과 완전히 일치하는 **조례적인** (따라서 하나의 계시로부터 유래하는) 신적 의지의 한 법전Gesetzbuch, 즉 성경은 만약 그것이 단지 신의 말씀으로 공증될 수 있고 그 신빙성이 전거될 수 있다면 인간과 시민을 시간적으로 영원한 안녕에로 인도하는 가장 강력한 기관[도구]Organ일 것이다. — 그러나 이러한 사정에는 많은 난점들이 맞서 있다.

왜냐하면 만약 신이 실제로 인간에게 말한다면 이 인간은 자신에게 말하고 있는 것이 신이라는 것을 결코 **알** 수 없기 때문이다. 인간이 자신의 감관을 통해 무한자를 파악하는 것, 즉 이 무한자를 감관의 존재로부터 구별해야 하고 그때 그 무한자를 **알아보아**야 하는 것은 단적으로 불가능하다. — 그러나 인간이 그 목소리를 듣는다고 믿는 것이 신이 **아닐** 수 있다는 것에 관해 그는 몇몇의 경우들에서 충분히 확신할 수 있다. 왜냐하면 만약 그에게 그 목소리를 통해 명령되는 것이 도덕 법칙에 위배되지 않는다면 그 현상은 그에게 더욱 더 위엄 있고 전체 자연을 넘어서는 것처럼 여겨질 것이기 때문이다. 그럼에도 불구하고 그는 그 현상을 기만으로 간주해야만 한다.*

이제 교설과 사례에서 규범으로 사용되는 하나의 복음적-메시아

* 신의 명령에 따라 아브라함이 자신의 유일한 아들을 도살하여 태움으로써 — (불쌍한 아이는 더군다나 아무것도 모른 채 나무를 지고 갔었다) — 바치려고 했던 희생 제물에 관한 설화[65]를 예로 들 수 있다. 아브라함은 이 추정적인 신의 목소리에 대해 다음과 같이 대답해야만 했을 것이다. "내가 나의 선한 아들을 죽이지 말아야 한다는 것은 전적으로 확실합니다. 그러나 나에게 나타나는 당신이 신이라는 것에 관해서 나는 확실치 않고, 설령 그 목소리가 (볼 수 있는) 하늘로부터 들려온다고 해도 그럴 수 없습니다."

적인 신앙으로서의 성경에 대한 공증Beglaubigung은 성경 저자의 신에 대한 식견으로부터 이루어질 수 없고(왜냐하면 그 저자는 항상 가능한 오류에 노출된 한 인간이었기 때문이다), (학문적인 것에 있어서) 무지한 자[바보]들로서의 인민 자체에서 나온 교사들에 의해 이 인민의 도덕성에 미치는 성경 내용의 작용 그 자체, 따라서 각각의 보통의 인간들에 내주하는 보편적인 이성종교의 순수한 원천으로부터 이루어져야만하고 확인되어야만 한다. 이 이성종교는 바로 이러한 단순함Einfalt을 통해 |64| 인간의 마음에 대해 가장 광범위하고 가장 강력한 영향을 미칠 수밖에 없을 것이다. — 성경은 이성종교의 수레였으며, 그 이성종교는 일정한 조례적 지침들을 매개하여 시민 사회 안에서의 종교 시행에 일종의 통치형식으로서 하나의 **형식**을 부여하였고, 따라서 하나의 신적인 책(신적인 명령들로서의 모든 우리의 의무들의 총괄개념)으로서 이 법전의 신빙성을 공증하고 그 자체 법전의 정신(도덕적인 것)에 관한 것을 명시한다. 그러나 그 법전의 글자들(조례적인 것)에 관해서 말하자면, 이 책에서의 규정들은 어떠한 공증도 필요로 하지 않는다. 왜냐하면 그 규정들은 그 책의 본질적인 것(**원리적인 것***principale*)에 속하지 않고 단지 부수적인 것(**부속물** *accessorium*)에 속하기 때문이다. — 그러나 이 책의 비본질적인 조례들을 신성시하기 위해 이 책의 근원을 이 책의 저자의 영감([고대 그리스 연극의] **기계장치로 만들어진 신***deus ex machine*)에 근거 짓는 것은 그 책의 도덕적 가치에 대한 신뢰를 강화시키기보다는 오히려 약화시킬 수밖에 없다.

하나의 신적인 것으로서 그러한 기록[성서]에 대한 공인Beurkundung은 역사진술에 의해서가 아니라 그 역사진술의 검증된 힘, 즉 인간의 마음속의 종교를 근거 짓는 힘과 만약 그 종교가 많은 종류의 (낡거나 새로운) 규정들을 통해 변질되어 있다면 그 종교를 그것의 단순함 자체를 통해 다시 그것의 순수함으로 재생하는 힘에 의해 이루어질 수 있다. 그 재생하는 일은 **자연**Natur의 작용과 진보하는 도덕적 문화[도야]Kultur의 성과가 **섭리**의 보편적 진행과정 속에 있기 때문에 멈추지 않고, 이 책의 실존이 **비신앙적으로** 한낱 우연으로 간주되거나 **미신적으로** 하나의 **기적**으로 간주되지 않기 위해서 뿐만 아니라 이성이 그 두 경우들에서 좌초되지 않기 위해서는 그러한 하나의 섭리로 설명될 필요가 있다.

이제 이로부터의 결론은 이러한 것이다.

성경은 그 자체를 보편적이고 내적인 이성종교의 기관[도구]Organ으로서 뿐만 아니라 또한 내다볼 수 없는 시간들에 대한 길잡이로 사용하는 하나의 조례적 신앙교설의 유산[유언](신약성서)으로서 보전하기 위해 그 자체가 하나의 체계적인 신앙교설의 텍스트로서 예전부터 교리문답식의katechetischem 강론뿐만 아니라 설교학적homiletischem 강론으로 인간의 마음에 끼친 영향을 통해 실천적 견지에서 충분한 그 자체의 (도덕적인) 신성[신적임]에 대한 하나의 공증근거를 자기 자체 속에 포함하고 있다. 그것[성경을 이성종교의 기관과 조례적 신앙교설의 유산으로서 보전하는 것]은 성경의 근원을 이론적이고 역사적으로 탐구하는 학자들과 성경의 역사를 증명하는 식의 비판적인 취급을 위한 이론적인 고려함에 있어서는 성경에서 다소간 벗어나는 일일지도 모른다. — 그렇지만 성경의 도덕적인 내용의 **신적임**[신성]Göttlichkeit은 |65| 한 고대의 양피지문서처럼 때때로 판독될 수 없어서 전체와의 연관 속에서 조정들과 추정들Conjecturen을 통해 이해될

수 있게 만들어져야만 하는 역사[이야기]진술의 인간적임Menschlichkeit과 관련하여 이성에게 충분히 보상하고, 그때 다음과 같은 명제로 말해질 만하다. 성경은 **마치 그것이 하나의 신적인 계시인 것인 양** 보존될 만하며 도덕적으로 이용될 만하고, 종교의 지도수단으로 해석될 만하다.

현재 교회신앙에 대한 이 지도서에 맞추기에는 이미 너무 커져 있다고 스스로를 잘못 파악하고 있는 천재의 힘들Kraftgenies*의 방자함은 지금 그들이 신과 인간을 사랑하는 자들Theophilanthropen로서 그러한 자들을 위해 세워진 공공의 교회들 안에 몰려들든 신비주의자들로서 내적인 계시들의 등불 옆에 몰려들든 간에 곧바로 정부로 하여금 시민적 질서와 안정을 수립하고 지도하는 저 커다란 수단을 등한시하여 경솔한 손들에 맡겨두었던 자신의 관대함을 후회하게 할 것이다. — 또한 우리가 가지고 있는 성경이 신뢰할 수 없는 것이 된다면, 그 자리에 다른 하나의 성경이 나타날 것이라고 기대될 수도 없다. 왜냐하면 지속의 견지에서 앞의 것의 실패는 뒤따르는 것에서 모든 믿음을 빼앗을 것이므로 공적인 기적들은 두 번 다시 동일한 사태로 일어나지 않기 때문이다. — 그렇지만 또한 다른 한 편으로 만약 성서의 내적인 믿음의 내용보다 더 많이 형식성들에 해당하는 성경의 어떤 조례들에서 그 조례들의 저자들에 대해서까지 몇 가지가 질책되어야 한다면, (나라가 위험에 처해 있다고 하는) **경고자들**의 외치는 소리에도 주의가 기울여질 수 없다. 왜냐하면 한 교설에 대한

* [옮긴이 주] 이른바 1776년부터 1780년대 초반까지의 질풍노도라는 문학적 조류로 대표되는 시기의 천재적이고 창조적인 시인들과 규칙적 강제와 관습에 반대하여 쇄도하였던 그들의 영향력들을 일컫는다.

검사의 금지는 신앙의 자유에 위배되기 때문이다. — 그러나 하나의 역사신앙이 의무라 하고 영복[구원]에 속한다고 하는 것은 미신이다.*

|66| 이제 성경의 **해석기술(성스러운 것에 대한 해석학***hermeneutica sac-*

* **미신**은 자연법칙들에 따라 설명될 수 있는 것보다는 — 그것이 물리[자연]적인 것에서든 도덕적인 것에서든 간에 — 자연적이지 않은 방식에 속한다고 추정되는 것에 다 더 큰 신뢰를 두는 성벽이다. 그러므로 다음과 같은 물음이 제기될 수 있다. (경험적 신앙으로서) 성서 신앙이, 또는 반대로 (이성신앙과 종교신앙으로서) 도덕이 교사에게 길잡이로 사용되어야 하는가, 달리 말해 그 교설은 그것이 성경 속에 있기 때문에 신에 관한 것인가, 아니면 그 교설이 신에 관한 것이기 때문에 성경 속에 있는 것인가? — 첫 번째 명제는 명백히 비일관적이다. 왜냐하면 그 책의 신적인 명망이 여기서 그 책의 교설의 신적임을 증명하기 위해 전제되어야만 하기 때문이다. 그러므로 전혀 증명할 수 없는 두 번째 명제만이 있을 수 있다(**초자연적인 것에 대한 앎[학문]은 주어지지 않는다***supernaturalium non datur scientia*[66]). — 이에 대한 한 사례. — 모세적-메시아적 신앙의 제자들은 아브라함과 신의 약속으로 인한 그들의 희망이 예수의 죽음 이후에 완전히 사라지는 것을 보았다(우리는 그가 이스라엘을 구원할 것이라고 희망했다). 왜냐하면 그들의 성경에는 아브라함의 자손들에게만 영복[구원]이 약속되었기 때문이다. 그런데 **오순절**[성령강림절][67]에 제자들이 모여 있을 때 그들 중 한 명이 미묘한 유대적 해석기술에 알맞은 행운의 착상에 이르게 되는 일이 발생하였다. 그것은 이교도들(그리스인들과 로마인들)도 아브라함이 (구세주Weltheiland라는 통합적인 희생제물의 상징으로서) 그의 유일한 아들로 신에게 바치려고 했던 희생제물에 대해 믿는다면 이 약속에 포함된 것으로 간주될 수 있다는 것이었다. 왜냐하면 그들은 신앙 안에서 (처음에는 할례 하에서, 그러나 나중에는 할례 없이도) 아브라함의 자손들일 것이기 때문이다. — 한 대규모의 인민집회 속에서 그러한 하나의 헤아릴 수 없는 전망을 열어 놓은 이러한 발견이 최대의 환호를 받으면서 마치 그 발견이 성스러운 정신의 직접적인 작용이었던 것인 양 받아들여지고 하나의 기적으로 간주되었다는 것과 그러한 하나의 기적으로서 그 발견이 성경의 (사도들의) 역사[이야기] 속에 들어왔다는 것은 놀라운 일이 아니다. 그러나 그때 그 역사[이야기]를 사실로서 믿는 것과 이러한 믿음[신앙]을 자연적인 인간이성에 강요하는 것은 전혀 종교에 속하지 않는다. 그러나 영복[구원]을 위해 요구될 수 있는 것으로서 그러한 하나의 교회신앙[교의]과 관련한 두려움을 통해 강요된 복종은 미신이다.

ra)에 관해서는 그것이 (하나의 학문적 체계에 관련된 것이어서) 평신도[문외한]들에게 맡겨질 수 없기 때문에 단지 종교에서의 조례적인 것을 고려해서만 요구해도 될 것이다. 즉 해석자는 그의 언명이 **신빙성 있는**authentisch 것으로 이해되어야 할지, 또는 **교설적인**doctrinal 것으로 이해되어야 할지를 해명한다는 것이다. — 전자의 경우에 해석은 저자의 의미에 문자적으로 (문헌학적으로) 일치하고 있어야만 한다. 그러나 두 번째 경우에 성서작가는 성서구절들에 (철학적으로) 그 성서구절이 도덕적-실천적 견지에서 (배우는 자를 교화하기 위해) 해석되는 의미를 부여하는 자유를 갖는다. 왜냐하면 하나의 단순한 역사명제에 대한 신앙은 그 자체로 죽은 것이기 때문이다. — 그런데 분명 전자의 해석은 성서학자에게, 그리고 간접적으로는 또한 인민에게도 어떤 실용적 견지에서 충분히 중요할 것이지만, 그때 또한 도덕적으로 더 나은 인간을 형성하는 종교론의 본래적인 목적이 결여되어서는 안 될 뿐만 아니라 더욱이 저지되어서도 안 될 것이다. — 왜냐하면 (끊임없이 성경을 관통하고 있는 하나의 기적이 상정되지 않는 한) 성스러운 성서작가들은 인간으로서 실수했을 수도 있기 때문이다. 그것은 예를 들어 성 바울이 비록 그가 어떤 사람들을 아직 태어나기도 전에 버리는[포기하는] 것에 관한 이해할 수 없음에 대해 스스로 커다란 곤경에 처하게 됨에도 불구하고 모세적-메시아적 성서교설로부터 복음적 성서교설로 순진하게 옮겨놓는 은총의 선택설을 가지고 행한 실수와 같은 것이다. 그래서 그러한 것은 만약 성서학자들의 해석학이 계속적으로 [67]해석자에게 분유되는 계시로서 받아들여진다면 종교의 신성[신적임]을 끊임없이 저해할 수밖에 없다. — 그러므로 성스러운 저자가 하나의 의미를 위해 자신의 말과 결부시켰을지

모르는 것을 (경험적으로) 알도록 요구하는 해석이 아니라 이성이 하나의 교설을 위한 성경의 텍스트로서의 한 구절을 판단할 경우 (**선험적으로**) 도덕적인 고려에서 해석할 수 있는 것을 알도록 요구하는 **교설적인** 해석만이 참된 내적이고 보편적인 종교 안에서 인민을 가르치는 유일한 복음적-성경적 방법이다. 이러한 종교는 역사신앙으로서의 입자적인[개별적인] 교회신앙으로부터 구별된다. 그때 비로소 모든 것이 진정성과 공개성[개방성]Offenheit에 의해 기만 없이 이루어지지만, 그와 반대로 누구든지 이해하는 (유일하게 영복[구원]을 얻게 하는) 도덕적 신앙 대신에 어느 누구도 증명할 수 없는 하나의 역사신앙을 가지고서 인민은 (각자가 가지고 있을 수밖에 없는) 자신의 의도 안에서 **기만당하여** 자신의 교사를 고소할 수 있다.

이제 하나의 성서를 신봉하도록 가르침을 받은 한 민족 종교의 의도에서 자신의(그 민족의) 도덕적 관심—교화, 윤리적 개선, 그리고 그렇게 영복[구원]을 얻게 되는 것—에 관계하고 있는 그 성서의 교설적인doctrinale 해석은 동시에 신빙성 있는 해석이다. 즉 신은 그렇게 성경 속에 계시된 자신의 의지가 이해되길 원한다. 왜냐하면 여기서는 하나의 시민적 통치, 즉 인민을 규율 하에 유지하는 (정치적인) 통치가 아니라, 도덕적인 마음가짐의 내적인 것을 목적으로 삼는 (따라서 신적인) 통치에 관한 이야기이기 때문이다. 우리 자신의 (도덕적-실천적인) 이성을 통해 말하는 신은 이러한 자신의 말을 그릇됨 없이 보편적으로 이해할 수 있는 해석자이다. 그리고 또한 그 신의 말에 대해 (역사적 방식과 같은) 어떠한 다른 공증된 해석자도 있을 수 없다. 왜냐하면 종교는 하나의 순수한 이성의 사안이기 때문이다.

* * *

그리고 그렇게 학부의 신학자들은 자신에 대해 성서신앙을 바르게 유지하는 의무, 따라서 또한 권리를 가지며, 저 상위 학부에 어쩌면 잠시 동안 승인될지도 모르는 한 독재(종교칙령)의 경우에 엄격한 정식을 통해 최선으로 스스로를 지키는 철학자들이 언제나 그 성서신앙을 이성의 비판 하에 예속시키는 자유와는 무관하다. **집정관들은 국가가 어떠한 손상도 입지 않도록 돌본다***Provideant consules, ne quid Respublica detrimenti capiat.*[68]

|68| · 보론: 이 성스러운 책의 실천적 이용과 추정적인 그 지속의 시간에 대한 성서적-역사적 물음들에 대하여

한 국가에서 인민의 융화와 안정을 고려하며 이러한 것과 밀접하게 연결되어 있는 통치의 관심으로서 그 통치의 지혜는 견해들의 모든 변화가운데서도 오랜 시간 동안 명망 속에 머물도록 보증한다. 그러나 인민에게 영원을 보증하거나 천년왕국설적으로 인민을 지상에서 하나의 새로운 신의 나라로 이행케 하는 것은 우리의 예언의 전 능력을 넘어선다. — 그러므로 만약 교회신앙[교의]이 인민을 인도하는 이 커다란 수단을 언젠가는 포기해야만 한다면 무슨 일이 일어날 것인가?

누가 성경의 책들(구약성서와 신약성서)의 편집자이고, 그 정경Kanon은 어느 시기에 이루어졌는가?

문헌학적-고문서적인 지식들은 한번 받아들여진 신앙규범을 유지하기 위해 항상 필요할 것인가, 또는 이성은 종교를 위해 그 지식들의 사용을 언젠가는 저절로 그리고 보편적 찬성과 함께 지시할 수 있을 것인가?

사람들은 이른바 70명의 통역자들에 따르는 성경의 신빙성에 대한 충분한 증거문서들을 가지고 있는가, 그리고 사람들은 그 증거문서들이 어느 시기로부터 유래하는지의 발생연대를 확실하게 정할 수 있는가? 등등.

설교들에서 이 책의 실천적인, 특히 공적인 이용은 의심할 것 없이 인간들을 개선하고 그들의 도덕적 동인들을 고무시키기 위해 (교화를 위해) 기여하는 것이다. 모든 다른 의도는 그것이 이 실천적 이용과 충돌하게 되는 경우 그 실천적 이용 뒤에 서 있어야만 한다. — 그래서 사람들은 이러한 준칙이 여태껏 의심될 수 있었다는 것과 한 텍스트에 대한 하나의 **의역적인**paraphrastische 취급이 **훈계적인**parä-netischen[조례적] 취급보다 우선시되기는 고사하고 앞의 준칙을 통해 적어도 그늘에 가려져야 했다는 것에 대해 놀랄 수밖에 없다. — 성서학식과 그 학식을 매개하여, 즉 대개는 단지 실패한 추정들일 뿐인 문헌학적 지식들을 통해 성경으로부터 **끄집어내는** 것이 아니라, 도덕적인 사유방식으로 (따라서 신의 정신에 따라) 성경 속에 **집어넣는** 것과 결코 기만하지 않으며 또한 결코 유익한 작용이 없을 수 없는 교설들이 이러한 인민을 향한 강론에서 |69|주도해야만 한다. 말하자면 그것은 성스러운 성서작가들이 텍스트에서 스스로 의미를 두고자

했던 것을 탐색해서는 안 되고 그 텍스트를 **오로지** (적어도 **주로**) 거기에서 생각될 수 있는 모든 윤리개선적인 것을 위한 계기로서 취급하는 것이다. — 만약 설교를 통해 영향 받을 수 있는 마음가짐이 정화되어야 한다면, 궁극목적으로서의 교화를 지향한 하나의 설교는 (결국 모든 설교가 그래야 하듯이) 청자의 **마음**, 말하자면 자연적인 도덕적 소질에서 나오는 가르침, 더욱이 가장 배우지 못한 인간의 마음에서 나오는 가르침을 전개해야만 한다. 이러한 것과 연관된 성서의 **증언들**은 또한 이러한 교설들의 진리를 **확인하는** 역사적 증명근거들이어서는 안 되고(왜냐하면 여기서 윤리적으로-실행하는 이성은 역사적 증명근거들을 필요로 하지 않고, 그렇다고 경험적 인식이 그것을 할 수도 없기 때문이다), 다만 그 교설들의 진리를 보다 더 직관적으로 만들기 위해 성스러운 역사[이야기]의 사실에 대한 실천적인 이성원리들의 적용의 사례들이어야 한다. 교설들의 진리를 보다 더 직관적으로 만드는 것은 지상의 국가와 민족을 위해 매우 가치 있는 하나의 유익이다.

· 보론: 종교에서의 순수 신비론에 관하여*

* 이것은 내가 장본인의 허락을 얻어서 도입말 부분과 맺음말 부분을 생략하여 전달하는 그의 박사학위 논문 「**순수한 신비주의와 칸트의 종교론 사이의 유사성에 관하여**」*De similitudine inter Mysticismum purum et Kantianam religionis doctrinam.* **저자 칼 아놀드 빌만스***Auctore Carol. Arnold. Willmans,*[69] **빌레펠드-대학생 연합***Bielefelda-Guestphalo,* 할레 작센*Halis Saxonum* 1797에 첨부된 한 편지에 있는 내용이다. 이 편지는 현재 약학에 전념하는 이 젊은이가 다른 학과들에서도 상당히 기대될 수 있는 인물임을 보여준다. 그럼에도 불구하고 나는 그의 표상방식과 나의 표상방식의 저 유사성을

나는 순수 이성의 비판으로부터 철학이 표상들, 개념들 그리고 이념들과 같은 것에 대한 하나의 학문, 또는 모든 학문들에 대한 하나의 학문이거나 그 밖의 유사한 어떤 무엇이 아니라 인간에 대한 학문, 즉 인간의 표상함, 사유함 그리고 행위함에 대한 하나의 학문임을 배웠다. 철학은 인간을 인간의 모든 구성요소들에 따라 인간이 존재하고 존재해야 하는 대로, 즉 인간의 자연[본성]규정들에 따라서뿐만 아니라 인간의 도덕성 및 자유의 관계에 따라 서술해야 한다. 그런데 여기서 옛 철학은 이 세계 내에서의 인간을 그 자체 전적으로 세계 또는 외부사물들과 상황들에 의존하여 있을 수밖에 없는 하나의 기계로 만들어 버림으로써 인간에게 전혀 올바르지 못한 세계 내에서의 입지점을 제시하였다. 그러므로 그 철학은 인간을 거의 [70] 한낱 **수동적인** 세계의 한 부분으로 만들어 버렸다. — 지금 이성의 비판은 출현하였고 세계 내에서의 인간을 철저하게 **능동적인** 하나의 실존[존재]으로 규정하였다. 인간 자체는 근원적으로 자신의 모든 표상들과 개념들의 창조자이고 자신의 모든 행위들의 유일한 창시자이어야 한다. 저것은 "**있다**ist"와 이것은 "**해야 한다**soll"는 두 가지 전혀 상이한 인간에 대한 규정들에로 인도한다. 그래서 우리는 또한 인간에게서 두 가지 완전히 상이한 종류의 부분들, 즉 한편으로는 감성과 지성을, 다른 한편으로는 이성과 자유로운 의지를 식별하는데, 그것들은 본질적으로 서로 매우 구별된다. 자연 속에는 모든 것이 **있다**. 그 자연 속에서는 **당위**에 관한 이야기가 없다. 그러나 감성과 지성은 언제나

무조건적으로 인정한다고는 생각하지 않는다.

단지 그것이 무엇**이고**ist, 그것이 어떠**한지**ist를 규정하는 것만으로 끝난다. 그러므로 감성과 지성은 자연, 즉 이 지상의 세계에 대해서만 규정할 수밖에 없고, 따라서 자연에 속한다. 이성은 확실히 끊임없이 감성적인 자연을 넘어서 지니고 **있고 싶어 하는**sein möchte 초감성적인 것에로 나아가길 원한다. 그러므로 이성은 하나의 이론적인 능력이긴 하지만, 그럼에도 불구하고 전혀 이러한 감성에 대해서는 규정하고 있지 않는 것으로 보인다. 그러나 자유로운 의지는 확실히 외부사물들로부터의 독립 속에 존립한다. 이 외부사물들이 인간의 행위의 동인들에 있어서는 안 된다. 그러므로 인간은 그다지 자연에 속할 수 없다. 그러나 그렇다면 어디에 속하는가? 인간은 두 가지 완전히 상이한 세계들, 즉 한번은 감관들Sinne과 지성Verstand의 왕국, 따라서 이 지상의 세계에 대해 규정되어 있지만, 그 다음에는 또한 우리가 알지 못하는 하나의 다른 세계, 즉 윤리의 왕국에 대해 규정되어 있음이 틀림없다.

지성과 관련하여 말하자면, 이 지성은 이미 그 자체로 이 지상세계에 대한 자신의 형식을 통해 제한되어 있다. 왜냐하면 지성은 범주들, 즉 한낱 감성적인 사물들에 관계할 수 있는 외양의 방식들Äußerungsarten로 이루어져 있기 때문이다. 그러므로 지성에게는 자신의 경계[한계]들이 엄격하게 그어져 있다. 범주들이 중단하는 곳에서는 지성도 또한 중단한다. 왜냐하면 범주들이 비로소 지성을 형성하고 합성하기 때문이다. (한낱 지상세계적인 규정 또는 지성의 자연규정에 대한 하나의 증명은 나에게 또한 다음과 같은 것으로 보인다. 즉 우리는 지성의 힘들을 고려할 때 자연 속에서 가장 영리한 인간으로부터 가장 어리석은 동물에 이르는 하나의 사닥다리를 발견하는 것으로

보인다(우리는 본능조차도 일종의 지성으로 간주할 수 있다. 그러한 한에서 자유로운 의지는 한낱 지성에 속하지 않는다).) 그러나 인간성이 중단하는 곳에서 중단하고 모든 인간들에게서 근원적으로 동일한 것인 도덕성을 고려할 때는 그렇지 않다. 그러므로 지성은 한낱 자연에 속하는 것임이 틀림없다. 그리고 만약 인간이 이성과 자유로운 의지나 도덕성 없이 한낱 지성만을 가졌다면, 인간은 전혀 동물들로부터 구별되지 않을 것이고 |71|아마도 한낱 동물들의 사닥다리의 꼭대기에 서 있을 것이다. 그러나 인간은 지금 도덕성을 소유하여 자유로운 존재로서 전적이고 본질적으로 동물들과는 상이하며, 또한 가장 영리한 동물(이 동물의 본능은 종종 인간의 지성보다 더 명확하고 정확하게 작용한다)과도 상이하다. — 그러나 이 지성은 전적으로 인간의 능동적인 한 능력이다. 즉 모든 지성의 표상들과 개념들은 순전히 **자신의** 피조물이며, 인간은 근원적으로 자신의 지성과 더불어 사유하고, 따라서 인간은 **자신의** 세계를 만든다. 외부사물들은 단지 지성의 작용을 일으키는 계기들일 뿐이며, 그것들은 지성에게 활동하도록 자극하고, 이 활동의 산물은 표상들과 개념들이다. 그러므로 이러한 표상들과 개념들이 관계하는 사물들은 우리의 지성이 표상하는 것일 수 없다. 왜냐하면 지성은 단지 표상들과 자신의 대상들만을 만들 수 있지만, 실제의 사물을 만들 수는 없기 때문이다. 즉 사물들은 지성에 의한 표상들과 개념들을 통해서 그것들 자체가 있는[존재하는] 방식 그 자체로서는 인식될 수 없다. 우리의 감관과 지성이 서술[현시]하는 사물들은 오히려 그 자체 단지 현상들, 즉 계기들과 지성 작용의 만남으로부터 나온 산물인 우리의 감관과 지성의 대상들일 뿐이다. 그러나 그 때문에 그 대상들은 가상Schein이 아니며, 우리는

그 대상들을 우리의 실제의 삶에 있어서 우리의 표상들의 실제적인 사물들과 대상들로 간주할 수 있다. 왜냐하면 바로 우리는 그 실제적인 사물을 저 계기들로서 전제해야만 하기 때문이다. 자연과학Naturwissenschaft이 하나의 사례를 제공한다. 외부사물들은 하나의 활동력 있는 신체에 작용하고 그것을 통해 이 신체를 활동하도록 자극한다. 이러한 것의 산물이 삶[생명]Leben이다. — 그러나 삶은 무엇인가? 세계 내에서의 그 삶의 실존과 외부사물들과 그 삶의 관계에 대한 물리[자연]적인 인정하기, 즉 신체는 그것이 외부사물들에 반응하며 그 외부사물들을 자신의 세계로 간주하고 더 이상 그 외부사물들의 본질에 관해 살필 것 없이 그것들을 자신의 목적으로 사용하는 것을 통해 살아간다. 외부사물들 없이 이 신체는 살아있는 신체가 아닐 것이고, 신체의 활동능력 없이 외부사물들은 그 신체의 세계가 아닐 것이다. 지성과 관련해서도 마찬가지이다. 외부사물들과 지성의 만남을 통해 비로소 지성의 이 세계는 발생한다. 외부사물 없이 지성은 죽어 있을 것이다 — 그러나 지성 없이 표상들은 없을 것이며, 표상들 없이는 대상들이 없을 것이고, 이 대상들 없이 지성의 이 세계는 없을 것이다. 마찬가지로 하나의 다른 지성을 가지고서는 또한 하나의 다른 세계가 여기에 있을 것이다. 그러한 것은 광인들의 사례를 통해 분명해진다. 그러므로 지성은 자신의 대상들과 그 대상들로 이루어진 세계의 창조자이다. 그러나 그것은 실제의 |72| 사물들이 지성적 활동의 계기들, 따라서 표상들의 계기들이라는 것이다.

그러한 것을 통해 이제 이러한 인간의 자연적 힘들은 본질적으로 이성과 자유로운 의지로부터 구별된다. 양자는 또한 능동적인 능력들을 형성하기도 하지만, 그 능력들의 활동의 계기들은 이러한 감관세계로부터 취해져서는 안 된다. 그러므로 이론적 능력으로서 이성은 여기서 전혀 대상을 가질 수 없으며, 이성의 작용들은 단지 이념들, 즉 어떠한 대상들도 상응할 수 없는 이성의 표상들일 수만 있다. 왜냐하면 실제의 사물들이 아니라 지성의 놀이들 같은 것만이 이성의 활동의 계기들이기 때문이다. 그러므로 이론적인 사변적 능력으로서 이성은 여기 이 감관세계에서 전혀 사용될 수 없고 (따라서 이성은 그럼에도 불구하고 일단 그러한 능력으로서 여기에 있기 때문에 하나의 다른 세계를 위해 규정되어 있음이 틀림없다), 다만 실천적인 능력으로서 이성은 자유로운 의지를 위해서 사용될 수 있다. 이제 이 자유로운 의지는 순전히 그리고 오로지 실천적이다. 그 자유로운 의지의 본질적인 것은 그 의지의 활동Aktion이 반응Reaktion이 아니라 하나의 순수한 객관적 행위Handlung이어야 한다는 점이나 그 의지의 활동의 동인들이 그 동인들의 대상들과 부합해서는 안 된다는 점에 있다. 그러므로 그 의지는 그것이 지성의 표상들의 뒤바뀌고 변질된 한 작용방식을 일으킬 것이기 때문에 그 지성의 표상들로부터 독립하여 행위를 해야 한다는 것이며, 또한 사변적 이성의 이념들로부터도 독립하여 행위를 해야 한다는 것이다. 왜냐하면 이 이념들은 그것들에 현실적인 아무것도 상응하지 않으므로 쉽게 하나의 잘못되고 근거 없는 의지규정을 유발할 수 있을 것이기 때문이다. 그러므로 자유로운 의지의 활동의 동인은 인간 자체의 내적인 본질 속에 근거 지어져 있고 의지 자체의 자유로부터 분리될 수 없는 어떤 무엇이어야만 한다. 그런데 이것은 우리를 전적으로 자연[본성]으로부터 벗어나게 하고 그 자연[본성]을 넘어 고양시키는 도덕 법칙이다. 그것은 우리가 도덕적 존재[본질]로서 자연사물[자연의 것]들Naturdinge을 의지의 활

동의 원인들과 동인들로 삼을 수도 없고 그것들을 우리의 의욕Wollen의 대상들로 간주할 수도 없으며, 오히려 그 의욕의 대상들의 자리에 단지 인간성의 도덕적 인격만이 들어선다는 것이다. 그러므로 저 법칙은 우리에게 순전히 인간에게 고유하고 인간을 모든 나머지 자연적인 부분들로부터 구별하는 하나의 특성, 즉 우리로 하여금 독립적이고 자유로운 존재이게 해주고 그 자체 다시 이 자유를 통해 근거지어져 있는 도덕성을 보장한다. — 그러므로 지성이 아니라 이 도덕성은 인간을 비로소 인간으로 만드는 것이다. 물론 지성도 완전히 능동적이고 그러한 한에서 자립적인 한 능력이긴 하지만, 그 지성은 자신의 활동을 위해 외부사물을 필요로 하고, 또한 동시에 |73|그 외부사물들에 제한되어 있다. 그에 반해 자유로운 의지는 완전히 독립적이고, 오로지 내적인 법칙을 통해서만 규정되어야 한다. 즉 인간은 자신이 단지 자신의 근원적인 존엄과 법칙이 아닌 모든 것으로부터의 독립성을 위해 스스로 고양시킨 한에서만 자기 자신을 통해 규정된다는 것이다. 그러므로 우리의 이 지성이 그 지성의 이 외부사물들 없이는 아무것도 아니며, 적어도 **이러한** 지성이 아닌 반면에, 이성과 자유로운 의지는 그 작용범위가 어떻든지 간에 동일한 것으로 남아있다. (여기서 실로 다음과 같은 초자연적인 추론이 도대체 약간의 개연성을 가지고서라도 행해질 수 있는가? "인간의 신체의 죽음과 더불어 또한 인간의 이 지성은 죽게 되어 그 지성의 모든 지상세계의 표상들, 개념들 그리고 지식들도 함께 잃게 된다. 왜냐하면 이 지성은 언제나 지상세계의 감성적인 사물들을 위해서만 사용될 수 있고, 인간이 초감성적인 것에로 감행하려고 하자마자 즉시 모든 지성사용은 중단되는 반면에 이성사용이 나타나기 때문이다." 이것은 하나의 생각[이

념]Idee인데, 이 생각은 내가 나중에 신비주의자들에게서 발견한 것이며, 그러나 주장되는 것이 아니라 단지 모호하게 생각되는 것이고 분명히 많은 인간들을 진정시키고 아마도 또한 도덕적으로 개선시키는 데에 기여할 것이다. 지성은 신체만큼 그렇게 많이 인간 자체에 좌우되지는 않는다. 사람들은 결점이 있는 한 신체구조에 대해 냉담하다. 왜냐하면 사람들은 그 신체구조가 본질적인 것이 아니라는 것—즉 잘 이루어진 신체구조는 단지 여기 지상에서만 장점을 갖는다는 것을 알기 때문이다. 이러한 사정이 지성에 대해서도 마찬가지일 것이라는 생각이 일반적[보편적]이라고 상정된다면, 그것은 인간의 도덕성에 유익하지 않겠는가? 최근의 인간의 본성[자연]론Naturlehre은 지성을 신체에 의존적인 어떤 무엇으로서 뿐만 아니라 두뇌작용의 한 산물로서 간주함으로써 이러한 생각과 아주 조화를 이룬다. **라일** Reil[70]의 생리학적physiologische 저술들을 보라. 또한 영혼의 물질성에 관한 더 오래된 견해들도 이 저술들을 통해 어떤 실재적인 것Reales으로 환원되었다.)

인간의 영혼능력들에 대한 비판적 연구의 계속되는 과정은 다음과 같이 자연스러운 물음을 제기하였다. 우주, 따라서 우리 자신과 도덕법칙의 한 창시자에 관한 불가피하고 억누를 수 없는 이성의 이념도 또한 분명 하나의 타당한 근거를 가지는가? 왜냐하면 모든 이론적 근거는 그 본성상 저 이념을 확고히 하고 보장하기에는 쓸모없기 때문이다. 이로부터 신의 현존에 대한 아주 훌륭한 도덕적 증명이 발생하였다. 그 증명은 비록 의도한 것은 아니었다 할지라도 모든 사람에게 부지불식간에 분명하고 충분하게 증명하는 것임이 틀림없다. 그러나 이제 그 증명을 통해 근거지어진 한 세계창조자에 관한

이념으로부터 결국 실천적 이념, |74| 즉 우리에게 내주하는 도덕 법칙의 창시자로서 모든 우리의 의무들을 위한 한 보편적인 도덕적 입법자에 관한 이념이 유래하였다. 이 이념은 인간에게 하나의 완전히 새로운 세계를 제시한다. 인간은 스스로 감관과 지성의 왕국과는 다른 하나의 왕국— 말하자면 하나의 도덕적 왕국, 하나의 신의 나라를 위해 만들어졌다고 느낀다. 이제 인간은 자신의 의무들을 동시에 신적인 명령들로 인식하고, 그 자신 속에 하나의 새로운 인식, 하나의 새로운 감정[느낌], 즉 종교가 발생한다.— 존경하는 사부님, 내가 분리주의자들이라 불리지만, 그들 스스로는 **신비주의자들**이라고 하는 사람들의 한 부류를 알게 되었을 때, 나는 당신의 저술의 작업실 Studio에 이르게 되었습니다. 나는 그 신비주의자들에게서 거의 글자 그대로 당신의 교설을 실행에 옮기는 것을 발견하였습니다. 이 당신의 교설을 이 사람들의 신비론적인 언어에서 다시 발견하는 것이 물론 처음에는 어려웠습니다. 그러나 그것은 끊임없는 탐색 후에 이루어졌습니다. 이 사람들이 전혀 예배의식Gottesdienst 없이 살았다는 것이 나의 이목을 끌었습니다. 이 사람들은 **예배의식**이라 일컬어지고 자신의 의무들을 이행하는 일에 속하지 않는 모든 것을 폐기하였습니다. 즉 그들은 스스로를 종교적인 인간들, 의당 기독교인들로 여겼다는 것이고, 그럼에도 불구하고 성경을 그들의 법전으로 보지 않고 단지 영원부터 우리 안에 내주하는 하나의 내적인 기독교에 관해 말했다는 것입니다.— 나는 이 사람들의 삶의 행실에 대한 연구를 통해 그들에게서 (모든 무리들 가운데 있듯이 자신의 사익 때문에 비루먹은 양들[주변을 부패시키는 자들]räudige Schafe을 제외하면) 순수한 도덕적 마음가짐들과 그들의 행위들에 있어서 거의 하나의

스토아적인 귀결을 발견하였습니다. 나는 그들의 교설들과 그들의 원칙들에 대한 연구를 통해 본질적으로 완전히 당신의 도덕과 종교론을 다시 발견하였습니다. 그렇지만 그들은 그들이 일컫는 내적인 법칙을 하나의 내적인 계시로 간주하고, 따라서 분명 신을 그 법칙의 창시자로 간주한다는 차이는 항상 있습니다. 그들이 성경을 신적인 근원이라고 하면서도 그들이 더 이상 관여할 수 없는 그 어떤 방식으로 존재하는 하나의 책으로 간주하는 것은 사실입니다. 그러나 더 정확하게 연구하게 되면 그들이 성경의 이러한 근원을 그들의 내적인 법칙과 성경의 일치, 즉 그 내적 법칙에 대한 그 성경 속에 포함된 교설들의 일치에서 비로소 추론한다는 것을 발견하게 됩니다. 왜냐하면 사람들이 그들에게 예를 들어 왜? 라고 묻는 경우 그들의 대답은 다음과 같기 때문입니다. 성경이 나의 내부에서 합법칙적으로 인정된다고 말하고, 당신들이 당신들의 내적인 법칙의 지시 또는 성경의 교설들에 따라 행한다면 당신들도 마찬가지로 그러한 것을 발견할 것이라고 말합니다. 바로 그 때문에 그들은 성경을 그들의 법전으로 간주하지도 않고, 오히려 단지 그들 자신 속에 근원적으로 근거 지어져 있는 것을 재발견하게 되는 하나의 역사적인 확인으로 간주합니다. 한마디로 이 사람들은 그들이 철학자들이라면 (나의 이러한 표현을 용서하십시오) 참된 칸트주의자들일 것입니다. 그러나 [75] 그들은 대부분 상인계층, 수공업자들 그리고 농부들입니다. 그렇지만 나는 때때로 더 높은 계층들과 학자들 가운데에서도 몇몇을 발견하였습니다. 그러나 결코 한 명의 신학자도 발견하지 못했습니다. 이 신학자들에게 이 사람들은 정말로 눈의 가시입니다. 왜냐하면 이 사람들은 그 신학자들의 예배의식이 그들에게는 도움이 되지 않는 것으로 보기 때문이고, 그럼에도 그들의 모범적인 삶의 행실과 모든 시민적 질서 안에서의 복종으로 인해 그 신학자들에게 전혀 아무런 피해도 입힐 수 없기 때문입니다. 이 분리주의자들은 그들의 종교**원칙들**에 있어서는 퀘이커교도들Quäker로부터 구별되지 않지만, 확실히 공동의 삶에 대한 그 종교원칙의 적용에 있어서는 구별됩니다. 왜냐하면 그들은 바로 관례대로 옷을 입고, 모든 국가의 세금뿐만 아니라 교회의 세금들을 내기 때문입니다. 그들 중 교육받은 일부에서 나는 결코 열광Schwärmerei을 발견하지 못했고, 오히려 종교적 대상들에 대한 자유로우며 선입견 없는 이성추론Räsonnement과 판단을 발견하였습니다.

제2편

법학부와 철학부의 논쟁

[79] 다시 제기된 물음[71]: 인간종은 더 나은 상태로 지속적으로 진보하고 있는가?

1. 여기서 알고자 하는 것은 무엇인가?

사람들은 인간역사의 한 부분을 요구하는바, 더욱이 지나간 시간의 부분이 아니라 장래의 시간의 부분, 따라서 하나의 **예언하는**vorhersagende 인간의 역사를 요구한다. 이 예언하는 인간역사는 만약 그것이 (일식과 월식과 같은) 알려진 자연법칙들에 따라 안내되지 않는다면 **점치는**wahrsagend 것이라고도 하지만 자연적이라고 일컬어지며, 그러나 그 예언하는 인간의 역사가 초자연적인 알림Mitteilung과 장래의 시간에 대한 전망의 확장을 통하는 것 외에 달리 획득될 수 없다면 **예지적**weissagend(선지자적prophetisch)이라고 일컬어진다.*

* 점치는 일을 날림으로 행하는(그 일을 지식이나 진정성 없이 행하는) 자에 관해서는 다음과 같이 말해진다. 그는 **점친다**wahrsagert. 이를테면 퓌티아Pythia[델피신전에서 신탁을 하는 여사제의 이름]로부터 집시여인까지를 일컫는 말이다.

— 그밖에 여기서 말하는 것은 또한 인간의 자연사Naturgeschichte에 관한(혹시 장래에 인간의 새로운 종자가 발생할 것인지와 같은) 문제가 아니라 오히려 **윤리의 역사**Sittengeschichte에 관한 문제, 정확히 말해서 만약 인간**종**이 (대체로) 더 나은 것으로 지속적으로 진보하는가라고 물어진다면 사회적으로는 지상에서 결합되어 있으며 종족적으로는 나눠져 있는 인간들의 **유개념**(**개별자***singulorum*)에 대한 윤리의 역사가 아니라 그 인간들의 **전체**(**보편자***universorum*)에 대한 윤리의 역사에 관한 문제이다.

2. 어떻게 그것을 알 수 있는가?

장래의 시간 속에 미리 앞서 있는 자의 점치는 역사진술Geschichtserzählung, 따라서 여기 일어나야 할 사건들에 대한 하나의 **선험적으로** 가능한 서술로서의 역사진술. — 그러나 하나의 **선험적** |80| 역사는 어떻게 가능한가? — 대답: 만약 점쟁이Wahrsager가 그가 미리 알려 주는 사건들을 스스로 **만들고** 일으킨다면 가능하다.

유대의 선지자들Propheten은 조만간 쇠락뿐만 아니라 전적인 해결이 그들의 국가에 직면하여 있다고 훌륭하게 예지하였다. 왜냐하면 그들은 스스로 이러한 그들의 운명을 만든 장본인[창시자]Urheber이었기 때문이다. — 인민의 지도자들로서 그들은 그들의 국가가 그 자체로 존속하기 위해서 뿐만 아니라 특히 이웃하고 있는 민족들과 함께 존속하기에는 전혀 적합지 않게 되었을 정도로 많은 교회적 짐들과 그로부터 유출되는 시민적 짐들로 그들의 헌정체제를 힘들게 했다. 그래서 그들의 사제들의 탄식들은 자연히 헛되이 공중으로 사라질 수밖에 없었다. 왜냐하면 이 선지자들은 그들 스스로 만든 유지될 수 없는 한 헌정체제에 대한 그들의 결심을 완강하게 고수하였고, 그래서 그들 자신에 의해 그 결말이 틀릴 가능성 없이 예견될 수 있었기 때문이다.

우리의 정치가들[72]도 마찬가지로 그들의 영향력이 미치는 만큼 그러한 일을 하고, 또한 그렇게 똑같이 요행수로 점치는 일을 하고 있다. — 그들은 인간들을 그들이 있는 그대로[존재하는 방식대로]wie sie sind 취급해야만 하고 세상을 잘 모르는 현학자들이나 선량한 환상가들이 꿈꾸는 것처럼 인간들을 그들이 있어야[존재해야] 할 방식daß sie sein sollte대로 취급해서는 안 된다고 말한다. 그러나 **그들이 있는 그대로**라는 것[그들이 존재하는 방식]이 말하는 것은 무언가를 위해 우리가 그들을 부당한 강제와 정부의 손에 넘겨 준 배신적인 음모들을 통해 이른바 완고하고 격분을 일으키게 **만들었으며**, 또한 거기서 만약 정부가 자신의 고삐를 약간 느슨하게 하기만 한다면 소위-영리한 저 국정인들Staatsmänner의 예언을 참으로 만드는 비참한 결과들을 목도하게 된다는 것을 의미해야 할 것이다.

또한 성직자들도 때때로 종교의 전적인 쇠락과 반그리스도Antichrist에 가까운 현상을 예지한다. 반면에 그들은 이를테면 그들이 그들의 의중에 직접적으로 더 나은 상태로 인도하는 윤리적 원칙들을 마음에 심는 것을 고려하지 않고, 오히려 간접적으로 영향을 끼칠 수밖에 없는 규율들과 역사신앙을 본질적인 의무로 만듦으로써 바로 그 반그리스도가 유입되는 데에 필요한 것을 행한다. 물론 그러한 것으로부터 기계적인 일치단결이 하나의 시민적 헌정체제에서 자라날 수 있지만, 그러한 일치가 도덕적 마음가짐에서는 자라날 수가 없다. 그러나 그렇게 되면 그들이 스스로 만든, 따라서 그들이 특별한 점쟁이의 말없이도 사전에 알려줄 수 있었던 비종교적 태도Irreligiosität에 대한 고소가 일어난다.

|81|3. 미래에 대해 미리 알고자 하는 것에 관한 개념의 구분

하나의 예언을 포함할 수 있는 경우들은 세 가지이다. 인간종은 분노케 하는 상태로의 계속적인 **퇴보** 속에 있든지, 인간의 도덕적 규정에 있어서 더 나은 상태로의 끊임없는 **진보** 속에 있든지, 아니면 창조의 부분들 가운데에서 인간의 윤리적 가치의 현재 수준에서의 영원한 **정지상태** 속에 있든지(이 정지상태는 동일한 점 주위를 원환으로 영원히 맴도는 것과 매 한가지이다)이다.

첫 번째 주장은 도덕적 **폭력주의**Terrorismus,[73] **두 번째** 주장은 **행복주의**Eudämonismus[74](이것은 진보의 목표를 넓은 시야로 바라봄으로써 또한 **천년왕국설**Chiliasmus[75]이라고도 일컬어질 것이다), 그러나 **세 번째** 주장은 **압데리티즘**Abderitismus[76]이라고 일컬어질 수 있다. 왜냐하면 도덕적인 것에서의 하나의 진정한 정지상태는 가능하지 않으므로 끊임없이 변덕스러운 상승과 그와 마찬가지의 빈번하고 심각한 추락(말하자면 하나의 영원한 흔들림)은 주체가 동일한 자리와 정지상태에 머물러 있었던 것과 마찬가지로 더 이상 아무것도 실행하지 못하기 때문이다.

a. 인간의 역사의 폭력주의적 표상방식에 관하여

분노케 하는 상태로의 추락은 인간의 역사에서 끊임없이 지속할 수 없다. 왜냐하면 그 추락의 일정한 정도에서 그 분노케 하는 상태는 저절로 소멸될 것이기 때문이다. 그래서 산처럼 높이 쌓여가는 거대한 만행들과 그에 따른 해악이 싹트기 시작할 때 다음과 같이 말해진다. 이제 그것은 더 이상 분노케 할 수 없으며, 가장 새로운 날이 문 앞에 있고, 이 세상이 불 속에서 멸망하고 난 후 이제 경건한 열정은 어느새 모든 것들을 되돌리는 것에 대해, 그리고 하나의 새로워진 세상에 대해 꿈꾼다.

b. 인간의 역사의 행복주의적 표상방식에 대하여

소질 속에 선과 악을 기질로 지니고 있는 우리의 본성[자연]의 덩어리는 항상 동일한 것으로 남아 있고, 동일한 개체Individuum 속에서 |82| 증가될 수도 감소될 수도 없다고 하는 것은 언제든 인정될지도 모른다. — 그리고 선은 주체의 자유를 통해 발생할 수밖에 없을 것이기 때문에, 어떻게 이 선의 양이 소질 속에서 증가될 수 있겠는가? 하지만 무엇 때문에 이 주체는 다시금 전에 가지고 있던 것보다 더 큰 선의 기반을 필요로 할 것인가? — 작용결과들은 작용원인의 능력을 넘어서지 못한다. 그래서 인간 속에 악과 혼합된 선의 양은 그것의 일정한 정도, 즉 그 정도를 넘어 인간이 노력하여 상승할 수 있고, 그래서 또한 항상 좀 더 나은 상태로 진보할 수 있을 만큼 그 선의 일정한 정도를 넘어가지 못한다. 그러므로 행복주의는 그것

의 낙천적인 희망들과 더불어 견지될 수 없어 보이고, 선의 궤도 위에서 영속적으로 나아가는 진보를 고려하는 하나의 예지적인 인간 역사의 유익에 대해서는 그다지 많은 것을 약속하지 않는 것으로 보인다.

c. 인간의 역사의 사전규정을 위한 인간종의 압데리티즘의 가설에 관하여

이 견해는 인간역사의 측면에서 다수의 표[목소리]를 획득할 것이다. 분주한 어리석음은 우리의 유類Gattung의 특성이다. 우리의 유는 선의 궤도에 빨리 진입하지만, 그 선의 궤도를 고수하지 않고, 그 선이 단지 번갈아서만 발생한다고 해서 으레 하나의 유일한 목적에 묶여 있지 않기 위해 진보의 계획을 되돌리며, 찢어 버릴 수 있기 위해 그 진보의 계획을 세우고, 시시포스의 돌[77]을 다시 굴러 떨어지도록 하기 위해 산 위로 굴리는 것처럼 스스로에게 희망 없는 수고의 짐을 지운다. — 그러므로 이로써 인간종의 자연소질에서의 악의 원리는 그렇게 선과 아말감화(융합)되는 것이 아니라, 오히려 하나의 원리가 다른 원리를 통해 중화되는 것처럼 보인다. 그러한 것은 무위Tatlosigkeit를 결과로 가질 것이다(여기서 그것은 정지상태라고 한다). 그러한 것은 선을 악과 함께 앞서거니 뒤서거니 하게 함으로써 그렇게 선을 번갈아서 행하게 하는 하나의 공허한 분주함이며, 이 지구상에서 우리 유類가 자기 자신과 함께 행하는 왕래의 전체 놀이는 하나의 순전한 익살극으로 간주될 수밖에 없을 것이라는 말이며, 이성의 눈으로 볼 때 그것이 우리 유에게는 이러한 놀이를 더 적은 비용을 가지고서 지성의 소모 없이 행하는 다른 동물종들이 갖는 가치보다 더 큰 가치를 만들어 줄 수 없다는 것이다.

|83| 4. 진보의 과제는 직접적으로 경험을 통하여 해결될 수 없다

인간종이 전체적으로 고찰하여 조금 더 오랜 시간 동안 앞으로 나아가면서 진보하고 있었다고 판단될 것이라 해도, 우리 유의 물리적인[자연적인] 소질에 의해 인간종의 퇴행의 시기가 지금 당장에 등장하지 않는다고 아무도 대변[보증]할 수 없다. 그리고 반대로 비록 인간종이 뒤로 향하고 가속화된 추락과 함께 분노케 하는 상태로 나아간다고 해도, 우리 종 안의 도덕적 소질에 의해 우리 종의 행보가 다시 더 나은 상태로 돌렸던 바로 그곳에서는 전환점(**반대편으로 휘어지는 점***punctum flexus contrarii*)이 발견될 수 없을 것이라고 절망해서는 안 된다. 왜냐하면 우리는 자유롭게 행위하는 존재들과 관계하는 바, 그 존재들은 스스로 그들이 무엇을 **행해야** 할지를 미리 **지시할** 수는 있지만, 그들이 스스로 무엇을 **행할** 것인지를 **예언할** 수는 없고, 그들이 정말로 악하게 되는 경우 그들 스스로 만든 해악의 감정[느낌]으로부터 이제는 그 감정을 앞의 저 상태에 있었던 것보다 더 좋게 만들고자 하는 하나의 강화된 동인을 취할 줄 알기 때문이다. — 그러나 (**콰이예**Coyer 수도원장[78]이 말하길) "불쌍한 가멸자들Sterbliche이여, 그대들에게는 지속하지 않는다는 것 외에 아무것도 지속적이지 않습니다!"

이러한 인간적인 것의 경과가 아주 불합리하게 보이는 것은 어쩌면 우리로 하여금 그러한 경과를 바라보게 해주는 입장의 선택을 또한

우리가 부당하게 취한 것에도 그 책임이 있을 것이다. 행성들은 지구에서 보면 금방 뒤로 가고 있으며 금방 멈춰서 있고, 또 금방 앞으로 가고 있다. 그러나 단지 이성만이 행할 수 있는 태양으로부터의 입장을 취하면 그 행성들은 코페르니쿠스의 가설[79]에 따라 지속적으로 규칙적인 운행을 진행한다. 그러나 몇몇 사람들에게는 현상들에 대한 그들의 설명방식과 그들이 일찍이 취한 입장을 완고하게 고수하는 것은 마음에 드는 일이며, 보통은 어리석은 일이 아니다. 그러는 사이에 그들은 또한 튀코의Tychonische 순환행정Cyklen과 부순환행정[본륜행정]Epicyklen[80] 속에서 앞뒤가 맞지 않을 때까지 뒤얽혀 있어야 할 것이다. — 그러나 자유로운 행위들에 대한 예언에 관한 문제인 경우에는 바로 우리가 스스로 이러한 입장을 대변할 수 없다는 것은 불행이다. 왜냐하면 그것은 인간의 **자유로운** 행위들에까지도 그 범위가 미치는 **섭리**Vorsehung[81]라는 모든 인간적인 지혜를 넘어서 있는 입장일 것이기 때문이다. 그 자유로운 행위들은 인간에게 **보일** 수는 있지만 확실하게 **예견될** 수는 없다(신적인 눈에는 |84| 여기에 어떠한 차이도 없다). 왜냐하면 인간은 예견하기 위해 자연법칙들에 따르는 연관을 필요로 하지만, 장래의 자유로운 행위들과 관련해서는 이러한 인도나 지시를 불가결한 것으로 여길 수밖에 없기 때문이다.

만약 인간에게 비록 제약되어 있긴 하지만 하나의 타고난 불변적-선한 의지를 부여해도 된다면, 인간은 자신의 유의 더 나은 상태로의 이러한 진보를 확실하게 예언할 수 있다. 왜냐하면 그것은 인간이 스스로 일으킬 수 있는 사안에 해당할 것이기 때문이다. 그러나 소질 속에 선과 악이 혼합되어 인간이 그 혼합의 정도를 알지 못할 때 인간은 그로부터 어떤 작용결과를 기대할 수 있는지 스스로 알지 못한다.

5. 그렇지만 점치는 인간종의 역사는 어떤 한 경험에 연결되어 있을 수밖에 없다

더 나은 것으로의 인간종의 전진Fortrücken에 대한 **원인**Ursache이자 (이러한 전진이 자유의 소질을 갖춘 한 존재의 실행이어야 하기 때문에) 그 전진의 **창시자**Urheber인 인간종의 한 성질과 한 능력을 지시하는 사건으로서의 그 어떤 하나의 경험이 인간종에게 나타날 수밖에 없다. 그런데 만약 상황들이 그 상황들에 함께 작용하고 있는 것이 어떤 것인지를 보여준다면, 하나의 주어진 원인으로부터 결과로서의 하나의 사건이 예언될 수 있다. 그런데 이러한 상황들이 언젠가는 보여줄 수밖에 없는 것은 놀이에서 개연성을 계산할 때처럼 분명 일반적으로 예언될 수 있지만, 그러한 것이 나의 삶 속에 전달될지 그리고 내가 저 예언을 확인시켜주는 경험을 가지게 될 것인지는 규정될 수 없다. — 그러므로 인간종에게서 그러한 하나의 원인의 현존과 또한 사건의 인과성Kausalität의 활동[작용]Akt을 시간과 관련하여 무규정적으로 지시하고 불가피한 귀결로서의 더 나은 것으로의 진보를 추론케 하는 하나의 사건이 탐색되어야만 한다. 그렇게 되면 그러한 추론은 또한 지나간 시간의 역사에 대해서까지도 (항상 진보하고 있었다라고) 확대될 수 있을 것이다. 그렇지만 저 사건이 그 자체 그러한 진보의 원인으로서가 아니라 단지 암시하는 것, 즉 **역사 징표**Geschichtszeichen(**회상의, 지시의, 전조의 표징***signum rememor-*

ativum, demonstrativum, prognosticon)[82]로서 간주되어야만 하고, 그래서 **전체적인** 인간종의 **경향**Tendenz, 즉 개체[개별자]들Individuen에 따라 고찰되는 것이 아니라(왜냐하면 그것은 끝내지 못하는 헤아림과 계산을 하게 할 것이기 때문이다), 어떻게 그 인간종이 지상에서 종족들과 국가들로 나눠져 있게 되는지와 같은 전체적인 인간종의 경향을 증명할 수 있을 것이다.

|85| 6. 인간종의 이러한 도덕적 경향을 증명하는 우리 시대의 한 사건에 관하여

이 사건은 인간들 가운데에서 컸던 것이 작게 만들어지게 하거나 작았던 것이 크게 만들어지도록 하고, 마치 마술에 의한 것처럼 빛나는 옛 국가건물들이 사라지고 그 대신에 다른 건물들이 마치 땅속 깊은 곳으로부터 나오는 것과 같은 인간들에 의해 수행된 중요한 실행들이나 비행들과 같은 것에 있지 않다. 그렇지 않다. 그 모든 것들 중 어떤 것도 아니다. 그것은 거대한 변화의 이러한 놀이에서 **공공연히** 누설되는 순전히 관객의 사유방식일 뿐이다. 이 관객의 사유방식은 한편으로 놀이하는 자들의 아주 보편적이고 더욱이 비이기적인 하나의 참여[부분취하기]Teilnehmung를 증명하며, 그에 반해 다른 한편으로 이 편파성Parteilichkeit이 그들에게 매우 불리하게 될 수 있다는 위험이 알려짐에도 불구하고, 그렇게 (보편성으로 인한) 전체적인 인간종의 한 성격과 동시에 (비이기성으로 인한) 이 인간종의 한 도덕적 성격을 적어도 소질에 있어서 증명하는 것이다. 그러한 성격은 더 나은 상태로의 진보를 희망케 할 뿐만 아니라, 인간종의 그 능력이 지금 충분한 한에서 그 성격 자체가 이미 그러한 하나의 진보이다.

우리로 하여금 우리 시대에 일어나는 것을 보게 해준 한 기지 넘치는 민족의 혁명[83]은 성공할 수도 실패할 수도 있다. 한 사려 깊은 인간이 만약 그가 그 혁명을 두 번째로 기획하면서 운 좋게 완수되길 희망할 수 있다고는 해도 그 혁명은 그 대가에 대한 실험을 하는 그 혁명을 결코 결심하지 않을 만큼 비참과 만행들로 채워져 있을 것이다 — 나는 말하건대, 이 혁명은 그럼에도 불구하고 (그 자신 이러한 놀이에 함께 휘말려 있지 않은) 모든 관객들의 마음들 속에서 소망에 따른 하나의 **참여**를 발견한다. 그 참여는 거의 열광에 가까워 있었고, 그 참여의 표현은 그 자체로 위험과 결부되어 있었다. 따라서 그 참여는 인간종 안에 있는 하나의 도덕적 소질 외에 다른 어떤 것도 원인으로 가질 수 없다.

이러한 영향을 미치는 도덕적 원인은 이중적이다. 첫째로는 한 민족이 다른 권세들에 의해 하나의 시민적 헌정체제를 그것이 그 민족 자신에게 좋다고 여겨지는 대로 스스로에게 부여하는 것이 저지되지 말아야 한다는 **권리**[법]의 원인이며, 둘째로는 한 민족의 그러한 헌정체제가 오로지 그 자체만으로 **정당하고**rechtlich 도덕적-선하다는 (동시에 의무가 되는) **목적**의 원인이다. 그러한 헌정체제는 본성상 원칙적으로 침략전쟁을 피하도록 만들어져 있고, 적어도 이념에 따르면 공화적 헌정체제 외에 |86| 다른 것일 수 없으며,* 따라서 전쟁(모든

* 그러나 이로써 그것은 하나의 왕정체의 구성[입헌]을 갖는 한 민족이 그 공화적

해악과 윤리의 부패의 원천)을 중지하게 해주고, 그래서 인간종에게 이 인간종의 모든 나약함에도 불구하고 더 나은 상태로의 진보를 소극적으로 보장케 해주는 조건에 진입하도록, 적어도 그 진보함에 있어서 방해되지 않도록 만들어져 있다.

그러므로 이러한 것 그리고 **정서**Affekt[흥분]와 함께 선에 참여하는 것, 즉 **열광**Enthusiasm[85]은 모든 정서가 그 자체로서는 비난을 받기 때문에 비록 그 열광이 전적으로 인정될 수는 없다 할지라도 이러한 역사를 매개로 인간학에 대해 중요한 진술을 할 계기를 만들어준다. 그것은 참된 열광이 언제나 **이상적인 것**, 더욱이 순수하게 도덕적인 것에만 관계하며, 그와 같은 것이 법 개념이고 사익에 접목될 수 없다는 것이다. 금전보상을 통해 혁명가들의 반대자들은 순전한 법 개념이 그들 속에 만들어낸 열정과 아량을 발휘하도록 조여질 수 없었고,

헌정체제를 고려하여 다만 스스로 그 구성을 변경시키고자 하는 소망을 은밀히 마음속에 품는 것일 뿐이라고 할지라도 부당하게 그 권리를 행사한다는 것을 의미하지는 않는다.[84] 왜냐하면 아마도 아주 넓어진 유럽에서의 그 민족의 입지는 그 민족에게 저 헌정체제를 이웃 열강들 사이에서 스스로를 지키게 해줄 수 있는 유일한 것으로서 추천할 수 있을 것이기 때문이다. 또한 만약 정부가 공화정화 하는 것과 같은 일에 있어서 외국을 가로막았다면, 정부의 내부적인 것 때문이 아니라 외국에 대한 그 정부의 행동 때문에 일어나는 신민들의 불평은 자기 자신의 [공화적]헌정체제에 대한 그 민족의 불만을 증명하는 것이 아니라, 오히려 자기 자신의 헌정체제에 대한 사랑을 증명하는 것이다. 왜냐하면 다른 민족들이 더 많이 공화정화하면 할수록 그 민족은 자기 자신의 위험에 대해 더 많이 보장되기 때문이다.—그럼에도 불구하고 자신을 중요하게 만들기 위해 중상모략 하는 비방자들 Sykophanten[고대 그리스의 직업적 고소인들]은 이 무고한 정론Kannegießerei을 국가에 위험을 초래하는 개혁열과 자코뱅파적 행위Jakobinerei 그리고 부패시키는 일이라고 억지 주장하고자 하였다. 그렇지만 또한 이러한 억지 주장에 대한 최소한의 근거도 거기에는 없었으며, 특히 혁명의 현장으로부터 백마일 이상 떨어져 있었던 한 나라에서는 더더욱 그 근거가 없었다.

옛 전사계급 귀족의 명예관념(열광의 한 유사물)조차도 자신들이 속한 인민의 권리를 목도했었고* 스스로를 인민의 보호자로 생각한 그 혁명가들의 무기들 앞에서 사라졌다. 최소한의 협력의 의도가 없

* 인간종을 위한 권리주장에 대한 하나의 그러한 열광에 관하여 다음과 같이 말해질 수 있다. **화산같은 무장이 이루어진 후에***postquam adarma Vulcania ventum est,* — **인간의 칼날은 내리치면서 보잘 것 없는 얼음처럼 산산이 부서졌다***mortalis mucro glacies ceu futilis ictu dissiluit.*[86] — 왜 여태껏 한 지배자도 그가 자신에 반대하는 인민의 **권리**를 결코 인정하지 않는다는 것과 이 인민은 자신의 행복을 순전히 한 정부가 인민에게 제공하는 **선행**의 덕택이라는 것, 그리고 이와 같은 것에 반하는 하나의 권리를 위한 신민의 모든 월권은 (이러한 권리는 하나의 허가된 저항의 개념을 내포하고 있기 때문에) 불합리하며 당연히 전적으로 처벌될 수 있다는 것을 터놓고 말하려고 하지 않았는가? — 원인은 다음과 같다. 비록 신민들이 순한 양처럼 한 선하고 지성적인 주인에 의해 인도되며 잘 먹여지고 강력히 보호되어 그들의 복지Wohlfahrt에 벗어난 어떤 것에 대해서도 기소할 것이 없다 할지라도, 하나의 그러한 공적인 선언은 모든 신민으로 하여금 그에 대해 격분을 일으키게 할 것이기 때문이다.— 왜냐하면 자유의 소질이 있는 존재는 그에게 또한 타자들(여기서는 정부)에 의해 분유될 수 있는 삶의 쾌적함을 향유하는 것에 만족하지 않고, 오히려 그 존재에게 그러한 삶의 쾌적함을 마련해 주는 **원리**가 관건이기 때문이다. 그러나 복지는 그 복지를 받는 자에게도 그 복지를 분배하는 자에게도 원리가 아니다 (한 사람은 그 복지를 여기에다 정하고, 다른 사람은 저기에다 정한다). 왜냐하면 여기에서는 경험적이고 어떤 규칙의 보편성의 능력이 없는 의지의 **질료**[물질]**적인 것**이 관건이기 때문이다. 그러므로 자유의 소질이 있는 한 존재는 이성 없는 동물 앞에서 이러한 자신의 특권을 의식하여 자신의 자의의 **형식적인** 원리에 따라 자신이 속하는 인민에 대해 이 인민이 함께 입법할 수 있도록 하는 하나의 정부 외에 어떠한 다른 정부도 요구할 수 없고 요구해서도 안 된다. 즉 복종해야 하는 인간들의 권리[법]는 필연적으로 유복에 대한 모든 고려에 선행해야만 하고, 이 권리는 (유익함의) 모든 상급[보상]을 넘어서 숭고한 하나의 성스러운 것이고, 항상 선행을 베푸는 정부이고자 한다면 어떠한 정부도 그 권리를 건드려서는 안 된다. — 그러나 이 권리는 그럼에도 불구하고 항상 단지 하나의 이념일 뿐이며, 이 이념의 실행은 인민이 위반해서는 안 되는 도덕성과 그 실행의 **수단들**과의 합치의 조건에 제한되어 있다. 그 권리는 언제나 부당한 혁명을 통해 발생해서는 안 된다. — 전제적으로 **지배하는 것**herrschen, 그렇지만 그때 공화적으로, 즉 공화주의의 정신과 그 공화주의와의 유비에 따라 **다스리는 것**regieren은 한 민족을 자신의 헌정체제에 만족시키는 것이다.

었다면, 어떤 |87| 흥분에 외부의 구경하는 관중이 동조했겠는가.

7. 점치는 인류의 역사

어떤 **도덕적인 것**이 원칙 속에 있어야만 한다. 그 도덕적인 것은 이성이 순수한 것으로서 다루는 것이며, 그러나 또한 동시에 그 도덕적인 것이 갖는 크고 획기적인 영향력 때문에 그 영향력을 위해 승인된 인간 영혼의 의무를 눈앞에 보여주는 어떤 무엇으로서 다루는 것이고, 인간종을 그 통일의 전체(개별자가 아닌 보편자*non singulorum sed universorum*) 속에서 다루는 것이다. 인간종은 그 도덕적인 것을 위한 자신의 고대한 성공과 시도들에 대해 아주 보편적이고 비이기적인 참여와 함께 환호성을 올린다. — 이러한 일은 하나의 혁명Revolution의 현상이 아니라 (**에르하르트**Erhard 씨[87]가 표현하는 것처럼) 한 **자연법적** 헌정체제의 **진화**Evolution 현상이다. 물론 이러한 일이 단지 야생의 투쟁들 가운데에서만큼은 — 안과 밖의 전쟁이 |88| 지금까지 존속한 모든 **법령**[조례]**적** 헌정체제를 파괴함으로써 — 아직 그 자체 달성되지는 않지만, 그럼에도 불구하고 전쟁중독적일 수 없는 하나의 헌정체제, 말하자면 공화적 헌정체제를 추구하도록 인도한다. 이 공화적 헌정체제는 그 자체 **국가형식**에 따라서든, 또한 단지 **통치방식**에 따라서든 통수권자(군주)를 통일시킨 상태에서 한 민족이 스스로 보편적인 법의 원리들에 따라 제정할 법칙들에 의거해 국가를 다스리게 하는 것이다.

이제 나는 우리 시대의 국면들과 전조들에 따라 인간종에게 이러한 목적의 달성, 그리고 이것과 더불어 동시에 지금부터는 더 이상 전적으로 퇴행하게 되지 않는 더 나은 상태로의 그 인간종의 진보를 시령자視靈者Sehergeist 없이도 예언할 수 있다고 주장한다. 왜냐하면 인간의 역사에서 하나의 그러한 현상은 인간적인 자연[본성] 속에 있는 더 나은 상태를 위한 하나의 소질과 능력을 열어 보여준 것이므로 **더 이상 망각되지 않기** 때문이다. 그와 같은 것을 어떠한 정치가도 지금까지의 사태의 경과로부터 생각해내지 못했을 것이다. 그리고 그러한 현상만이 오로지 자연과 자유를 인간종의 내적인 법의 원리들에 따라 통일시키지만, 시간과 관련하여 볼 때 단지 확정적이지 않아서 우연에 기인한 사건으로서만 약속될 수 있었다.

그러나 비록 이러한 사건에서 의도된 목적이 지금 달성되지 않는다 해도, 즉 한 민족의 헌정체제의 혁명이나 개혁이 결국에는 실패하거나, 이러한 약간의 시간이 주어진 이후에도 (정치가들이 지금 점치는 것처럼) 다시금 모든 것이 이전의 궤도에로 되돌아가게 된다고 할지라도, 저 철학적 예언은 그 효력과 관련하여 아무런 손실도 없다.— 왜냐하면 저 사건은 그것이 적절한 상황들을 일으키는 어떤 한 계기가 있을 때 민족들에게 환기되지 못하게 하고 이러한 방식의 새로운 시도들을 반복하도록 일깨우지 못하게 하기에는 너무 크고 너무 많이 인류[인간성]의 관심과 엮여 있고, 그 사건의 영향력 상 세계 전역에 너무 확산되어 있어서 이제 여기 인간종에게 그렇게 중요한 하나의 기회가 오게 되면, 결국 그 어떤 한 시기에 이르러 그 의도된 헌정체제는 빈번한 경험을 통한 가르침이 모두의 마음속에서 작용하기에 부족함이 없을 그러한 확고함에 도달할 것이 틀림없기 때문이다.

그러므로 호의적이고 실천적 견지에서 추천할 만할 뿐만 아니라

모든 불신자들에게조차도 가장 엄격한 이론으로 간주될 수 있는 하나의 명제가 있다. 그것은 인간종이 항상 더 나은 상태로 진보하고 있었다는 것이고, 그렇게 계속해서 나아갈 것이라는 것이다. |89| 이러한 것은 만약 사람들이 그 어떤 한 민족에게서 발생할 수 있는 것뿐만 아니라 또한 점점 그러한 진보에 참여하게 될 지상의 모든 민족들에게 퍼져나가는 것을 보게 된다면, 내다 볼 수 없는 시간에 대한 전망을 열어준다. 그러한 한에서 (**캄페르**Camper와 **블루멘바흐**Blumenbach[88]에 따르면) 아직 인간들이 존재하기 전의 동물의 왕국과 식물의 왕국을 파묻었던 하나의 자연혁명과 같은 첫 번째 시기에 이어 이 무대위에 다른 피조물들을 등장시키기 위해 인간종에게도 마찬가지로 그렇게 작용하는 또 하나의 두 번째 시기와 그렇게 계속해서 이어지는 시기가 뒤따르지 않는다. 왜냐하면 인간은 자연의 전능Allgewalt에 대해, 또는 오히려 우리에게는 미칠 수 없는 그 자연의 최상의 원인에 대해 다시금 하나의 사소한 것일 뿐이기 때문이다. 그러나 또한 인간 자신의 유의 지배자들이 인간을 그렇게 사소하게 간주하고, 그들이 인간을 부분적으로는 그들의 의도들을 위한 한낱 도구로서 동물과 같이 혹사시키며, 부분적으로는 그들 서로간의 싸움거리들에서 그들을 살육하도록 내세움으로써 그러한 사소한 것으로 취급하는 것—그것은 사소함이 아니라 창조 자체의 **궁극목적**을 뒤엎는 것이다.

8. 최선의 세계로의 진보를 겨냥한 준칙들의 그 공중성과 관련한 난점에 관하여

인민계몽Volksaufklärung은 그 인민이 속하는 국가와 관련한 인민의 의무들과 권리들에 관해 인민을 공적으로 가르치는 것이다. 여기서는 단지 자연적 권리와 보통의 인간지성에서 기인하는 권리에 관한 문제이기 때문에, 인민 가운데에 있는 그러한 의무들과 권리들에 관한 자연적인 고지자들과 해설자들은 국가에 의해 세워진 공직의 법교사들이 아니라 자유로운 법교사들, 즉 스스로에게 허용하는 바로 이러한 자유 때문에 항상 지배하려고만 하는 국가에게는 불쾌감을 유발하는 철학자들이고, 그들은 **계몽자**[89]라는 명칭 하에서 국가에 위험한 사람들이라 비방된다. 그들의 목소리는 (그러한 목소리와 그들의 저술들에 관해 그다지 주의를 기울이지 않거나 전혀 주의를 기울이지 않는) **인민**에게 **믿을 만하도록** 향하는 것이 아니라 **정중하게** 국가에 향하는 것이고, 이 국가로 하여금 저 인민의 법적인 요구를 명심하도록 간청하는 것임에도 불구하고 그렇게 비방된다. 그러한 요구는 하나의 전체 인민이 자신의 고충(**어려움***gravamen*)을 이야기하고자 하는 경우 공중성Publizität의 방도 외에 어떠한 다른 방도를 통해서도 발생할 수 없다. 그래서 공중성의 **금지**는 더 나은 상태로의 한 민족의 진보를, 더욱이 그 민족의 요구의 최소한의 권리, 즉 순전히 그 민족의 자연적 권리에 관한 것에서조차도 그러한 진보를 저해한다.

|90| 그런데 쉽게 간파될 수 있음에도 불구하고 법률[법칙]에 따라 한 민족에게 명령된 또 다른 하나의 숨기기는 그 민족의 구성[입헌]의 참된 성질에 관한 숨기기이다. 영국 민족[90]이 하나의 **무제한적인 왕정체**라고 그 민족에게 말하는 것은 그 영국 민족의 존엄을 손상시키는 일일 것이다. 오히려 사람들은 그 민족이 인민의 대표자들로서 의회의 상하의원들을 통해 군주의 의지를 **제한하는** 헌정체제이기를

원한다. 그렇지만 누구든지 이 대표자들에 대한 그 군주의 영향력이 매우 크고 아주 틀림없다는 것을 잘 알 고 있으며, 그 상하의원들에 의해서는 그 군주가 원하는 것과 그가 그의 장관을 통해 제안하는 것 외에는 아무것도 의결되지 않는다는 것을 매우 잘 알고 있다. 그렇다면 또한 군주는 분명 한번은 (예를 들어 흑인거래와 관련하여) 의회의 자유에 관한 하나의 보여주기 식 증명을 하기 위해 그가 알고도 그 자신에게 모순되게끔 하는 결정들을 제의한다. — 사안의 성질에 대한 이러한 표상[생각]은 참된 헌정체제, 즉 법[권리]에 대해 지속적인 헌정체제가 더 이상 전혀 추구되지 않는 기만적인 것을 그 자체에 지니고 있다. 왜냐하면 사람들은 그러한 헌정체제를 이미 현전하는 한 사례에서 발견하였다고 오산하고, 기만적인 공중성은 매수를 통해 획득한 인민의 대표자들이 인민을 비밀리에 한 **절대 군주**에게 예속시킴에도 불구하고 그 인민으로부터 출발하는 법칙을 통해 **제한된** 하나의 **왕정체***임을 가장함으로써 인민을 속이기 때문이다.

* 직접적으로 그 성질이 통찰되지 않는 하나의 원인은 그것에 불가피하게 결합되는 결과를 통해 발견된다. 하나의 절대적 군주란 무엇인가? — 그 **절대** 군주는 전쟁을 해야겠다고 그가 말하는 경우에 그의 명령에 따라 곧바로 전쟁이 일어나게 하는 자이다. — 그와 반대로 하나의 **제한된** 군주란 무엇인가? 그 군주는 전쟁을 해야 할지 말아야 할지를 미리 인민에게 물어보아야만 하는 자이고, 인민은 전쟁이 있어서는 안 된다고 말하여 전쟁이 없게 하는 자이다. — 왜냐하면 전쟁은 명령을 위한 **모든** 국가의 힘들을 국가통수권자에게 부여해야만 하는 상태이기 때문이다. 그런데 영국의 군주는 전쟁을 위해 저 동의를 구하지 않고서 실로 많은 전쟁을 일으켰다. 그러므로 이러한 왕은 물론 그가 입헌[구성]에 따라 존재하는 군주는 아니겠지만, 항상 그 입헌을 비껴 갈 수 있는 하나의 절대 군주이다. 왜냐하면 그는 바로 저 국가의 힘들을 통해, 즉 그가 모든 관직들과 작위들을 부여하는 것을 자신의 권세 안에 가짐으로써 인민대표자들의 찬성을 보장하여 얻을 수 있기 때문이다. 그러나 이러한 매수체계는 당연히 성취해야 하는 공중성을 지닐 수 없다. 그래서 그 체계는

* * *

인간의 자연적 권리[법]와 합치하는 한 구성[입헌]의 이념. 즉 법칙에 복종하는 자들이 또한 |91| 동시에 통일[합의]하여 입법해야 하는 것은 모든 국가형식들에 근거로 놓여 있고, 그 이념에 따라 순수한 이성개념을 통해 생각되며 하나의 플라톤적인 **이상**[91]이라고 불리는 공동적 존재(**가상계적 공화국***respublica noumenon*)는 하나의 공허한 망상이 아니라 모든 시민적 헌정체제 일반을 위한 영원한 규범이고, 모든 전쟁을 멀리한다. 이러한 헌정체제에 따라 조직된 하나의 시민사회는 자유의 법칙들에 따르는 헌정체제를 경험에서의 한 사례를 통해 현시하는 것(현상계적인 공화국)이고, 다만 다양한 반목들과 전쟁들이 일어난 후에 힘을 들여서만 획득될 수 있다. 그러나 만약 그러한 반목과 전쟁들이 크게 한번 일어나게 되었다면, 그 사회의 헌정체제는 그 전쟁, 즉 모든 선의 파괴자를 멀리하기 위해 모든 것들 중에서 최선의 헌정체제를 위한 자격을 갖추게 된다. 따라서 그러한 하나의 헌정체제에 진입하는 것은 의무이다. 그러나 (그러한 것이 곧바로 성취되지 않기 때문에) 그 의무는 잠정적으로 비록 군주들이 **전제주의적으로** 지배함에도 불구하고 (민주주의적으로가 아니라) **공화주의적으로** 다스리는 군주들의 의무,[92] 즉 비록 인민에게 글자 그대로 인민의 동의가 물어지지는 않을 것이지만, (성숙한 이성을 가진 한 인민이 법칙들을 스스로에게 규정하는 것과 같은) 자유의 법칙들의

매우 잘 들여다보이는 비밀의 베일 하에 있는 것이다.

정신에 따르는 원리들에 따라 인민을 다루는 군주들의 의무이다.

9. 더 나은 상태로의 진보는 인간종에게 어떤 수확을 가져올 것인가?

마음가짐 속에 점점 커져가는 **도덕성**의 어떤 양이 아니라, 어떤 동인들을 통해 행위들이 유발되어 있든지 간에 의무에 맞는pflichtmäßigen 행위들에서 그 마음가짐의 **합법성**Legalität의 산물들이 증가한다. 즉 점점 더 수많아지고 나아지게 되는 인간의 선한 **실행들**, 따라서 인간종의 윤리적 성질의 현상들에서 더 나은 상태를 위한 인간종의 노력의 수확(결과)이 오로지 규정될 수 있을 것이다. — 왜냐하면 우리는 단지 **경험적** 자료(경험들)만을 가지고 있고, 우리는 그 자료들에 이러한 예언을 근거 짓고 있기 때문이다. 말하자면 우리는 그 자체 현상들인 행위들이 발생하는 한에서 우리의 행위들의 물리[자연]적 원인에 이러한 예언을 근거 짓는 것이지, 발생해야 할 것에 관한 것이자 오로지 순수하게, 즉 **선험적으로** 제시될 수 있는 의무개념을 포함하고 있는 도덕적 원인에 근거 짓고 있는 것은 아니기 때문이다.

점차적으로 강자[열강]들 편에서의 폭력행위는 적어질 것이며, 법칙들과 관련하여 순종하는 일이 많아질 것이다. 더 많은 선행, 소송들에서의 더 적은 불화, 약속 지키기에서의 더 많은 |92| 신뢰 등등과 같은 일들이 부분적으로는 명예심으로 인해, 부분적으로는 공동적 존재에서 충분히 이해된 자기 자신의 유익으로 인해 생겨날 것이고, 결국 이러한 일은 또한 그때 인간종 안의 도덕적 기반[도덕적 근본소

질: 마이너 판]이 최소한이나마 증대될 필요 없이도 서로 대외적인 관계 속에 있는 민족들을 세계시민사회[93]에까지 뻗어 나가게 할 것이며, 또한 그러한 일을 위해 일종의 새로운 창조(초자연적인 영향)가 필요치 않을 것이다. — 왜냐하면 우리는 더 나은 상태로의 진보에 대한 희망을 거리낌 없이 한 터무니없는 두뇌의 몽상이라고 간주하고 싶어 하는 정치가의 조롱에 기본적으로 빠지지 않기 위해 우리 스스로에게 그 나은 상태로 진보하고 있는 인간에 관해 또한 너무 많은 것을 약속해야 하는 것도 아니기 때문이다.*

10. **더 나은 상태로의 진보는 오로지 어떤 질서 속에서 기대될 수 있는가?**

* 그런데 (특히 법적인 의도에 있어서) 이성의 요구들에 상응하는 국가헌정체제들을 고안하는 것은 달콤한 일이다. 그러나 그 헌정체제들을 제안하는 것은 **주제넘은** 일이고, 지금 존속하는 헌정체제를 폐지하기 위해 인민을 선동하는 것은 **처벌될 수 있는** 일이다.

플라톤의 아틀란티카Atlantica, **모루스**Morus의 유토피아, **해링턴**Harrington의 오세아나Oceana 그리고 **알레**Allais의 세베람비아Severambia는 차츰 무대에 등장하게 되었지만, 결코 (**크롬웰**Cromwell의 한 전제적인 공화국이라는 실패작은 제외하고) 시도조차도 되지 않았다.[94] — 이러한 국가창조들은 세계창조가 이루어졌던 것과 같이 이루어졌다. 어떠한 인간도 그때 현장에 없었으며, 더욱이 인간은 그러한 창조에 현전하여 있을 수조차도 없었다. 왜냐하면 그렇지 않고서 인간은 자기 자신의 창조자일 수밖에 없었을 것이기 때문이다. 한 국가의 산출은 그것이 아주 늦게 이루어진다고 해도 언젠가는 완성되길 희망하는 것은 여기서 생각되는 것처럼 하나의 달콤한 꿈이다. 그러나 그러한 국가산출에 접근하는 것은 **생각될 수** 있을 뿐만 아니라, 그러한 일이 도덕 법칙과 함께 양립할 수 있는 한에서 국가시민이 아니라 국가 통수권자의 **의무**이다.

대답은 **아래로부터 위로의** 일들의 진행을 통해서가 아니라 **위로부터 아래로의** 진행을 통해서이다. — 가정의 가르침과 더 나아가 하급에서부터 최고에 이르는 학교들에서, 즉 종교론들을 통해 강화된 정신 및 도덕적 문화[도야]Kultur 속에서의 젊은이들의 교육[육성]Bildung을 통하여 궁극적으로 선한 국가시민들을 양성할 뿐만 아니라 계속해서 진보하고 스스로를 유지할 수 있는 선을 위해 양성[교육]하는erziehen 것이 이루어지길 기대하는 것은 바라던 성과를 간신히 희망케 하는 하나의 계획이다. 왜냐하면 인민은 자신의 아이들의 교육[양성]Erziehung의 비용을 그 자신이 아니라 |93| 국가가 부담해야만 한다고 생각하는 반면에, (**뷔싱**Büsching[95]이 고발하는 것처럼) 국가는 그 자신의 입장에서 모든 것을 전쟁을 위해 사용함으로써 유능하고 즐겁게 자신들의 공직에 책임을 지는 교사들의 급료지불을 위해 한 푼의 돈도 남겨 놓지 않을 뿐만 아니라, 만약 이러한 교육의 전체적인 기계적 체제Maschinenwesen가 최상의 국가권세의 한 숙고된 계획과 이 국가권세의 의도에 따라 기획되어 작동되지 않고, 또한 그러한 의도 속에 국가가 시시때때로 자기 자신에 대해서까지 개혁하고 혁명 대신에 진화를 시도하면서 더 나은 상태로 지속적으로 진보하는 일이 들어 있음에도 불구하고 그 체제의 작동 속에서 항상 같은 형태로 유지된다면, 그 기계적 체제는 아무런 연관성도 갖지 않기 때문이다. 그러나 그럼에도 불구하고 또한 이러한 교육[양성]을 야기해야 할 **인간들**, 따라서 그 교육 자체를 위해 양성되어야만 했던 사람들이 있기 때문에, 그러한 하나의 효과를 일으키도록 도와주는 상황들의 우연성 가운데에 있는[우연성과: 마이너 판] 인간적 자연[본성]의 이러한 유약함에 있어서 인간들의 진보에 대한 희망은 적극적인 조건으

로서 단지 위로부터 아래로 내려오는 한 지혜(이것이 우리에게 보이지 않는 경우에 섭리라고 불린다) 속에만 있다. 그러나 여기서 이러한 목적을 촉진하기 위해 **인간들**에 의해 기대될 수 있고 요구될 수 있는 것에 대해서는 한낱 소극적인 지혜만이 기대될 수 있다. 말하자면 그 본성상 약화되지 않고 진정한 법의 원리들에 근거하여 불변적으로 더 나은 상태로 진보할 수 있는 하나의 헌정체제를 들여 놓기 위해 인간들은 도덕적인 것[도덕적인 진보: 마이너 판]의 최대의 장애물, 즉 이러한 도덕적인 것[도덕적인 진보: 마이너 판]을 항상 역행시키는 **전쟁**을 처음에는 점점 더 인간적이게 하고 그 다음에는 더 드물어지게 하며, 종국에는 침략전쟁으로서의 그 전쟁을 완전히 사라지게 할 필요가 있음을 알게 된다는 것이다.

맺음말

자신의 환자들에게[자신의 의사로부터: 마이너 판] 날마다 빠른 회복에 대한 말, 즉 하루는 맥박이 더 낫게 뛴다고 하고, 다른 날은 가래가, 셋째 날은 땀 분비가 더 나아졌다 등등과 같은 말로 위로하였던[위로받았던: 마이너 판] 한 의사[한 환자: 마이너 판]는 그의 한 친구의 방문을 받았다. 친구, 자네의 병세는 어떤가? 이것이 첫 물음이었다. 어떻게 될 것 같은가? **나는 순전히 나아지는 것 때문에 죽겠어**! — 나는 만약 그가 국가의 해악과 관련하여 인간종의 치유와 그 인간종의 더 나은 상태로의 진보에 대해 자신감을 잃기 시작하는 것이라면 그와 같은 어느 누구의 말도 나쁘게 해석하지 않는다. 다만 나는

흄Hume[96]이 언급하는, 그리고 하나의 빠른 치료를 야기케 해줄 영웅적인 약제를 기대한다. "(그가 말하길) 내가 지금 서로 전쟁 중에 있는 민족들을 들여다보면, 그것은 마치 내가 한 도자기 상점에서 몽둥이로 서로 치고 받고 싸우는 술 취한 |94| 두 남자를 보는 것과 같다. 그들은 그들이 서로에 대해 가하는 혹들을 오랫동안 치료해야만 한다는 것으로는 충분치 않기 때문에, 그들은 나중에 또한 그들이 저지른 손해를 배상해야만 한다." **나중에 비로소 프뤼기아인들은 영리해질 것이다***Sero sapiunt Phryges.*[97] 그러나 현재의 전쟁의 후유증들은 정치적 점쟁이에게 이미 지금 예견되어 있는 인간종의 더 나은 상태로의 거의 임박한 한 전환의 생각을 강요할 수 있다.

제3편

의학부와 철학부의 논쟁

[97] 순전히 결단을 통해 마음의 병적인 감정들을 제어하는 마음의 권능에 관하여

궁정고문이자 교수 후펠란트 씨에 대한 답서

만약 늙었다는 것이 중요한 결정[결말]들에 대한 빈번한 유예(**연기** *procrastinatio*)를 이미 함축하고 있는 것은 아니라 할지라도, 혹시 그 늙었다는 것이 항상 너무 일찍 우리에게 통지되고, 그 자체를 다 이야기하길 기다리기에는 한이 없는 죽음을 유예하는 것에 있다면, 아마도 당신에게는 1796년 12월 12일에 나에게 보내준 선물인 가르침이 풍부하고 편안한 당신의 책 『**인간의 생명을 연장하는 기술에 관하여**』에 대한 나의 감사의 말[98]이 그 자체 하나의 장수를 계산해 넣고 있었을 것이라고 올해 1월의 나의 이번 답장의 날짜로부터 미루어 짐작할 만한 이유가 있을 것입니다.

당신은 나에게 "인간에게서의 물리[자연]적인 것을 도덕적으로 논하는 일, 즉 물리[자연]적인 것도 함께 지니는 전체적인 인간을 도덕

성을 계산해 넣은 한 존재로 서술[현시]하고자 하고, 도덕적 문화[도야]가 다만 소질 속이면 어디든지 현전하는 인간본성의 물리[자연]적 완성을 위해 필수불가결한 것임을 보이고자 하는 당신의 노력에 대한 하나의 판단"을 요청하고 있습니다. 그리고 다음과 같이 덧붙이고 있습니다. "적어도 나는 그것이 선입견이 아니었고, 내가 작업과 연구 자체를 통해 저항할 수 없이 이러한 논의방식 안으로 이끌리게 되었다는 것을 보증할 수 있습니다." — 사태에 대한 하나의 그러한 견해는 철학자임을 말해주는 것이며 한낱 이성기술자Vernunftkünstler임을 말해주는 것이 아니라, 프랑스 수도원회의Convent의 원장들 중 한 명과 같이 이성에 의해 처방된 (기술적) 실행의 **수단들**, 즉 어떻게 그 실행이 경험을 제공하는지의 방법을 자신의 의술Heilkunde을 위해 능숙하게 취할 뿐만 아니라 의사 협회의 입법하는 회원으로서 무엇이 **도움이 되는지**에 대해 |98| 능숙하게 처방할 줄 알며, 또한 동시에 무엇이 그 자체로 **의무**인지를 지혜롭게 처방할 줄 아는 순수 이성으로부터 취하는 사람임을 말해준다. 그래서 도덕적-실천 철학은 동시에 물론 모든 것에 대해서 모두에게 도움이 되지는 않지만, 그럼에도 처방전에 결함이 있을 수 없는 하나의 보편의학Universalmedizin을 보여준다.

그러나 이러한 보편수단은 단지 **양생법**Diätetik[그리스어 δίαιτα, 즉 생활방식에서 온 말]에만 해당한다. 말하자면 그 수단은 단지 **소극적으로**만, 즉 질병들을 **방지하는** 기술로서만 작용한다. 그러나 그와 같은 기술은 단지 철학이나 단적으로 전제되어야만 하는 그 철학의 정신이 줄 수 있는 하나의 능력을 전제한다. 다음과 같은 주제 속에 포함되어 있는 최상의 양생법적인 과제는 이러한 정신에 관계하고 있다.

병적인 감정들에 대해 순전히 확고한 결단을 통해 제어하는 인간의 마음의 권능에 관하여

나는 이러한 발언의 가능성을 확인하는 사례들을 **타자의** 경험으로부터가 아니라 우선 내 자신에게 일어난 경험으로부터 가져올 수 있다. 왜냐하면 그 경험은 자기의식에 기인하고 나중에 비로소 다른 사람들에게 그들도 그러한 것을 마찬가지로 그들 자신 속에서 지각하는지를 물어볼 수 있기 때문이다. — 그러므로 나는 나에게 나의 **자아** Ich**가 알려**지도록 하는 것이 필요하다고 생각한다. 그러한 것이 교의론적인dogmatischen 강론*에서는 불손함을 나타내는 일이지만, 만약 그러한 것이 보통의 경험이 아니라 모든 사람이 저절로 그리고 안내되지 않고서는 찬성하지 못하는 어떤 무엇을 그 모든 사람의 판정으로 제시하기 위해 우선 내가 내 자신에게 행했어야만 하는 하나의 내적인 실험이나 관찰을 말하는 것이라면 용납되는 일이다. — 물론 (나에게 있어서의) 주관적인 중요성을 포함하겠지만, (모든 사람에 대해 타당한) 객관적인 중요성을 포함하지 않는 나의 생각의 놀이의 내적인 이야기를 가지고 다른 사람들과 이야기 나누고자 하는 것은 나무랄 만한 월권[불손함]일 것이다. 그러나 만약 자기 자신을 이렇게 주의하는 것과 그것에 의해 나타나는 지각이 그다지 공통적이지는

* 교의론적-실천적인 강론, 예를 들어 모든 사람에게 관련되는 의무들을 목적으로 삼는 자기 자신의 관찰에 대한 강론에서 설교강단의 화자는 내[자아]가 아니라 우리를 통해 말한다. 그러나 이야기[진술]하는 강론이나 (환자가 그의 의사에게 털어 놓는 보고들 같은) 사적 느낌들 또는 자기 자신의 경험 그 자체에 대한 강론에서 그는 내[자아]를 통해 이야기할 수밖에 없다.

않지만, 모두가 그러한 것을 위해 요구된다는 것이 필요하고 그렇게 할 만한 하나의 일이라면, 자신의 사적느낌들을 가지고 다른 사람들과 이야기 나누는 이러한 불쾌함은 적어도 용납될 수 있다.

이제 내가 양생법의 견지에서 행한 나의 |99|자기관찰의 결과를 가지고 감히 나서기 전에, 나는 어떻게 **후펠란트** 씨가 **양생법**, 즉 질병들을 **치료하는 치료법**Therapeutik과 또한 반대로 그 질병들을 **예방하는** 기술의 과제를 설정하는지에 대해 조금 더 알고 있어야만 한다.

그 양생법은 그에게는 "인간의 생명을 연장하는 기술"이라고 한다.

그는 그의 명칭을 인간들이 가장 애타게 소망하는 것으로부터 차용한다. 어쩌면 그것이 그다지 소망할 만한 것이 아닐지 모름에도 불구하고 그는 그렇게 한다. 인간들은 분명 기꺼이 두 가지 소망을 동시에 말하고 싶어 한다. 말하자면 **오래 사는 것** 그리고 **그때 건강한 것**. 그러나 첫 번째 소망은 후자의 소망을 필연적인 조건으로 갖지 않는다. 오히려 첫째 소망은 무조건적이다. 요양원환자가 수년 동안 그의 처지에 시달리게 되고 궁핍하게 되면 그 환자로부터 종종 차라리 빨리 죽음이 그를 이 고통으로부터 구원해 주었으면 하는 소원을 듣게 된다. 사람들은 그를 믿지 않는다. 그것은 그의 진심이 아니다. 그의 이성이 그것을 그에게 권유하지만, 자연본능은 그것을 달리 원한다. 만약 그가 그의 해방자로서 죽음(**하늘의 구원자***Jovi liberatori*[99])에 손짓한다면, 그럼에도 불구하고 그는 여전히 약간의 기한을 요구하고 그의 최종적인 결정을 **유예**(**연기***procrastinatio*)할 그 어떤 하나의 구실을 갖는다. 격렬한 분노에 사로잡혀 자신의 생명에 끝을 내는 자살의 결심도 이러한 것으로부터 예외가 아니다. 왜냐하면 그 결심은 정신착란[광기]을 일으키기까지 격분된 정서의 작용[결과]이기 때문이다. — ("네가 잘 되고 네가 지상에서 오래 사는 것에 대한") 자식의 의무Kindespflicht를 준수하기 위한 두 가지 약속들 가운데 후자의 것, 말하자면 이성의 판단에서조차도 그 후자를 준수하는 것은 동시에 **상을 받을 만한** 것이 되게 하는 의무로서 더 강력한 동인을 포함하고 있다.

이를테면 **나이를 존중하는** 의무는 본래 노인들의 쇠약함에 대해 젊은 사람들에게 요구하는 값싼 관용에 근거하고 있지 않다. 왜냐하면 그 관용은 그 노인들에게 돌리는 하나의 **경의**에 대한 근거가 아니기 때문이다. 그러므로 나이는 또한 어떤 **상을 받을 만한 것**으로 간주되길 원한다. 왜냐하면 나이에는 하나의 **존경**의 권한이 있기 때문이다. 따라서 원로[대가]의 나이Nestorjahre가 동시에 젊은 세대를 지도하기 위한 많고 오랜 경험을 통해 획득한 **지혜**를 지니고 있다고 하는 것과 같은 것 때문이 아니라, 순전히 다만 치욕적인 일이 그러한 나이를 더럽히지만 않았다면, 즉 그러한 한에서 자신을 아주 오래 유지한 사람은 한 이성적 존재에게만 마음에 들 수 있는 가장 자존심을 상하게 할 수 있는 발언("너는 흙이니 흙이 되어야 할 것이다"[100]) 으로서의 사멸성Sterblichkeit을 피할 수 있었던 바, 즉 말하자면 그러한 사람은 아주 오래 살아 자신을 유지한 것을 통해 본보기로 삼아짐으로써 불사성Unsterblichkeit을 획득할 수 있었기 때문일 뿐이다.

|100| 그에 반해 두 번째 자연적인 소망으로서 건강과 관련해서 사정은 곤란할 뿐이다. 사람들은 스스로를 건강하게 **느낄** 수 있지만(자신의 삶의 안락한 감정에 의해서 판단할 수 있지만), 그 자신이 건강하다는 것을 결코 **알** 수는 없다. — 자연적인 죽음의 모든 원인은 질병이다. 사람들이 그 질병을 감지하든지 그렇지 않든지 간에 그렇다. —

조롱하려는 의도 없이 사람들 가운데에는 항상 **병약하면서**도 결코 **병들** 수 없는 이들이 많이 있다고 사람들은 말한다. 그들의 양생[섭생]Diät은 항상 번갈아가면서 그들의 생활방식을 벗어났다가 다시 따르는 식이고, 그들은 삶에서 그러한 일을 비록 기력[힘]을 표현하는 것은 아니라 할지라도 시간적 길이 상 오랫동안 유지한다. 그러나 나는 하나의 온전한 건강을 위해 한 번 받아들인 질서 잡힌 한 삶의 방식에 있어서 스스로 자랑했던 나의 친구들과 지인들을 얼마나 많이 잃었는지 모른다. 그렇지만 죽음의 씨앗(질병)은 발병에 가까워서도 알아차리지 못한 채 그들 속에 놓여 있었고, 스스로 건강하다고 **느꼈던** 이는 그가 병들었다는 것을 **알지** 못했다는 것이다. 왜냐하면 하나의 자연적인 죽음의 원인이 질병 외에는 달리 언급될 수 없기 때문이다. 그러나 그 **인과성**[원인성]은 느껴질 수 없고 그러한 일에 지성이 관여하지만, 그 지성의 판단은 틀릴 수 있다. 반면에 감정[느낌]은 단지 사람들이 스스로 아프다고 **느끼고**, 이러한 병명이 붙여질 때에만 기만될 수 없다는 것이다. 그러나 사람들이 또한 그렇게 **느끼지** 않는다 해도, 인간에게는 [그 인과성이] 은폐되어 금방 발병할 준비가 되어 있을 수 있다. 그래서 이러한 감정[느낌]의 결함은 인간의 건재함에 대해 그는 **외관상으로** 건강하다는 것 외에 다른 표현을 할 수 없게 한다. 그러므로 그러한 점을 고려하면 장수는 단지 **향유된** 건강만을 입증할 수 있고, 양생법은 무엇보다도 생명[삶]을 (**향유하는** 것이 아닌) **연장하는** 기술에서 그 기술의 능숙한 솜씨Geschicklichkeit나 학[체계적 지식]Wissenschaft을 증명해야만 할 것이다. 이러한 것이 또한 **후펠란트** 씨가 마찬가지로 언표하려고 했던 것이다.

양생법의 원칙들

양생법은 **느긋함**[편안함]Gemächlichkeit을 헤아려서는 안 된다. 왜냐하면 자신의 기력[힘]Kraft들과 감정들을 이렇게 아끼는 것은 연약하게 만드는 일이기 때문이다. 즉 그러한 아낌은 허약함과 무력함을 결과로 갖고, 운동의 부족으로 인한 점차적인 생명력Lebenskraft[101]의 소멸을 초래하기 때문이다. 그것은 마치 그 생명력의 빈번하고 강도 높은 사용을 통한 하나의 소진과 같다. 그러므로 양생법의 원리(**너는 참아내고 멀리하라***sustine et abstine*[102])로서 **스토아주의**는 **덕론**으로서의 실천 **철학**에 속할 뿐만 아니라 **의술**로서의 실천 철학에도 속한다. — 만약 자기 자신에게 주어진 원칙을 통해 자신의 감성적인 감정들을 제어하는 인간에게 있는 이성의 |101| 힘[권능]Macht이 삶의 방식을 규정하기만 한다면, 이 의술은 **철학적**이다. 그와 반대로 만약 그 의술이 이러한 느낌들Empfindungen을 일으키거나 물리치기 위해 **자기 밖에서** (약방이나 외과의) 신체[물체]적인 수단들 속에서 도움을 구한다면, 그 의술은 한낱 경험적이고 기계[역학]적mechanisch이다.

따뜻함, **수면**, 비환자에 대한 세심한 **보살핌**은 그러한 느긋함을 길들이는 것들이다.

1) 나 자신의 경험에 따르면, 나는 다음과 같은 지침에 찬성할 수 없다. "머리와 발을 따뜻하게 유지해야 한다." 이렇게 권고된 것과는 반대로 나는 양자를 차게 해야 한다고 생각한다(러시아인들은 가슴도 그래야 한다고 생각한다). 이것은 바로 **나를 감기 들지 않게 하기** 위한 세심함 때문이다. 따뜻한 물로 발을 씻는 것이 겨울철에 얼음처

럼 찬 물로 그렇게 하는 것보다 당연히 더 편안[느긋]하다. 그러나 그렇게 함으로써 심장으로부터 멀리 떨어져 있는 부분들의 혈관들이 늘어지는 해악을 피하게 된다. 그 해악은 노년에 종종 더 이상 나아질 수 없는 발의 질병을 초래한다. — 특히 추운 날씨에 복부를 따뜻하게 유지하는 것은 느긋[편안]함에 속하기보다는 오히려 양생법적인 지침에 속할 것이다. 왜냐하면 복부는 그 안에 하나의 긴 통로를 관통하여 하나의 비-액체적인 물질을 내보내야 하는 장들을 감싸고 있기 때문이다. 본래 따뜻함 때문은 아니지만, 노인들에게서는 소위 혁대 Schmachtriemen(하복부를 지탱하고 그 하복부의 근육들을 지지하는 하나의 넓은 인대)도 그러한 양생법적 지침에 속한다.

2) **오래** 또는 (반복적으로 점심휴식[낮잠]을 통해) **많이 잠자는 것**은 물론 그만큼 일반적으로 깨어 있는 삶이 불가피하게 동반하는 불편을 면하게 하는 것이지만, 삶의 대부분을 잠자기 위해 하나의 장수를 소원하는 것은 충분히 놀랄 만하다. 그러나 여기서 문제 삼고 있는 것, 즉 이러한 장수의 추정적 수단인 그 느긋[편안]함은 그 장수의 의도에 모순된다. 왜냐하면 긴 겨울밤에 번갈아 깨어나고 다시 잠드는 것은 전체 신경체계를 마비시키며 깨트리고, 기만적인 휴식으로 인해 힘이 다 없어지게 하기 때문이다. 따라서 여기서 느긋[편안]함은 생명을 단축시키는 하나의 원인이다. — 침대는 수많은 질병들의 둥지이다.

3) 불편함(예를 들어 나쁜 날씨에 외출하는 일)을 피하는 것을 통해서나 일반적으로 스스로 수행할 수 있을 일을 다른 사람에게 맡기는 것을 통해 순전히 자신의 힘을 **아끼고**, 그렇게 생명을 |102| 연장하기 위해 노년에 스스로를 **보살피거나** 보살피게 하는 이러한 세심함은

바로 역효과, 즉 더 일찍 늙고 생명을 단축시키는 일을 야기한다.— 매우 늙어버린 사람들이 **대부분 결혼한** 사람들이었을 것이라는 것도 증명하기 힘들 것이다. — 몇몇 가문들에서 늙는 것은 유전적이고, 그러한 한 가문에서의 짝짓기는 충분히 이러한 종류의 가문의 유형을 근거 지을 수 있다. 비록 경험이 항상 서로 나란히 유별나게 늙어버린 사람들에 대한 사례들을 비교적 단지 적게 보여준다고 해서, 짝을 이룬 삶을 장수하는 하나의 삶으로 칭송하는 것이 또한 결혼을 장려하기 위한 나쁜 정치적 원리는 아니다. 그러나 여기서 문제는 단지 늙는 것의 생리학적 근거에 관한 것일 뿐이다 — 즉 어떻게 자연이 그 늙는 것을 처리하는지에 관한 문제일 뿐이지, 어떻게 국가의 편리가 공적인 견해를 국가의 의도에 맞게 조정되도록 요구하는지와 같은 정치적 이유에 관한 것은 아니다. — 그 밖에 **철학함**Philosophieren은 그렇다고 굳이 철학자가 될 필요 없이 또한 많은 불쾌한 감정들을 막는 수단이고 동시에 외적인 우연성들로부터 독립적이며 바로 그 때문에 비록 단지 놀이로서만 작용함에도 불구하고 강력하고 마음속 깊이 느껴지며 생명력을 멎게 하지 않는 하나의 관심Interesse을 자신의 업무로 삼는 마음의 **선동**Agitation을 막는 수단이기도 하다. 그와 반대로 (하나의 절대적인 통일성이라는) 이성의 궁극목적의 전체에 대한 자신의 관심을 갖는 **철학**은 생명의 가치에 대한 이성적인 평가를 통해 노년의 신체적인 허약함을 일정 정도 족히 보상할 수 있는 힘[기력]의 한 감정을 지닌다. — 그러나 자신의 인식의 확장을 위해 새로이 열리는 전망들은 그것들이 비록 곧바로 철학에 속한 것은 아니라 할지라도 또한 철학과 동일한 것이나 그와 유사한 것을 수행하고, 수학자가 이러한 일에 대해 (다른 의도를 위한 하나의 도구에 대한 관심으로서가 아닌) 하나의 **직접적인** 관심을 취하는 한에서 그는 또한 철학자이고, 다시 젊어지고 기력이 쇠함 없이 연장된 삶 속에서 자신의 힘들이 그런 식으로 자극되는 유익함을 향유한다.

그러나 또한 [철학의] 대용물로서 염려 없는 한 상태에서의 한낱 시시덕거림[수다]들도 제한된 두뇌들에게는 거의 동일한 것을 수행하고, 항상 전혀 아무것도 하지 않는 사람들은 일반적으로도 늙게 된다. — 매우 나이 많은 한 사람은 그의 방에 있는 괘종시계들이 다른 시계들과 동시에가 아니라 항상 서로 연이어서 종치게 하는 일에 하나의 커다란 흥미를 느꼈다. 그러한 일은 그와 시계장이를 하루 종일 족히 바쁘게 만들었고, 그 시계장이에게는 돈벌이하도록 해 주었다. 다른 한 사람은 그의 지저귀는 새를 먹이고 보살피는 일에 있어서 |103| 그 자신이 먹이 주는 일과 수면 사이의 시간을 채우기에 충분히 바쁘게 느꼈다. 한 부유한 늙은 부인은 물레에서 이러한 시간 채우기를 하였으며, 그때 끼어든 중요하지 않은 대화들 가운데에 있었고, 그래서 그녀의 매우 많은 나이 때문에 하나의 좋은 사교Gesell-schaft를 잃어버린 것에 대해서 한탄했던 것처럼 그녀가 이제는 더 이상 손가락들 사이의 실을 더 이상 느낄 수 없었을 것이기 때문에 그녀가 오랫동안[지루하게] 죽어가는 위험에 빠진 것이라고 한탄하였다.

그렇지만 장수에 대한 나의 담론이 당신에게 또한 지루함lange Weile이 되지 않고, 바로 그 지루함을 통해 위험하게 되지 않기 위해 나는 이것으로써 사람들이 노년의 한 결함이라고 나무라는 것이 아니라 비웃곤 하는 수다스러움에 한계를 긋고자 한다.

1. 질병불안증*Hypochondrie*에 관하여

자신의 병적인 감정들 일반에 한 특정한 객체[대상]Objekt 없이 의기소침하게 (따라서 그 감정들을 이성을 통해 제어하려는 시도를 하지 않고서) 스스로를 넘겨주는 나약함—즉 신체에 전혀 정해진 자리를 갖지도 않고 상상력의 한 피조물이어서 또한 **고안해내는** 병이라 할 수 있을—환자가 책들에서 읽는 모든 질병들을 자신에게서 감지한다고 생각하는 **기우병**Grillenkrankheit(**유행 질병불안증***hypochondria vaga*)*은 자신의 병적인 감정들을 제어하는 저 마음의 능력에 대한 반대의 경우, 즉 인간에게 닥칠 **수 있을** 해악들이 발생하게 되면 저항할 수 없이 그것들에 휩싸이는 겁먹음이다. 그것은 일종의 망상이며, 그 망상에는 물론 충분히 그 어떤 질병의 소재(가스가 차는 일 또는 변비)가 근거로 놓여 있을지 모르지만, 그 망상은 직접적으로 어떻게 그러한 소재가 감관을 촉발[자극]하는지를 느끼게 되는 것이 아니라 고안하는 상상력에 의해 당면한 해악으로서 나타나게 되는 것이다. 그렇게 되면 이때 자기 스스로 괴롭히는 자Selbstquäler(*heautontimorumenos*[103])는 스스로 용기를 내는 대신에 불필요하게 의사의 도움을 요청한다. 왜냐하면 단지 그 자신만이 스스로 그의 생각의 놀이에 대한 양생법을 통해 본의 아니게 떠오르는 괴롭히는 생각들과 더욱이 해악들이 실제로 나타난다고 해도 그것들에 맞서 아무것도 할 수 없는 그러한 해악들에 관한 생각들을 제거할 수 있기 때문이다.—이러한 질병에 걸린 사람에 대해서, 그리고 그가 그러한 한에서 사람들

* **국소적인**topischen 기우병(**내적 질병불안증***hypochondria intestinalis*)과는 구별된다.

은 그가 그의 병적인 감정들을 순전히 결단을 통해 제어해야 한다고 요구할 수 없다. 왜냐하면 |104| 만약 그가 이러한 것을 할 수 있다고 한다면 그는 질병불안증 환자가 아닐 것이기 때문이다. 한 이성적인 인간은 그러한 질병불안증을 **확정하지** 않는다. 오히려 기우, 즉 스스로 생각해 낸 해악으로 인해 나타나려고 하는 두려움들이 그를 엄습하는 경우 그는 그 두려움들의 한 대상이 현존하고 있는지를 스스로 묻는다. 만약 그가 이러한 두려움에 대해 근거지어진 원인을 제시할 수 있는 어떤 것도 발견하지 못하거나 설령 그러한 어떤 것이 실제로 있다고 할지라도, 그때 그것의 작용을 피하기 위해 행하는 것이 아무것도 가능하지 않다는 것을 알아차린다면, 그는 그의 내적인 감정에 대한 이러한 요구와 더불어 그날의 일과를 진행한다. 즉 그는 그의 불안함(그렇다면 이것은 순전히 국소적이다)을 (그 불안함이 그와는 아무 상관이 없는 것인 양) 그 불안함의 자리에 놔두고 그가 행해야만 하는 일들에 주의를 기울인다.

나는 심장과 폐의 움직임을 위한 활동공간이 많지 않은 평평하고 좁은 가슴 때문에 어린 시절부터 생의 권태기에까지 달했던 질병불안증에 대한 자연적 소질을 가지고 있다. 그러나 이러한 심장압박의 원인이 어쩌면 순전히 기계적이어서 해결될 수 없다는 숙고는 곧바로 내가 그것에 대해 전혀 신경 쓰지 않게 했고, 내가 가슴에 불안[답답]함을 느꼈던 반면에 머릿속에는 안정과 명랑함이 지배하도록 했다. 그 안정과 명랑함은 사교에서도 (질병불안증적인 것에 빠지는 것과 같은) 변덕스러운 기분에 따라서가 아니라 의도적이고 자연스럽게 함께 이야기 나누기에 부족함이 없게 했다. 그리고 사람들은 삶의 자유로운 사용 속에서 **행하는** 것, 즉 **향유하는** 것을 통해 삶을 더 많이 기뻐하기 때문에, 정신의 작업들은 하나의 다른 종류의 촉진된 삶의 감정Lebensgefühl을 순전히 신체에 관계하는 저해들에 대항시킬 수 있다. 나에게 그 불안감은 남아 있다. 왜냐하면 그 원인이 나의 신체적인 구조에 놓여 있기 때문이다. 그러나 나의 사고들과 행위들에 대한 그 불안감의 영향들에 대해 나는 마치 그것이 나와 전혀 상관이 없는 것인 양 이러한 감정들로부터 주의를 돌리는 것을 통해 제어하게 되었다.

2. 수면에 관하여

터키인들은 그들의 예정Prädestination의 원칙들에 따라 적절함[절제]Mäßigkeit에 대해 다음과 같이 말한다. 즉 세계의 시초에 각각의 인간에게는 그가 살아있는 동안 얼마만큼 먹게 될지에 대한 정량이 할당되어 있다고 하고, 만약 그가 많은 양의 허락된 몫을 먹는다면, 그는 **먹기** 위해, 따라서 **존재하기** 위해 자신에게 그만큼 더 짧은 시간이 주어져 있음을 헤아릴 |105| 수 있다고 한다. 그것은 **어린이교설**[자녀교육]Kinderlehre로서(왜냐하면 음식을 즐기는 일Genißen에 있어서는 성인들도 의사들에게 종종 아이들처럼 취급될 수밖에 없기 때문이다) 하나의 양생법에서 또한 규칙으로 사용될 수 있다. 말하자면 각각의 인간에게는 애초부터 불행하게 자신의 수면의 정량이 할당되어 있어서 자신의 성년의 생애를 너무 많이(3분의 1이상) **수면**에 할애한 사람은 잠자기 위해, 즉 살아서 늙어지기 위해 자신에게 긴 시간을 기약하지 못한다는 것이다. — 단잠Schlummer의 달콤한 향유(스페인 사람들의 **씨에스타**Siesta[낮잠])로서 또는 (긴 겨울밤의) 시간단축으

로서의 수면에 자신의 생애의 3분의 1보다 훨씬 더 많이 할애하는 사람이나, 또한 자신에게 그 수면을 매일 조금씩이 아니라 부분적으로(사이를 두어) 할당하는 사람도 그의 **삶의 양**Lebensquantum과 관련하여 부분적으로는 정도에 있어서, 부분적으로는 길이에 있어서 매우 오산하는 것이다. — 그런데 한 인간은 수면이 일반적으로 그를 위한 욕구가 아니길 바라기 힘들 것이기 때문에(그렇지만 그로부터 분명 그는 장수에 의해 아주 많이 잠잔 그만큼 많은 수고로움을 짊어지는 일을 그에게서 면하게 해준 그 장수를 하나의 긴 괴로움으로 느낀다는 것이 밝혀지기 때문에), 감정에 대해서뿐만 아니라 이성에 대해서도 이러한 향유와 실행 없는 3분의 1을 완전히 한 편에 제쳐두고 그 3분의 1을 불가결한 자연회복Naturrestauration에 맡기는 것이 상책이다. 그렇지만 그 자연회복이 어디서부터 그리고 얼마나 오랫동안 지속해야 할지에 대한 하나의 정확한 시간을 측정하여 그렇게 해야 할 것이다.

정해지고 익숙한 시간에 잠잘 수 없는 것이나 또한 깨어 있을 수 없는 것, 그러나 특히 전자, 즉 이러한 의도로 침대에 누워도 잠들지 않은 채로 있는 것은 병적인 감정들에 해당한다. — 머릿속에서 모든 **생각들**을 물리치라고 하는 것은 물론 의사가 하는 통상적인 권고이다. 그러나 그 생각들이나 그 자리에 다른 생각들이 다시 나타나서 깨어 있게 된다. 그 어떤 일어나는 한 생각을 감지하거나 의식하게 될 때, (마치 감은 눈으로 이쪽에서 다른 쪽으로 향하는 것과 같이)

즉각적으로 그 생각으로부터 주의를 돌리는 것 외에 다른 양생법적 권고는 없다. 그러면 그때 의식하게 되는 모든 생각의 중지를 통해 점차적으로 그 표상[생각]들의 엉클어짐이 발생하며, 그것을 통해 그의 신체적인(외적인) 상태의 의식이 지양되고 하나의 전혀 상이한 질서Ordnung, 즉 상상력의 한 비자의적인 놀이(건강한 상태에서의 **꿈**)가 등장하며, 그 놀이 속에서 동물적인 |106| 조직Organisation의 한 경탄할 만한 기교Kunststück를 통해 신체는 동물적인 움직임에 대해 **긴장이 풀어지지**는 반면에 생명의 움직임Vitalbewegung에 대해서는 가장 심하게 **동요**되며, 더욱이 우리가 깨어나서는 기억하지 못함에도 불구하고 일어날 수밖에 없는 **꿈들**을 통해 동요된다. 왜냐하면 그렇지 않고 그 생명의 움직임이 전적으로 결핍된 경우, 즉 만약 표상들이 자리하고 있는 뇌에서 출발하는 정신력[신경의 힘]Nervenkraft이 내장의 근력과 통일되어 작용하지 않았다면, 생명은 한 순간도 유지될 수 없었을 것이기 때문이다. 그래서 추측컨대 모든 동물들은 잠잘 때 꿈을 꿀 것이다.

그러나 위에서 언급한 자신의 생각들을 모두 다른 곳으로 돌린다고 해도 아직까지는 침대에 잠잘 준비를 하여 누운 모든 사람이 잠들 수는 없을 것이다. 이러한 경우에 그 사람은 뇌 속에서 또한 관찰[주시]과도 족히 연관이 있는 어떤 **경련적인 것**Spastisches(Krampfartiges)을 느낄 것이다. 한 인간이 깨어난 직후에는 다만 그가 침대에 누워 있고 그때 깨어있었을 때보다 대략 $\frac{1}{2}$인치 더 길어진다고 한다.—불면은 허약한 노년의 한 결함이고 일반적으로 말해서 왼쪽이 더 약한 쪽이기 때문에,* 나는 대략 한 해 전부터 이러한 경련적인 증상의 엄습과 이러한 종류의 매우 민감한 자극들(물론 경련들처럼 그러한

자극들에 의해 촉발된 지체들의 실제적이며 볼 수 있는 움직임들이 아닌 자극들)을 느꼈으며, 그 자극들을 나는 다른 사람의 설명에 따라 **통풍**痛風**성**gichtische 발작들[105]로 간주하게 되었고 의사를 찾아야만 했다. 그러나 이제 나는 수면에 방해된다고 느끼는 것을 참지 않고 즉시 나의 생각들을 |107| 그 어떤 한 대상, 즉 그것이 무엇이든 간에 나에 의해 선택된 무차별적인 대상에 대한(예를 들어 수많은 부수적 생각들에 포함된 이름 키케로Cicero에 대한) 열중과 연결시키는 수단, 따라서 저 느낌에 대한 주의를 돌리는 나의 스토아적 수단을 취한다. 그러면 그것을 통해 그 느낌은 더욱더 신속히 둔감해져서 졸음이 그 느낌을 압도하게 된다. 나는 이렇게 밤잠을 잠시 중단시키는 일이 재발하는 경우에는 언제든지 즉각적이며 훌륭한 성과를 지닌 이러한 수단을 반복할 수 있다. 그러나 다른 사람에게서 아침 일찍 나타나는 왼발의 발가락들이 붉게 달아오르는 홍조는 이러한 것이

* 자신의 외적인 지체들을 사용함에 있어서의 강함과 관련하여 신체의 양쪽 중 어느 쪽이 더 강한 쪽인지 또는 더 약한 쪽인지는 순전히 훈련과 얼마나 일찍 습관이 되었는지에 달려있다고 하는 것은 전혀 옳지 않은 하나의 주장이다. 즉 펜싱시합에서 사브르[칼]가 오른팔로 휘둘러져야 할지 아니면 왼팔로 휘둘러져야 할지, 기사가 등자에 발을 딛고 말 위로 오른쪽에서 왼쪽으로 올라야 할지 아니면 그 반대로 올라야 할지와 같은 것들. 그러나 경험은 왼발에서 자신의 신발의 크기를 재도록 한 사람에게서 신발이 왼발에 정확히 맞는다면 오른 발에는 너무 꽉 끼이며, 그에 대한 책임이 부모에게 돌려질 수 있는 것이 아니라, 그 부모의 아이들이 더 잘 배우지 못했었던 것임을 가르친다. 그것은 왼쪽보다 오른쪽을 선호하는 것과 같은 경우로서 약간 깊은 한 구덩이를 넘어가려고 하는 사람이 왼발을 딛고 오른발로 넘어가는데, 그렇지 않은 경우 그는 그 구덩이에 빠질 위험이 있다는 것에서도 알 수 있다. 프로이센의 보병이 왼발로 **첫발을 내딛도록** 훈련된다는 것은 저 명제를 반박하는 것이 아니라 오히려 그 명제를 확인하는 것이다. 왜냐하면 그는 왼쪽에 대해 오른쪽으로 수행하는 공격의 도약을 오른쪽으로 하기 위한 하나의 회전[지지]점Hypomochilum[104]과 같은 것으로서 이 왼발을 앞으로 내딛기 때문이다.

한낱 상상된 고통들과 같은 것이 아니었다는 것에 관해 나를 납득시킬 수 있었다. — 나는 (다만 그와 같은 결단의 힘을 갖지 못하는 여자들과 아이들은 예외로 하고) 많은 **통풍성** 발작들, 만약 향유[만끽]Genuss의 양생[섭생]Diät이 너무 심하게 거스르지만 않는다면, 물론 **경련들**Krämpfe과 **간질성**epileptische 발작들뿐만 아니라 치료 불가한 것으로 소문난 **발통풍**Podagra까지도 그것이 새로이 엄습할 때마다 (그러한 하나의 고통에 대한 자신의 주의를 돌리는) 결단의 이러한 확고함을 통해 멈춰질 수 있을 것이고, 차츰차츰 나아질 수 있을 것이라고 확신한다.

3. 먹고 마시는 것에 관하여

건강한 상태와 젊은 시절에 단순히 **식욕**Appetit(배고픔과 목마름)에 대해 문의하는 것은 시간과 양에 따른 향유[음식 즐기기]를 고려해 볼 때 가장 권고될 만한 것이다. 그러나 나이와 더불어 나타나는 허약한 상태에서는 검증되고 치료에 효험이 있다고 생각되는 한 삶의 방식의 일정한 **습관**, 즉 장수에 가장 유익한 양생[섭생]법적인 하나의 원칙을 하루 지킨 것처럼 바로 그렇게 그것을 매일 지키는 것이 가장 권고될 만한 것이다. 그렇지만 이러한 식사[식이요법]Abfütterung는 거부하는 식욕에 대해서는 그에 해당하는 예외를 만든다는 조건하에서 그렇다. — 이를테면 이러한 식욕은 노년에 특히 남성에게서 일정량의 유동식(수프나 많은 물을 마시는 것)을 거부한다. 반면에 더 단단한 음식과 더 자극적인 음료(예를 들어 포도주)는 **지렁이 형태의** 창자운동(이 창자는 그것이 따뜻한 채로 동물에 의해 찢기고 잘리게 되는

경우에 지렁이들처럼 꿈틀거리기 때문에 모든 내장들 가운데에 **자신의 고유한 생명력***vita propria*을 가장 많이 가지고 있는 것으로 보이며, 사람들은 그 창자의 작업을 느낄 수 있을 뿐만 아니라 더욱이 들을 수 있기까지 하다)을 촉진하게끔 하고, 동시에 |108| 창자를 자극하는 것을 통해 혈액이동을 위한 운반체[?]Geräder를 순환 속에 유지하도록 촉진시킬 수 있는 요소들Teile을 혈액순환 속에 들어가게끔 한다.

그러나 노인들에게서 물은 만약 그것이 이동하기 위해 혈관들을 자극하고 피에 동화되는 요소들(이와 같은 것이 포도주이다)을 그 자체에 포함하고 있지 않다면 피에 수용되어 혈액으로부터 신장을 통해 방광에 이르는 긴 분리의 과정을 거치는 데에 더 오랜 시간을 필요로 한다. 그래서 포도주는 약으로 사용되며, 바로 그 때문에 섭생[양생]법에 속하지 않는다. 대부분은 단지 습관일 뿐인 물마시기(목마름)에 대한 욕구Appetit의 엄습에 즉각적으로 부응하지 않고 이에 대해 취한 하나의 **확고한 결단**은 이러한 자극에 대해 단단한 음식물들에 곁들일 수 있는 유동식에 대한 자연적인 욕구를 제한하게끔 하지만, 노년 자체에 있어서는 많은 양의 유동식을 즐기는 것이 자연본능을 통해 거부된다. 이렇게 많은 양의 물을 마신 경우에는 잠을 잘 자지도 못하고, 적어도 깊이 잠들지도 못한다. 왜냐하면 그것을 통해 피의 온도가 떨어지기 때문이다.

다음과 같은 물음은 빈번하게 제기되는 물음이다. 24시간 동안 잠만 자는 것처럼 또한 바로 그렇게 많은 시간 동안 식사만 하는 것이 양생[섭생]법적 규칙에 따라 허용될 수 있는가, 아니면 밤에 대신 음식을 섭취할 수 있기 위해 점심식탁의 식욕을 어느 정도 절제하는 것이 **더 나은**(더 건강한)가. 물론 후자의 것이 시간을 더 절약하는 것이다.— 나는 소위 최선의 연령(중년)에서는 전자의 것을 더 유익하다고 생각하지만, 늦은 나이에는 후자의 것을 더 유익하다고 생각한다. 왜냐하면 소화를 위해 창자가 작용하는 진행단계가 젊은 연령에서보다 노년에서 의심의 여지없이 더 느리게 경과하므로 전자의 경우 소화 진행단계가 아직 경과하지 않았음에도 불구하고 (저녁식사에서) 하나의 새로운 과제를 자연에 부과하는 것은 건강에 해로울 수밖에 없다고 생각될 수 있기 때문이다.— 그런 식으로 점심의 충분한 포식 후에 일어나는 저녁식사에 대한 충동은 하나의 병적인 감정[느낌]Gefühl으로 간주될 수 있으며, 그 느낌[감정]은 하나의 확고한 결단을 통해 잠시 후 그 느낌의 엄습마저 더 이상 느끼지 못할 만큼 제어될 수 있다.

|109| 4. 부적절한 사유의 시간으로 인한 병적인 감정에 관하여

한 학자에게 **사유**는 하나의 양식이다. **그가 깨어 홀로 있다**면, 그 사유 없이 그는 살 수 없다. 그런데 저 사유는 **학습**Lernen(독서) 또는 **창안**Ausdenken(추고追考Nachsinnen와 고안Erfinden) 속에 있을 것이다. 그러나 식사하거나 걸으면서 동시에 한 특정한 생각에 열심히 몰두하는 것, 즉 머리와 위장 또는 머리와 발에 동시에 두 가지 일로 부담지우는 것에 의해 하나는 질병불안증을 일으키며, 다른 것은 현기증을 일으킨다. 그러므로 양생법을 통해 이러한 병적인 상태를 제어하기 위해서는 위장이나 발의 기계적인 일을 사유의 정신적인 일과 번갈아 하고, 이러한 (원기회복Restauration을 위해 마련된) 시간 동안에는 의도적인 사유를 중지하고 (기계적인 것과 유사한) 상상력의 자유로운 놀이를 진행시키는 것 외에 더 이상 아무것도 요구되지 않는다. 그러나 그 원기회복을 위해 한 연구자[공부하는 자]Studierende에게는 일반적으로 정해진 확고한 **양생**의 한 결단이 사유 속에 요구된다.

만약 사람들이 사교 없는 식사시간에 동시에 독서나 추사유Nachdenken에 몰두한다면 병적인 감정[느낌]들이 나타난다. 왜냐하면 생명력은 두뇌작업을 통해 부담을 지고 있는 위장으로부터 파생되기 때문이다. 이러한 추사유가 (산책하기에서) 힘을 소모하는 발의 작업과 결합될 때에도 마찬가지이다.* (또한 **야간의 학문적 작업**Lukubrieren이 일상적인 것이 아니라면 그것도 여기에 추가될 수 있다.) 그렇지만 이러한 적절치 못한 시간에(**지혜의 여신 미네르바의 의지에 거슬러***invita Minerva*[106]) 실행한 정신작업들로 인한 병적인 감정[느낌]들은 그 감정들이 직접적으로 순전히 결단을 통해 순식간에 개선되는 방식에 의해서가 아니라 오로지 습관을 버리는 것을 통해, 즉 하나의 대처 원리에 의해 차츰차츰 개선되는 것이다. 그리고 여기서는 단지 전자의 것에 관해서만 이야기되어야 한다.

* 연구자[공부하는 자]들Studierende은 외로운 산책길에 추사유를 함으로써 자기 자신과 홀로 이야기 나누는 것을 그만두기 어려울 수 있다. 그러나 나는 그러한 것을 나에게서 발견하였고, 그것은 또한 내가 그것에 관해 물어봤던 다른 사람들에게도 해당되었다. 빠른 **걷기**에서 열중한 사유는 힘을 소모시키는 것이다. 그와 반대로 상상력의 자유로운 놀이에 자신을 맡긴다면, 그 움직임은 회복시키는 것이다. 이러한 일은 이렇게 추사유와 더불어 움직이면서 동시에 다른 한 사람과 이야기를 나누게 되는 경우 좀 더 많이 일어난다. 그래서 사람들은 곧바로 자신의 생각들의 놀이를 앉아서 속행시킬 필요가 있음을 느끼게 된다. — 트인[열린] 곳에서의 산책하기는 바로 대상들을 바꾸는 것을 통해 각각의 개별적인 대상들에 대한 자신의 주의의 **긴장을 푸는** 의도를 갖는다.

[110] 5. 호흡에서 결단을 통한 병적인 발작들의 개선과 방지에 관하여

나는 몇 년 전부터 때때로 코감기와 기침에 시달리곤 하였다. 나에게 그 두 경우는 이제까지 그러한 경우가 잠자리에 드는 시간에 발생했을 때 한층 더 불편했다. 말하자면 나는 이렇게 밤잠을 방해하는 것에 대해 화가 나서 첫째 경우와 관련해서는 굳게 다문 입술로 철저히 코를 통해 공기를 들이마시기로 결심하였다. 그것은 나에게 처음에는 단지 하나의 약한 피리소리와 함께 이루어졌고, 내가 그것을 중단하거나 누그러뜨리지 않았기 때문에 점점 더 강한 피리소리가 나면서 결국에는 완전히 자유로운 공기유입이 이루어졌으며, 그것이 그렇게 코를 통해 이루어진 후에 나는 곧바로 잠들었다.— 소위 발작적이고 중간에 갑작스레 일어나는 들숨과 더불어 (웃을 때의 계속적인 날숨과 같지 않은) 간헐적으로 울려 퍼지는 날숨, 즉 **기침**과 관련하여 말하자면, 특히 영국의 보통 사람이 (침대에 누워서 하는) 노인기침이라 일컫는 그 기침은 나에게 더욱 더 불편했다. 왜냐하면 그 기침은 지금까지 침대에서 따뜻해지자마자 일어나서 잠들기를 지연시켰기 때문이다.

그런데 열린 입으로 들이 쉰 공기가 기관후두를 자극함으로써 일어나게 되는 이 기침*을 [111] 저지하는 것은 기계적인 (약학적인) 조치가

* 또한 주위공기는 그것이 (따라서 입술을 다물고 있을 때) 유스타키오관을 통해 순환하는 경우 그 공기가 뇌에 가까이 놓여 있는 이 우회로에 산소를 공급하는 것을 통해 마치 공기를 **들이마시는** 것과 유사한 느낌, 즉 이때 이 공기가 아무런 냄새를 갖지 않음에도 불구하고 후각신경들과 그 신경들에 가까이 놓여 있는 빨아들이는 혈관들을 강화하는 것과 유사하게 강화된 생명기관을 상쾌하게 하는 느낌을 일으키지 않겠는가? 많은 날씨의 경우에는 공기를 만끽하는 이러한 상쾌함이

아니라 단지 직접적인 마음의 조작을 필요로 했다. 즉 그것은 이러한 자극에 대한 **주의**를 그 주의가 (위에서처럼 발작적인 경우에) 그 어떤 한 대상으로 향하게 되는 것을 통해 완전히 돌린다는 것이고, 그것을

없다. 다른 한편으로 산책 중에 그 공기를 길게 연이어 들이마시는 것은 참으로 쾌적한 일이다. 열린 입으로 들이쉬는 것은 그러한 것을 보장하지 않는다. 그런데 입술을 다문 채 코를 통해 호흡하는 것을 가장 깊은 수면상태에서도 다르게 행해지지 않도록 하고, 열린 입으로 행해지는 즉시 깨어나도록 하고, 말하자면 그렇게 하는 즉시 깜짝 놀라게 될 만큼 **습관**으로 만드는 것은 양생법적으로 가장 중요하다. 나는 처음에 그러한 방식으로 호흡하는 것이 나에게 습관이 되기 전에 한동안은 그러한 것을 경험하였다. — 만약 힘 있게 걷거나 오르막을 걸어야 할 필요가 있는 경우에는 저 규칙을 벗어나지 않고, 그 규칙에 대해 하나의 예외를 만들기보다는 자신의 걸음을 적절케 하는 보다 큰 강도의 결단이 필요하다. 마찬가지로 한 교육자[교사]Erzieher가 자신의 학생들에게 부여하고자 하는 강한 운동에 관한 문제에서도 이 교육자는 그들이 입을 통한 빈번한 들숨과 함께 움직이도록 하기보다는 입을 다물고 하도록 한다는 것이다. 나의 젊은 친구들(예전의 수강자들)은 이러한 양생법적인 준칙을 검증되고 효험 있는 것으로 칭송하고, 그 준칙을 사소한 것으로 여기지 않는다. 왜냐하면 그 준칙은 의사를 필요 없게 만드는 간단한 자가처방이기 때문이다. — 또한 다음과 같은 사실은 특기할 만하다. 오랫동안 진행된 **말하기**에서 **들숨**은 또한 아주 빈번히 열린 입을 통해 이루어지며, 따라서 이때 저 규칙이 해를 입지 않으면서도 위반되는 것처럼 보이지만, 실제로 그 들숨의 사정은 그렇지 않다는 것이다. 왜냐하면 그 들숨은 **코**를 통해서도 이루어지기 때문이다. 그렇다면 이 코가 때에 따라 막히는 경우 사람들은 화자에 대해 그가 실제로 코를 통해 말하지 않음에도 코(하나의 매우 거슬리는 소리)를 통해 말한다고 할 것이고, 반대로 그가 실제로 코를 통해 말함에도 코를 통해 말하지 않는다고 할 것이다. 이것은 궁정고문 **리히텐베르크**Lichtenberg 씨가 불쾌하게 느끼고 있는 것이지만, 제대로 알아차리고 있는 것이다. 그것은 또한 왜 오랫동안 크게 말하는 사람(낭독자 또는 설교자)이 목쉬지 않고 시간 내내 그 말하기를 유지할 수 있는지에 대한 이유이기도 하다. 즉 그의 호흡은 본래 입을 통해서가 아니라 코를 통해 이루어지며, 입을 통해서는 **날숨**만이 행해지기 때문이다. — 지속적으로 다문 입술로 호흡하는 이러한 습관의 한 부수적 장점은 사람들이 최소한 그 자신만은 담화 속에 있지 않은 경우 그때 항상 분비되고 인두를 적시는 **타액***Saliva*이 동시에 소화제(위 분비액*stomachale*)로서 작용하며, 만약 사람들이 그 타액을 통상의 습관을 통해 허비하지 않기로 정말 확고하게 결심하였다면, 아마도 (삼켜서) 또한 유도제로서도 작용한다는 점이다.

통해 공기의 내뱉기가 저지되었다는 것이다. 그것은 나에게 내가 그것을 분명히 느꼈듯이 피를 얼굴로 몰았으며, 그러나 그때 동일한 자극을 통해 일어난 액상의 침(*saliva*)이 이러한 자극의 작용, 즉 공기의 내뱉음을 저지하여 이 액체를 삼키게 하였다. — 하나의 마음조작은 그것을 위해 정말 대단히 확고한 결단이 필요하지만, 그러면 그럴수록 더 유익하다.

6. 다문 입술로 호흡하는 습관의 귀결에 관하여

그 습관의 **직접적인** 귀결은 그 습관이 수면 중에도 지속되고, 내가 우연히 입술을 열고 호흡이 입을 통해 이루어지면 즉시 잠에서 놀라 깨어나게 된다는 것이다. 그로부터 잠과 그 잠과 함께 꿈은 |112|깨어있는 상태로부터 완전히 벗어난 것이 아니라는 것과 또한 자신의 상태에 대한 하나의 주의가 저 상태[수면] 속에 함께 뒤섞이지 않는다는 것을 알게 된다. 그렇다면 따라서 이것은 (산책과 같은 것을 위해) 보통 때보다 일찍 일어나야겠다고 저녁에 미리 계획한 사람들이 잠자는 중간에도 들어야만 했고 주의를 기울여야만 했던 시내의 타종시계들을 통해 깨워지게 됨으로써 또한 더 일찍 **깨어난다**는 것으로부터도 그러한 것을 추측할 수 있는 것과 같다. — 이러한 신통한 습관의 **간접적인** 귀결은 다음과 같다. (의도된 내뱉기로서 가래를 **토해내는 것**이 아니라) 비자의적으로 강요된 기침이 양 종류의 상태에서 방지되고 그렇게 순전히 결단의 힘을 통해 하나의 질환이 방지된다는 것이다. — 나는 심지어 불 꺼지고(곧바로 침대에 눕고) 난 후 나에게 한 번 심한 갈증이 찾아들어 물 마심으로 그 갈증을 해소하기 위해

내가 어둠 속에서 다른 방으로 가서 이리저리 더듬거리는 것을 통해 물그릇을 찾아야만 했을 때, 나는 가슴을 들어 올릴 만큼 차이나는 심한 호흡을 하였고, 말하자면 코를 통해 공기를 **들이마시게** 되었으며, 그것을 통해 그 갈증이 몇 초 안에 해소되었다는 것을 발견하였다. 그것은 하나의 반대자극을 통해 개선되었던 하나의 병적인 자극이었다.

맺음말

병적인 발작Zufälle들, 즉 이 발작들과 관련하여 마음이 그 발작들의 감정을 이성적 동물의 한 영장으로서 인간의 순전히 단호한 의지를 통해 제어할 수 있는 능력을 지니고 있는 병적인 발작들은 모두 경련적인spastischen(krampfhaften) 종류의 것들이다. 그러나 거꾸로 이러한 종류의 모든 발작들이 순전히 확고한 결단을 통해 저지되거나 개선될 수 있다고 말해질 수는 없다. — 왜냐하면 그러한 발작들 중 몇몇은 그 발작들을 결단의 힘에 예속시키는 시도가 오히려 그 병적인 고통을 더 강화시키는 성질이 있기 때문이다. 말하자면 내 자신의 것과 같은 경우로서 대략 한해 전에 코펜하겐 신문에서 "**머리압박**과 결합된 전염성 카타르Katarrh[호흡기 점막염증]"로 기술된* (그런데 나한

* 나는 그 질병을 부분적으로 뇌에 일어난 하나의 통풍으로 간주한다. [옮긴이: Katarrh는 본래 그리스어 katárrhous, 즉 흘러나옴이라는 뜻을 지니며, 그에 따라 고대인들은 뇌에서 흘러나오는 점액질이 이 질병의 원인이라고 생각하였다. 그러나 이 질병은 실제로는 독감에 의한 호흡기 점막염증으로서 코감기의 증상을 보인다.]

테서는 그보다 거의 한해 전에 나타났지만 유사한 느낌인) 질병은 내 자신의 두뇌작업에 있어서 나를 와해시켰으며, 적어도 약화시켜 멍하게 만들었고, 그때 이 압박이 노년의 자연적인 허약함에 |113|가해짐으로써 실로 생을 곧 마감케 할 것처럼 만들었다.

사유가 한 개념(결합된 표상들에 대한 의식의 통일성)을 굳게 붙잡고 있는 한에서 그 사유에 동반되어 힘들게 하는 환자의 병적인 성질은 사유와 추사유 자체, 그리고 마찬가지로 이전에 생각했던 것과 관련한 기억을 본래는 약화시키지 않지만, (입을 통하거나 글로 이루어지는) 진술에서 표상들을 흩어지지 않도록 그 시간계열에 따라 확고히 유지하는 것을 보장해야 하는 하나의 압력으로서의 사유 기관(뇌)의 한 발작적인 상태의 감정[느낌]을 산출하며, 그 자체 서로 이어지는 표상들이 바뀔 때 그 표상들에 대한 의식의 통일성을 유지할 능력이 없는 상태로서 뇌의 한 비자의적인 발작적 상태를 야기한다. 그래서 다음과 같은 일이 나에게 일어난다. 모든 담화에서 언제나 그렇게 하듯이 내가 우선 (청자들이나 독자들에게) 내가 말하고자 하는 것을 위해 준비하는 경우 그 준비하는 것에서 **어디로** 내가 가고자 하는지의 대상을 물어야만 하며, 그 다음에는 그 전망 속에서 그 대상을 또한 **어디로부터** 내가 출발하고 있는지에 대한 물음에로 되돌려 보내고(그러한 두 가지 안내들 없이 담화의 연관성은 없다), 이제 나는 후자를 전자와 연결시켜야 하며, 내가 한 번은 나의 청자에게 (또는 암묵적으로 나 자신에게) 다음과 같은 것들을 물어야만 한다는 것이다. 그런데 나는 어디에 있었는가? 어디로부터 내가 출발했는가? 어떤 오류가 단지 기억의 오류만은 아닌 정신의 한 오류인지뿐만 아니라 (연결함에 있어서의) **침착함**의 결함인지, 즉 비자의적인 **방심**

인지, 그리고 더욱이 저술들에서 (특히 철학적인 저술들에서, 왜냐하면 거기서는 어디로부터 출발했는지 항상 그렇게 쉽게 되돌아 볼 수 없기 때문에) 모든 노력에도 불구하고 결코 완전히 **방지할** 수 없기는 하지만 간신히 예방할 수 있는 매우 괴롭히는 하나의 오류인지를 물어야만 한다.

자신의 개념들이나 그 개념들의 대표들(크기[양]부호와 숫자)을 직관 속에서 스스로 내세울 수 있고, 자신의 범위가 미치고 있는 한에서는 모든 것이 옳다는 것을 보장할 수 있는 수학자는 철학, 특히 순수철학(논리학과 형이상학) 학과의 작업자와는 그 사정이 다르다. 이 작업자는 자신의 대상을 허공에 떠다니는 채로 간직할 수밖에 없고, 그 대상을 부분적으로뿐만 아니라 언제나 동시에 (순수 이성의) 체계의 한 전체 속에서 스스로 현시해야만 하고 검사해야만 한다. 그래서 만일 한 형이상학자가 한 다른 학과의 연구자나 그와 같은 실무철학자들Geschäftsphilosophen보다 오히려 **무능하게**[쓸모없게]invalid 보인다면, 그것은 놀랄만한 일이 아니다. 그럼에도 불구하고 저 학과에 전적으로 헌신하는 약간의 |114| 사람들이 있어야만 한다. 왜냐하면 형이상학 없이는 도대체 어떠한 철학도 있을 수 없을 것이기 때문이다.

이로부터 또한 어떻게 해서 누군가가 자신에게 책임이 있는 어떤 업무와 관련하여 자신을 환자명부에 올려야만 함에도 불구하고 **자신의 나이에 있어서** 건강하다고 자랑할 수 있는지가 설명될 수 있다. 왜냐하면 그 **무능력**은 동시에 생명력의 사용과 또한 이 사용에 의한 그 생명력의 소비와 소모를 막는 것이기 때문에, 이를테면 그 누군가는 단지 (식물처럼 살아가는 존재로서) 보다 낮은 수준에서 살고 있다고, 즉 먹고 걷고 잠잘 수 있다고 고백하는 것이며, 자신의 동물적 실존에 있어서는 건강하지만 시민적인(공적인 업무들에 책임이 있는) 실존에 있어서 병든, 즉 무능하다고 말하는 것이기 때문에, 이 죽음의 후보자는 여기서 전혀 스스로 모순되지 않는다.

인간의 생명을 연장하는 기술은 다음과 같이 안내한다. 결국 사람들이 살아있는 것들 가운데에서 다만 그렇게 견뎌진다는 것은 반드시 가장 기뻐할 만한 처지는 아니라는 것이다.

그러나 나는 이러한 것에 대해 스스로 잘못한 책임을 갖고 있다. 도대체 왜 나는 또한 애쓰는 젊은 세대에 자리를 내주려 하지 않고, 살기 위해 나에게서 삶의 익숙한 향유를 축소시키려 하는가? 왜 나는 하나의 허약한 생명을 단념[자제]들을 통해 이례적인 길이로 연장하고자 하며, 자연적으로 더 약한 자들의 형태와 그 약한 자들의 추정적인 생의 기간이 함께 계산되어 있는 죽음의 간지들Sterbelisten[망자명부][107]을 나의 사례를 통해 혼란시키려 하고, 이성이 직접적으로 치료력을 발휘하는 보편적인 양생법적 규칙으로 어렵게 받아들여지는, 그래서 언젠가는 약제실의 치료 정식들을 몰아낼 내 자신의 확고한 결단 하에 보통은 사람들이 (겸허하고 엄숙하게 받아들인) 운명이라 일컫은 모든 것을 예속시키려고 하는가?

후기

따라서 나는 인간의 (또한 특별히 문학적인literarische) 삶을 연장하는 기술의 저자에게 그가 호의를 갖고서 독자들(지금 특히 안경의 해악을 좀 더 심하게 느끼고 있을 수많은 여성독자들)의 눈을 보호하

는 것을 고려하도록 요청해도 된다. 그 독자들의 **눈**은 지금 도서인쇄업자들의 (그렇지만 글자들은 그 자체에 회화처럼 단적으로 아름다운 아무것도 지니고 있지 않기 때문이라는) 궁색한 변명으로 인해 모든 면에서 사냥감이 되어 있다. 모로코에서 모든 집을 흰색으로 칠함으로써 |115| 도시 주민의 대부분이 눈이 먼 것처럼 유사한 원인에 의한 이러한 해악이 우리에게도 들이닥치지 않기 위해서는 도리어 해당 도서인쇄업자들이 경찰법칙들 하에 소환되어야 할 것이다. — 이와 반대로 현재의 **유행**은 그것을 다르게 원한다. 말하자면,

1) 검정색이 아닌 **회색** 잉크로 인쇄하기(왜냐하면 그렇게 하는 것이 깨끗한 흰 종위 위에 더 연하고 부드럽게 찍히기 때문이라고 한다).

2) 브라이트코프 식Breitkopfschen 활자체들Lettern, 즉 그 이름처럼 넓은 머리의(말하자면 고정을 위한 식자판植字版의) **글자들**Buchstaben에 보다 더 잘 들어맞을 활자체들이 아니라 발[밑] 부분의 폭이 좁은 **디도 식**Didotschen 활자체들로 인쇄하기.[108]

3) 독일어 내용의 한 작품을 **라틴어** (더욱이 굽은-)서체로 인쇄하기. 그 라틴어 서체에 관해 브라이트코프는 근본적으로 다음과 같이 말하였다. 아무도 자신의 눈으로 보기에 그 라틴어 서체를 읽는 것을 독일어 서체를 읽는 것만큼 오래 유지하지 못한다고 한다.

4) 가능하기만 하다면 아주 작은 글자로 인쇄하기. 더불어 하단에 첨부하는 것과 같은 주해들에 대해서는 (눈에 가까스로 들어오는) 좀 더 작은 글자로 읽을 수 있게 되어 있다.

이러한 폐해를 조정하기 위해 나는 다음과 같은 것을 제안한다. (본문과 각주에 대한) 베를린 월보의 인쇄를 견본으로 삼을 것을 제안한다. 왜냐하면 사람들은 어떤 읽을거리를 취하든지 간에 위와 같은

독서를 통해 상한 눈이 마지막의 견해를 통해 인지할 만큼 강해졌다고 느낄 것이기 때문이다.*

I. 칸트

* (본래적인 눈병들이 아닌) **눈의 병적인 증상들** 가운데에서 나는 맨 처음으로는 나의 40대에 한번 나에게 일어났고 그 후에는 몇몇 해의 사이사이에 때때로 일어났지만, 지금은 한 해에도 여러 번 일어난 한 증상에 대한 경험을 하였다. 그 현상은 다음과 같다. 내가 읽는 책장 위에서 한 번에 모든 글자들이 엉클어지고 그 책장을 뒤덮은 어떤 밝기를 통해 뒤섞여서 전혀 읽을 수 없게 된다는 것이다. 6분 이상을 지속하지 않는 그 상태는 종이에 쓴 설교문을 읽는 데에 익숙한 한 설교자에게는 매우 위험할지도 모른다. 그러나 나한테는 해당하는 준비 후에 (머릿속에서 나오는) 자유로운 강론이 이루어질 수 있는 나의 논리학 또는 형이상학 강의실에서의 이러한 증상이 실명의 전조가 아닐까 하는 염려 외에는 아무것도 발생하지 않았다. 그렇지만 나는 지금 그러한 염려에 대해 안심하고 있다. 왜냐하면 나는 지금 그 밖의 증상들보다 더 빈번하게 나의 건강한 한쪽 눈에 일어나는 (왜냐하면 왼쪽 눈은 대략 5년 전부터 시력을 잃어버렸기 때문에) 이러한 증상에 있어서 명료함에 대한 최소한의 저하도 느끼지 못하기 때문이다. — 우연히 나는 저 현상이 일어났을 때, 나의 눈을 감게 되었고, 좀 더 잘 외부의 빛을 차단하기 위해 나의 손을 눈 위에 얹어 놓게 되었고, 그러고 나서 나는 한 종이 위에 암흑 속의 인광물질로 그려진 것과 같은 하나의 밝은 흰색의 형태를 보았으며, 그것은 달의 위상의 마지막 국면[그믐달]das letzte Viertel im Kalender이 표상되는 형태와 유사하지만, 볼록한 면이 톱니모양으로 된 |116| 가장자리를 지니는 그 형태는 점차적으로 그 밝기를 잃어버려 위에 언급한 시간 동안에 사라졌다. — 나는 다음과 같은 것을 한번 알고 싶다. 이러한 관찰이 다른 사람들에게도 일어나는지, 그리고 아마도 본래는 눈이 아니라 — 즉 그 눈[안구]을 움직일 때 동시에 이러한 상이 함께 움직이지 않고, 항상 동일한 자리에서 보이는 것으로 보아 — **공통의 감각기관***Sensorium commune*에 자신의 자리를 가지고 있을지 모르는 이러한 현상이 어떻게 설명될 수 있는지. 동시에 한쪽 눈이 (내가 헤아리기에 대략 3년이라는 시간 안에) 그 시력을 **잃을** 수 있으며, 그 **결함을 아쉬워**하지 않는다는 것은 희한한 일이다.

옮긴이 후기

우리가 고전이라 부르는 문헌들이 현재에도 읽히고 읽혀야 하는 이유는 그것들이 단순히 고전이기 때문이 아니라 시간을 초월하여 타당한 보편적 진리를 서술하기 때문이며, 바로 그 이유 때문에 고전이라 불릴 것이다. 그러나 우리 시대와 사회에는 그 보편적 진리와 가치가 무시되고 오히려 개별적이고 특수한 가치들만이 부각되고 있다. 그것은 아마도 그 개별성과 특수성이 우리의 삶 가운데 전면에 드러나 우리의 삶과 사회를 주도하는 것으로 보이기 때문일 것이다. 그렇다면 왜 보편인가? 왜냐하면 그 개별성과 특수성이 우리의 삶과 사회를 주도하는 것으로 보이고, 어떤 특수한 이익을 가져다줄지는 모르지만 시간과 공간에 제약될 수밖에 없고, 우리의 삶과 사회를 보장하고 지속 가능케 하는 것은 보편적 진리와 가치이기 때문이다. 그렇다면 어떤 무엇이 보편적 진리를 서술하고 있는지 어떤지는 누가 판단하는가? 오로지 사유하는 자(또는 초월론적으로 철학하는 자)만이 판단할 수 있다. 바로 이 물음과 관련한 논쟁과 답변을 서술하는 칸트의 이 작품도 그 고전이란 명칭을 붙이기에 아무런 결함이 없다.

1798년에 출판된 이 작품은 『실용적 관점에서의 인간학』과 함께 칸트의 생전에 그 스스로 출간한 마지막 저술이다. 이 책의 제목 『학부들의 논쟁』이 서술하는 것은 대학에 설립된 학부들의 학문과 정부와 사회에 미치는 그 학문들의 영향과 권한에 대한 논쟁이다. 본래 이 작품은 칸트가 순수한 종교론과 경험적 계시 종교론의 충돌로서의 신학부와의 논쟁만을 기획하였던 것이지만, 그 당시의 '영혼의 장소'에 대한 학문적 물음에 대한 판단가능성과 관련하여 해부학적-심리학적 분과인 의학부와 심리학적-형이상학적 분과인 철학부 사이의 충돌의 문제와 나아가 『속설에 대하여』에서 다루었던 이론과 실천의 관계에서의 철학부와 법학부의 논쟁, 즉 순수한 법론과 경험적 정치의 충돌에 대한 문제로까지 확대 구성하게 된 것이다. 이 세 부분은 칸트 말대로 '상이한 시기에', 그리고 '상이한 의도로' 작성되었지만, 학문의 선험적 원리와 경험적 원리 간의 충돌을 다룬다는 점에서 하나의 체계 안에 놓일 수 있다. 그렇지만 그 내용 면에서는 제1장 신학부와의 논쟁만큼 뒤의 두 학부들과의 논쟁이 그다지 풍부하거나 상세하지 않기 때문에 칸트 말처럼 세 부분이 '분산되는 것을 예방하기 위해' 한 권의 책으로 묶었다는 것이 더 타당할 것이다. 나는 여기서 이 책을 독해하면서 들었던 두 가지 생각을 언급하고자 한다. 하나는 대학에 관한 것이고, 다른 하나는 종교에 관한 것이다.

칸트가 이 저술에서 갖고 있는 근본적인 생각은 학문에 있어서는 유용성이 아니라 진리가 관건이어야 한다는 것이다. 그 당시 행해지던 대학들에서의 실천과 관련하여 칸트의 불만과 비판은 바로 이 점에 있다. 네 개의 학부로 이루어지는 전통적인 유럽 대학들의 편제상 신학부, 법학부 그리고 의학부는 상위 학부로 분류되고, 철학부는 하위 학부로 분류된다. 철학부는 오늘날 독일 대학의 편제와 분류에 따르면 정신과학부Geisteswissenschften와 자연과학부Naturwissenschaften를 합한 것에 해당하며, 우리의 분류법에 의하면 인문학부와 이학부에 해당한다. 칸트에 따르면 상위 학부들은 국가 또는 정부의 통치를 위해 유용한 수단들로 이용되는 연구와 이론들을 다루는 학부들로서 일종의 정부의 도구들로 간주된다. 반면에 유일하게 철학부만이 자기 자신의 이론적인 전제들과 저 상위 학부들에 대해 비판할 수 있는 능력과 역량을 지니며, 순수하게 학문적 관심에 기인하는 자신의 연구들과 이론에 있어서 정부의 검열과 지침, 그리고 그 밖의 모든 것으로부터 독립적이며 무제한적인 자유를 가지며, 또 가져야 한다고 칸트는 주장한다. 이러한 관점에서 순진한, 그러나 전적으로 옳은 칸트는 언젠가는 그 서열이 뒤바뀌어 철학부가 상위 학부가 될 것이라는 희망을 본문에서 피력하고 있다. 그 희망의 근거는 철학부가 직접적인 정부의 도구로서 역할하지는 않지만, 그 직접적인 도구로 작용하는 상위 학부들의 이론들과 교설들이 그것들을 검사하고 비판하는 기능 없이는 정부에 해를 입힐 수도 있기 때문에 철학부가 그러한 기능을 담당함으로써 궁극적으로는 정부에 도움이 된다는 것이다. 하지만 그 요원한 희망은 아직까지도 이루어지고 있지 않다. 사실 칸트에게 그 희망이 이루어지는지 그렇지 않은지가 중요한 것이 아니라, 이미 철학부가 그 학문 자체의 성격과 권리 상 상위 학부임을 선언하고 있는 것이다. 신학도들에게는 실망스러울 수도 있겠지만, 신학부를 제외하고 신기하게도 그 서열은 2백 년이 훨씬 넘은 지금도 여전히 지켜지고 있는 것으로 보이고, 법학부와 의학부는 최고의 인기학부임을 자부하고 있다. 왜냐하면 이 두 학부는 여전히 정부의 유용한 도구역할을 하기도 하지만, 일반인들의 가장 확실하고 유용한 신분상승의 도구로서 작용하고 있기 때문이다. 그런데 지금은 상위 학부에서 탈락된 것으로 보이는 신학부도 정치와 종교가 통일되어 있는 이슬람권 국가들에서는 아마도 여전히 그 지위를 누리고 있을 것이다.

이렇게 칸트가 비판적으로 재정립하고자 하는 대학에서 학부들의 위상과 순수한 이성의 학문적 관심에 기인하는 진리탐구와 이론중심의 연구기관이라는 대학의 이념은 여전히 무시되거나 간과되고 있는 것으로 보인다. 적어도 우리에겐 갈수록 더 학문의 유용성이 우선시되고 있다. 나는 무조건적으로 그 학문의 유용성을 반박하고 싶지 않다. 학문의 진리를 논하는 것은 고사하고 단지 학문의 유용성을 얻기 위해 우리는 터무니없이 높은 가격의 대학교육이라는 상품을 사야만 한다. 솔직히 그 상품의 품질에 비하면 돈이 아깝다. 이러한 현상과 반대로 지금까지 공적인 교육이 자국의 국민을 계몽시키고 높은 수준의 교육을 통해 궁극적으로 국가와 정치에 도움이 될 수 있기 때문에 공적인 교육이 상품으로 판매될 수 없다는 기본적인 생각이 반영된 국가교육기관으로서의 유럽 대학들 대부분은 수업료를 받지 않는다. 그것은 위와 같은 칸트의 진술, 즉 대학이 국가의 또는 정부의 통치와 실무에 도움을 주기 위한 인재를 양성하는 교육기관이라는 전통적이고 역사적인 배경과 맥을 같이 한다. 그래서 유럽인들에게 학문과 교육을 상품으로 판매하는 것은 낯설고 심기 불편한 사안이다. 예를 들어 독일 기본법(헌법)에 모든 국민은 무상으로 교육받을 권리가 있다는 조항이 있다는 것은 입법자의 의도가 그러한 정치적 유용성 내지는 교육을 통한 국민통제를 염두에 둔 것이라 할지라도 국민의 보편적 권리를 제대로 반영한 것으로 모두에게 환영 받을 수 있는 입법이다. 좋게 해석해서 그것은 자국민의 교육은 국가가 책임지겠다는 선언이다. 물론 지금의 독일은 상황이 변하여 수업료를 낼 수 있는 자는 낼 수 있다는 내용을 가진 그 헌법조항의 부속조항에 대한 헌법학적 해석을 근거로 내세워 대학들을 관할하고 있는 각 주정부에 수업료 징수의 가능성을 열어줌으로써 대부분의 주정부는 그 관련법을 입안하고 통과시켜 많은 주들의 대학들에서 한 학기당 300에서 500유로의 수업료를 받고 있는 실정이다. 그런데 물론 결과론적인 이야기이긴 하지만, 지금껏 독일을 비롯한 많은 유럽의 국가들이 그러한 무상의 대학교육을 통해 우선적으로는 탁월한 학자들과 그 학문적 성과들을 만들어낸 것으로 보이며, 또 그 학문적 성과들을 바탕으로 정치적이고 경제적인 효과들도 이뤄낸 것으로 보인다. 이러한 현상의 원인은 바로 유럽의 대학들이 지금까지의 과정 속에서 서로 충돌할 수 있는 위에서 언급한 두 가지 기능, 즉 학문의 유용성과 진리탐구 및 비판의 기능을 적절하게 수행하였던 것이라고 볼 수 있다. 이제 우리에게도 대학이란 무엇인가라는 본질규정의 물음과 더불어 무엇 때문에 대학은 여기 우리에게 존재하는가라는 목적규정의 물음이 물어져야 한다. 그러한 대학의 본질규정과 목적규정을 도외시한 터무니없이 값비싼 저질의 교육상품을 구매한 국민이 과연 국가에 또는 사회에 필요하고 능력 있는 인재가 되고, 그 국가의 체제를 유지하는 데에 도움을 줄 수 있겠는가?

두 번째 생각, 지금은 상위학부에서 탈락된 것으로 보이지만 당시에는 최고의 권세를 누렸던 신학부와의 논쟁, 즉 이 책의 중심적인 논쟁을 통해 나 스스로 계몽되었던 종교에 관한 생각을 말하고자 한다. 칸트는 『영원한 평화를 위하여』(도서출판 b, 52쪽 각주)에서 "종교들의 상이성: 하나의 기묘한 표현!"이라고 하며, "모든 인간과 모든 시대에 있어서 타당한 하나의 유일한 종교만이 있을 수 있다"고 말하고 있다. 여기 이 작품에서도 칸트는 종교는 하나라는 근본적인 생각을 전개하고 있다. 우리가 흔히 말하는 상이한 종교는 칸트에 따르면 단지 신앙방식의 차이일 뿐이다. 칸트가 의미하는 종교는 인간의 삶의 실천적인 보편적 진리로서, 그리고 우리 안의 신적인 것으로서 인간의 도덕적 당위, 도덕성에 대한 믿음 또는 신앙이다. 그것이 바로 하나의 이성종교 또는 종교신앙으로서의 칸트적인 보편종교의 의미이다. 일반적으로 사용되는 종교宗教religio의 개념은 초월적인 힘들에 대한 숭배와 신봉, 신적인 것에 대한 각각의 가르침, 인간의 모든 신앙고백들 등등을 총괄하는 개념이다. 그러나 종교를 의미하는 각기 다른 언어들에 이러한 의미들이 담겨져 있지만, 그 안에서 종교 자체의 통일적인 의미를 찾아내기는 어렵다. 예를 들어 일반적으로 종교의 의미와 관련되는 산스크리트어의 다르마Dharma는 법칙, 윤리 그리고 질서의 의미를, 스루트리Srutri는 들음의 의미를, 박티Bhakti는 믿음과 신성숭배의 의미를 지니며, 한자의 종교는 으뜸 되는 가르침 또는 하늘의 가르침을, 도道는 신적인 길을 뜻한다. 종교의 의미를 갖는 희랍어들은, 예를 들어 노모스νόμος(종교적-법칙적 질서), 라트레이아λατρεία(신의 숭배), 테라페이아θεραπεία(신에 대한 예배) 등등이 있고, 라틴어에서는 라틴어 성경텍스트를 지칭하는 불가타Vulgata가 보통 종교religio로 번역되며, 이 두 말이 쓰이는 곳에서는 대부분 라틴어 Septuaginta로 번역되는 히브리어huqqat(법칙, 규정)와 ha-'abodā(신에 대한 숭배와 예배)가 근거로 놓여 있다. 칸트는 이 모든 낱말들의 의미를 포괄하면서도 거기에서 모든 비이성적인 의미를 제거한 개념으로서의 종교를 취한다. "종교는 신적인 계시들로서 어떤 교설들의 총괄개념이 아니라(왜냐하면 그러한 총괄개념은 신학이라 불리기 때문에), 신적인 **명령들**로서 (그리고 주관적으로 그 명령들을 그 자체로 따르는 준칙으로서) 모든 우리의 의무들 일반의 총괄개념이다. 도덕이 의무들 일반에 관계하기 때문에 종교는 질료 Materie, 즉 객체에 따라서는 어떤 한 부분에 있어서도 그 도덕으로부터 구별되지 않고, 오히려 도덕과 종교의 구별은 한낱 형식적일 뿐이다. 즉 종교는 도덕에다 이성 자체로부터 산출된 신의 이념을 통해 인간적 의지의 모든 의무들을 이행하도록 그 인간적 의지에 끼치는 영향력을 갖춰주기 위한 이성의 입법이다. 그러나 그 때문에 또한 종교는 단지 하나의 유일한 종교일 뿐이고, 상이한 종교들이라는 것은 없다. 그렇지만 신적인 계시에 대한 상이한 신앙방식들과 이성으로부터 나올 수 없는 그 계시의 조례적 교설들, 즉 신적인 의지에다 마음들Gemüter에 대한 영향력을 마련해 주기 위해 그 신적인 의지에 대한 감성적인 표상방식의 상이한 형식들이 분명히 존재한다. 우리가 아는 한 그 형식들 가운데에 기독교가 가장 적당한 형식이다."(본문 52쪽) 여기서 가장 중요한 것은 '신적인 것'das Göttliche에 대한 해석이다. 칸트의 입장에서 신적인 것, 또는 신은 우리가 그것을 우리 안의 도덕적인 것, 즉 우리 안의 초감성적인 것으로 파악할 때만 우리에게 유의미하고 신의 객관적이고 실천적인 실재성을 획득할 수 있는 것이다. 그리고 이러한 것에 대한 칸트적 은유가 바로 "내 위에 별이 빛나는 하늘과 내 안의 도덕법칙"(AA V 161쪽, 『실천이성비판』, 최재희 옮김, 177쪽)이다.

하나의 유일한 종교라는 측면에서 기존의 기독교, 불교, 힌두교, 이슬람교, 유대교 등등의 각기 다른 신앙방식들은 그 차별성이 없어지고, 그것들이 이성적 종교, 즉 보편종교의 입장을 버리는 순간, 그것들이 자연주의적이건 신비주의적인 간에 하나의 '미신'으로 전락한다. 따라서 모든 신앙방식들, 우리가 서로 다른 종교라 부르는 것들은 칸트에 따르면 행위의 실천적인 보편적 진리를 가르치는 이성종교의 수레여야 한다. 그 보편적 진리는 도덕법칙으로서 의무와 당위의 윤리, 즉 도덕성이다. 이러한 맥락에서 칸트는 기독교와 성경을 해석하고 독해해야 한다고 주장하고 있다. 그러므로 이 작품의 제1장 신학부와의 논쟁은 단순한 기독교 비판이 아니라 하나의 종교비판이고 하나의 도덕신학이다. 이러한 비판을 통하여 칸트는 이제껏 철학이 신학의 시녀라는 정치적 배경의 폄하에 대해 반격한다. 이 반격은 먼저 크리스티안 볼프에게서 시작된 것이기는 하지만, 그가 이 반격의 근거를 이렇게 상세하게 제시하고 있지는 않다. 볼프의 반격은 마이너판 편집자 미주 26번을 참고하면 될 것이고, 칸트의 반격은 이렇다. "철학부는 자신의 은혜로운 부인 **앞에서 횃불을 들고 있는가** 아니면 **뒤에서 치맛자락을 들고 있는가**"(본문 39쪽).

이 작품에서도 칸트의 도덕철학, 윤리학이 적용되어 서술되고 있다. 이 칸트의 윤리학에 대한 가장 대표적이고 핵심적인 비판은 '해야 한다'는 것이 '할 수 있다'로의 이행을 보장하지 않는다는 것이다. 이에 대한 칸트의 이 작품에서의 반론은 해야 하기 때문에 할 수 있다는 것이 아니라, 할 수 있기 때문에, 즉 인간에게 할 수 있다는 능력이 전제되기 때문에 해야 한다는 것이다. 그것은 분명한 이성의 사실이다. 따라서 그 비판은 우리에게 도덕적 행위를 할 수 있는 능력이 있음을 망각하거나 포기하는 것이며, 자신의 무책임함을 고백하는 것이다. 자기 행위에 대한 무책임함은 어떠한 경우에도 변호될 수 없다.

우리가 하늘을 쳐다보며 저 구름들 너머의 어딘가에 있을 것이라고 생각하는 신을 나는 이제 부정한다. 그러한 신은 적어도 나에게만큼은 없다. 설령 그러한 신이 있다손 치더라도 우리와는, 적어도 나와는 상관없는 신이다. 우리가 죽음 뒤에 맞을 거라 기대하는 천국과 열반의 세계, 그리고 영원한 생명도 마찬가지이다. 우리의 정신과 행위 속에 신이 있을 뿐이다. 우리의 정신과 행위 속에 악마가 있을 뿐이다. 내 안의, 우리 안의 신에 대한 존재 증명은 소크라테스와 예수, 붓다 그리고 수많은 도덕적-실천적 진리의 순교자들의 정신과 행위 속에 있다. 그 정신이 바로 지금 여기 우리에게 신의 나라를 실현해 보여주며 우리의 정신 속에서 그 생명을 연장하고 있는 것이다. 이제 우리는 이제껏 듣고 믿었던 믿음이 무엇인지, 즉 그 믿음의 대상이 무엇인지, 구원이 무엇을 의미하는지를 철저하게 의심하고 그것이 맹목적인 믿음이었다면 내다 버려야 할 것이다. 현재의 기독교가, 불교가 그리고 그 밖의 모든 세계의 종교가 보편적 도덕적 가치를 가르치고 행하는 보편적 신앙과 보편종교로서가 아닌 하나의 신앙방식에만 머물러 있다면, 초자연적이고 신비주의적인 미신과 다르지 않은 한낱 하나의 무의미한 신앙방식으로만 기능할 것이다.

이 책이 처음으로 우리말로 번역되어 소개될 수 있어서 옮긴이는 매우 기쁘다. 이 번역본이 아마도 거친 번역일 것이고, 많은 실수들을 담고 있겠지만, 첫 길을 내는 것이기에 번역상의 오류에 대한 질책들은 좀 더 나은 길을 닦는 데에로 인도할 것이다. 그리고 나는 그것을 기대하고 있다. 이 첫 소개의 기쁨과 두근거림을 준 도서출판 b의 조기조 대표님과 편집과 교정에 늘 수고 많고, 탁월하게 그 일을 수행하시는 백은주 선생님, 이 책을 비롯하여 모든 출판 관련일과 규모있게 출판사를 꾸리는 일에 고생하면서도 많은 양의 한라봉 유통에 도움을 주신 김장미 선생님, 그리고 도서출판 b의 편집위원님들, 특히 번역원고 전체를 읽고 번역상의 개선을 위해 큰 도움을 주신 이신철 선배님께 깊은 감사의 마음을 전한다.

2012년 7월 제주

오진석

마이너 판 편집자 미주

1) 칸트는 칼 프리드리히 슈토이들린Karl Friedrich Stäudlin(1761-1826)에게 보낸 한 편지에서 칸트가 그에게 "몇 년 전에" 『학부들의 논쟁』을 그의 <신학저널>에서 발행할 것을 약속했다고 쓰고 있다. 그러나 그 약속은 "바뀐 상황들 때문에" 지켜질 수 없었다. 즉 그 책은 1798년 "성 미카엘 축제와 더불어" 출간되지만, 독자적인 간행물로서 출간된다. 그 신간은 —칸트의 설명으로는 —하나의 신학적 잡지에는 적합한 것이 아니다. "왜냐하면 그 책은 이질적인 재료들로 엮어져서 세상에 나올 수밖에 없기 때문이다." 그렇지만 칸트는 자신의 약속을 지키기 위하여 슈토이들린에게 "머리말 앞의 헌사문"을 바친다(학술원판 칸트전집[이하: AA] XII 248쪽 비교). 칸트에 의해 언급된 그 잡지는 <괴팅겐 최신 신학 문헌 문고>Göttingische Bibliothek der neuesten theologischen Litteratur, 요한 프리드리히 슐로이쓰너Johann Friedrich Schleußner와 칼 프리드리히 슈토이들린 편집, 괴팅겐 1794-1801, 총 5권이다. 슈토이들린은 1798년 12월 9일에 다음과 같이 답한다. "나를 향한 당신의 학부들의 논쟁의 명예로운 헌사에 대해 나의 가장 충직한 감사를 모든 사랑과 존경을 받기에 합당한 당신에게 드립니다. 그것을 통해 당신은 당신이 나에게 몇 년 전에 약속했던

것보다 더 많은 것을 행하였습니다. 이미 얼마 전에 레만Lehmann 씨가 나에게 전해 준 한 편지는 나에게 이러한 기쁨을 알려주어서 나에 대한 당신의 지속적인 호의를 확신하였었습니다만, 며칠 전에 비로소 당신의 저술의 인쇄본이 나의 손에 들어오게 되었고, 나는 더군다나 그것을 직접 당신의 손으로부터 입수하게 되는 행운을 갖게 되었습니다. 나는 당신의 저술을 연구하고, 당신으로부터 배우고, 당신에게서 스스로 사유Selbstdenken의 힘을 훈련하는 것을 중단하지 않을 것입니다 [……]." (AA XII 270쪽).

2) 프리드리히 빌헬름Friedrich Wilhelm 3세(1770-1840)의 정부. 이 정부는 프리드리히 빌헬름 2세의 죽음(1797년 11월 16일) 후에 이어졌다.

3) 이것은 전체 **머리말**이 — [별표 이하의] 마지막 단락을 제외하고 — 관계하고 있는 제1장만을 의미할 수 있다.

4) 프리드리히 빌헬름 2세(1744-1797)의 정부는 1786년 8월 16일과 17일 사이의 밤에 프리드리히 대왕Friedrich der Große의 정부를 뒤이었다(프리드리히 빌헬름 2세에 대해서는 AA X 457쪽, XI 116, 265쪽 비교). 칸트와 왕은 맨 처음 1786년 9월 20일과 21일(왕의 쾨니히스베르크Königsberg 알베르투스Albertus 대학 방문)에 서로 만난다. 칸트는 총장이어서 왕의 생일(1786년 9월 25일) 잔치에 참가한다. 왕의 "은혜"는 1789년 3월 3일자의 한 답서에서 표현되며, 그 답서에서 왕은 칸트에게 "매년 220Rthr[제국탈러Reichstaler]만큼의 추가수당"이 돌아가도록 한다. 칸트는 1789년 3월 27일에 다음과 같이 답한다. "가장 지고하신 왕이고 가장 자비로운 왕이며 주인이시여! 국왕 폐하께서 3월 3일에 발표하여 동월 23일에 나에게 도착한 답서를 통해 나에게 매년 220Rthr의 추가수당을 하사하신 과분한 은혜는 나의 가장 마음 속 깊고 공손한 감사함의 모든 감정을 일으키며, 그렇게 은혜로운 배려로 인하여 나의 늘어가는 나이와 함께 늘어난 필요들에 아주 중요한 도움이 됩니다. 내가 지금까지 국왕 폐하를 위하여 행한 나의 노력들에서 나의 책임 있는 의무를 준수하는 것 외에는 더 이상

아무것도 알지 못하듯이 지금 나에게 보여주신 은혜는 나에게 나의 마지막 생애를 모든 능력을 다하여 그와 같은 목적을 위해 가장 열심히 사용케 하는 동인으로 작용할 것입니다. 국왕 폐하의 가장 신민다운 종으로서 나는 가장 깊은 공손함으로 머리 숙입니다. 쾨니히스베르크 임마누엘 칸트 논리학 교수 1789년 3월 27일."(AA Ⅺ 12쪽.) 1786년 12월 9일에 칸트는 베를린 학술원Akademie der Wissenschaften zu Berlin의 회원으로 임명된다(학술원 사무국장 요한 하인리히 사무엘 포르마이Johann Heinrich Samuel Formey가 1786년 12월 9일에 칸트에게 보낸 편지를 볼 것. AA Ⅹ 472쪽).

5) 요한 크리스토프 뵐너Johann Christoph Woellner(1732-1800, 1786년 귀족승급)는 할레Halle에서 신학을 전공한다. 1788년 7월 3일에 그는 "종교 및 교육부"의 장관으로 임명되고 동시에 종교 및 학교관리국뿐만 아니라 대학들의 '최고-감독직Ober-Curatorium'을 맡는다. 이러한 직책으로 그는 1788년 7월 9일에 **프로이센의 국가들에서의 종교-규약과 관련한 칙령**을, 그리고 1788년 12월 19일에는 **프로이센의 국가들에 대한 개정된 검열-칙령**을 발표한다. 뵐너는 1797년 그의 왕의 사후 1798년 3월 12일에 해임된다. 칸트의 지지자인 요한 고트프리트 칼 키제베터Johann Gottfried Karl Kiesewetter(1766-1819)는 1789년 11월 19일자의 칸트에게 보내는 한 편지에서 다음과 같이 쓰고 있다. "나는 뵐너 장관과 15분가량 이야기하였습니다. 그는 당신을 매우 존경하고 있고, 추가수당의 인가를 통해 당신에게 작은 치하를 할 수 있는 것이 그를 기쁘게 했다는 것을 나에게 확신시켜주었습니다. 그의 권고에 따라 나는 내가 베를린에 도착한 것을 왕에게 알리어 다시 한 번 감사드린다는 것과 내가 이번 겨울학기에 강의를 하고자 한다는 것을 보고하는 편지를 왕에게 써야만 했습니다. 그 밖에 그는 그의 말에 따르면 확신할 수 있을 그의 자비를 나에게 보장해 주었습니다. 그러나 나는 그의 자비를 거의 또는 전혀 신뢰하지 않을 것입니다." (AA Ⅺ 107쪽.) "칙령"의 반향에 대해서는 칼 레온하르트 라인홀드Carl

Leonhard Reinhold에게 보내는 빌란트Wieland의 1794년 5월 19일자의 편지를 볼 것. "여기에서는 8일 이상 되는 그 어느 날 이래로 베를린에서 들려오는 소문이 있습니다. 뵐너가 칸트에 대해 일종의 종교재판Inquisizion을 걸었다는 것입니다. 그것은 이미 칸트가 모든 프로이센의 국가들로부터 추방된다는 것이고, 실제로 킬Kiel로 유배된다는 것입니다."(AA XIII 368쪽에 따라 인용, AA XI 512쪽, 18행에 대한 해명.)

6) 임마누엘 칸트, 『순전한 이성의 한계들 안에서의 종교』*Die Religion innerhalb der Grenzen der bloßen Vernunft*, 쾨니히스베르크 1793; 임마누엘 칸트, 『순전한 이성의 한계들 안에서의 종교』, 증보된 제2판, 쾨니히스베르크 1794.

7) 요한 에리히 비스터Johann Erich Biester(1749-1816)가 그 답서에 대한 칸트의 "변론"Verteidigung을 읽었다는 것만은 확실하다. 그는 1794년 12월 17일에 다음과 같이 쓰고 있다. "나는 당신의 저술, 이성의 한계들 안에서의 종교로 인한 고소에 대해 종교부에 보내는 당신의 변론을 읽을 기회를 가졌습니다. 그 변론은 고상하며 남성다우며[용감하며], 품위 있고 철저합니다. — 다만 모든 사람들은 분명 그 변론이 두 번째 점과 관련한 약속, 종교(실정종교뿐만 아니라 자연종교)에 대해서 더 이상 아무것도 말하지 않겠다는 것을 자발적으로 내놓은 것을 유감스러워하지 않을 수 없습니다. 그것을 통해 당신은 계몽의 적대자들에게는 하나의 커다란 승리를, 선한[좋은] 일에는 하나의 가혹한 패배를 안겨줍니다. 또한 나는 당신이 그렇게 할 필요가 없었다고 생각합니다. 당신은 바로 철학적이고 정중한 방식으로, 즉 그 방식 말고는 당신이 전혀 아무런 글도 쓰지 않고 당신이 정말 탁월하게 정당함을 입증하는 그 방식으로 소위 그 사안들에 대해 말하기를 또한 계속 진행할 수 있었습니다. 거기서 물론 당신은 아마도 다시 개개의 사안들에 대해 당신을 변호해야 했을 것입니다. 혹은 당신이 또한 장래 당신의 생애 동안 침묵할 수도 있었습니다. 말하자면 그 사람들에게 당신의 말에 대한 두려움으로부터 벗어나는 기쁨을 줄 필요가 없었

습니다. 나는 말합니다. 그럼에도 불구하고 당신이 당신의 삶에서 당신에 의해 정말 다행히 시작된 철학적이고 신학적인 계몽의 위대한 작업에 종사하는 일을 적어도 언젠가 후세(그리고 실제로 어쩌면 정말 곧 도래하는 후세의 한 시대)가 이러한 작업들을 읽을 것이고 이용하게 될 것이라는 희망 속에서 계속 진행할 것이라고 생각합니다. 그것에 관하여 우리 모두는 이성과 윤리성에 대한 사랑으로 확신하고 있습니다. 훌륭하신 분이여, 건강하십시오. 그리고 우리에게 또한 오래도록 어떻게 한 지혜롭고 고귀한 사람이 이성을 위협하는 폭풍 속에서도 침착과 내적인 평정함[만족함]으로 자신을 고수할 수 있는지의 한 본보기가 되어 주십시오."(AA XI 535-536쪽.)

8) 임마누엘 칸트, 『속설에 대하여: 그것은 이론에서는 옳을지 모르지만, 실천에 대해서는 쓸모없다』*Über den Gemeinspruch: Das mag in der Theorie [……]* (함부르크 1992), 36-39쪽[오진석 옮김, 『속설에 대하여』, 도서출판 b 2011, 53-58쪽] 비교. 임마누엘 칸트, 『모든 사물의 종언』*Das Ende aller Dinge*(AA Ⅷ 515, 519-520쪽). 어쩌면 1794년의 『학부들의 논쟁』의 원고까지도 의미할 수 있다.

9) 이 답변을 위한 네 가지 기획들은 AA XI 527-530쪽, XIII 372-387쪽에서 볼 것.

10) 칸트는 다음의 교본들을 이용하였다. 1772/73부터 행한 알렉산더 고틀립 바움가르텐Alexander Gottlieb Baumgarten(1714-1762)의 인간학에 대한 강의를 위하여: 『형이상학』*Metephysica*, 3부, 「경험적 심리학」*Psychologia empirica*(할레Halle 1757). 1756년부터 행한 바움가르텐의 형이상학에 대한 강의를 위하여: 『형이상학』(할레 1757). 1774, 1783/84, 1785/86, 1787/88년도들에 행한 바움가르텐의 이성신학Rationaltheologie에 대한 강의를 위하여: 『형이상학』(할레 1757). 1756/57부터 행한 바움가르텐의 도덕Moral에 대한 강의를 위하여: 『철학적 윤리학』*Ethica philosophica*(할레 1751) 그리고 (나중에) 알렉산더 고틀립 바움가르텐, 『실천철학 정초』*Initia philoso-*

phiae practicae primae acroamatice(할레 1760). 그렇지만 칸트는 바움가르텐의 그 책들 외에 다른 교본들도 이용하였다.

11) 『순전한 이성의 한계들 안에서의 종교』의 제1판(1793)에 대한 한 비평이 <최신 비판 소식>*Neueste Critische Nachrichten*, 1793, 225-229쪽(AA XXIII 520-523쪽에 재인쇄)에 실린다. 칸트는 그 비평의 내용을 저 저술의 제2판의 **머리말**에서 다음과 같이 요약한다. 그 종교저술은 "나에게는 내 자신에 의해 제기된 물음에 대한 답변이다. 어떻게 교의론Dogmatik의 교회적 체계가 그 체계의 개념들과 정리들 속에서 순수한(이론적 그리고 실천적) 이성에 따라 가능한가? — 그러므로 이러한 시도는 여하간 그 (교회의) 체계를 요구할 수도 없고, 따라서 그 체계가 존재하지 않는 것으로 간주될 수 있을 정도로 이러한 체계를 거의 알지도 이해하지도 못하는 사람들과는 관련이 없다."(AA VI 13-14쪽.) 칸트는 다음과 같이 대답한다. "이 글을 그것의 본질적인 내용에 따라 이해하기 위해서는 실천적 이성비판에 관여할 필요 없고, 더군다나 이론적 이성비판에는 더더욱 관여할 필요 없이 단지 보통의 도덕Moral만을 필요로 한다. 그리고 예를 들어 만약 덕이 의무에 맞는pflichtmäßigen 행위들에서의 (이 행위들의 합법성Legalität에 따르는) 능숙함, 즉 **현상계적 덕***virtus phaenomenon*으로 일컬어지는 반면에, 그 덕이 의무에서 기인하는aus Pflicht(그 행위들의 도덕성Molalität으로 인한) 그러한 행위들에 대한 확고한 마음가짐, 즉 **예지계적 덕***virtus noumenon*으로 일컬어진다면, 이러한 표현들은 단지 학교에서만 사용되지만, 그 표현들이 다른 말로 표현되어 쉽게 이해될 수 있다면 그 사안 자체는 가장 대중적인 자녀교육이나 설교에서도 사용된다. 만약 후자의 것이 종교론으로 헤아려진 신적인 본성에 대한 비밀들과 관련해서만 칭송될 수 있다고 한다면, 그 신적 본성의 비밀들은 마치 그 비밀들이 완전히 대중적인 것인 양 교리문답들 속에 들어오게 되지만, 그 비밀들이 모든 사람에게 이해될 수 있어야 한다면, 결국 나중에는 도덕적 개념들로 변화되어야만 한다!"(AA VI 14쪽.) 『학부들의 논쟁』의 사전작업 'E73'에

서 『학부들의 논쟁』은 "대중신학"Populärtheologie으로 파악되지 않는다. "나의 글은 대중적이지 않다."(AA XXIII 424쪽.) "나의 책은 대중적이어서는 안 된다. C. R.과 니마이어스 교수의 대중신학."(AA XXIII 424쪽.) 이것은 A. H. 니마이어스Niemeyers의 『기독교적 인민교육의 방법론과 재료들에 대한 대중적이고 실천적인 신학』*Populäre und praktische Theologie der Methodik und Materialien des christlichen Volksunterrichts*(제4판 할레 1799)을 시사한다. 니마이어스는 "학자적인 학문적 신학"에 대해 "대중적이고 실천적인 신학"을 맞세운다. 이 신학은 모든 대중적이고 실천적인 종교지식의 총괄개념이다(5쪽). 제4판을 위한 **머리말**에서 저자는 "**볼프나 칸트의** 이론에 따르는 것과 같은" 설교단상 위에서의 철학함에 대해 강력히 항의한다(XI쪽). 그는 미래의 교사에게 "어떻게 그가 [……] 순전히 이론적인 것 또는 사변적인 것을 실천적인 것으로부터 가르고 그 학식적인 것과 학교에 맞는 것을 대중적으로, 즉 통상적으로 이해될 수 있게 진술해야만 하는지에 대한 안내"(XXIV쪽)를 하고자 한다. 니마이어스도 또한 종교칙령에 의해 연루되어 그의 책의 사용이 그의 강의에서 금지되었었다(III쪽, 제3판과 관련됨).

12) 요한 다비드 미하엘리스Johann David Michaëlis(1717-1791), 괴팅겐의 철학 교수. 『도덕』(괴팅겐 1792), 1권, 4쪽: "여기 신약의 신학적 도덕은 전혀 자의적인 법칙들을 규정하지 않고, 법칙들은 정해진 몇몇 **신적인 보편적 실정법들***leges positivae divinae universales*에 의해 지어내지거나, 신약에서는 더 이상 타당하지 않거나, 실제로는 철학적 도덕의 가설적 명령이기 때문에, 그 신학적 도덕은 철학적 도덕에 선행하는 어떠한 의무도 앞서 갖지 않는다." 5쪽: "여기서 나는 성경으로부터 어떠한 증명도 행할 수 없다. 그리고 만약 내가 성경을 인용하고자 한다면, 단지 **이유 보여주기***illustrationis causa*일 뿐인 것이 될 수밖에 없거나, 아니면 인간적이며 법학적이고 도덕적인 또는 역사적인 다른 한 책이 인용되는 것과 같은 일이 일어날 수밖에 없을 것이다." 5-11쪽(AA XXIII 94쪽)도 볼 것. 종교저술에

서 칸트는 다음과 같은 미하엘리스의 『도덕』, 202쪽의 말과 토론한다. “시편저자들은 영감을 받았다. 이들에게 형벌이 청해진다면, 그것은 부당할 수 없고, 우리는 성경보다 더 신성한 도덕을 갖지 못한다.” 칸트는 “도덕이 성경에 따라 해석되어야만 하는지, 아니면 성경이 도덕에 따라 해석되어야 하는지”를 묻는다(AA Ⅵ 110쪽 각주). 칸트는 미하엘리스의 『신약성서 입문』*Einleitung in die Göttlichen Schriften des neuen Bundes* (괴팅겐 1750)[AA Ⅹ 160쪽]도 갖고 있다.

13) 『성경 그것은 구약과 신약의 전적으로 성스러운 기록이다』*Biblia das ist die gantze Heilige Schrift, Alten und Neuen Testaments*.[이하 『*Biblia*』] 히로뉘모 부르크하르트Hieronymo Burckhardt의 머리말을 포함한 루터Luther의 독일어 번역(바젤 1751) [……]에 따라 사도행전 1장 24절: “모든 마음을 잘 아는 주여 [……]” 사도행전 15장 8절도 볼 것: “그리고 마음을 잘 아는 신”(AA Ⅵ 67, 69, 189쪽).

14) 「올바로 준비된 공직 후보자에 대한 심사 방안」*Schema Examinis Candiaturom S.S. Ministerii rite instituendi*(베를린 1791)을 의미한다.

15) 1791년 5월 14일에 하나의 특별한 위원회(직속 심의-위원회die Immediate Examinations-Commission)가 뵐너 장관에게 지시한 내각명령Karbinettsoder을 통해 설치된다. 이 내각명령은 우선 최고 종교국Oberkonsistorium이 세 명의 위원들로 확장되어야 함을 규정한다. 왕은 브레슬라우Breslau 출신의 헤르만 다니엘 헤르메스Hermann Daniel Hermes (1731-1807)를 최고 종교국 위원Oberkonsistorialrat으로, 마찬가지로 브레슬라우 출신의 고틀롭 프리드리히 힐머Gottlob Friedrich Hillmer(1756-1835)를 궁정고문Hofrat으로, 그리고 베를린 출신의 테오도르 칼 게오르그 볼터스도르프Theodor Carl Georg Woltersdorf(1727-1806)를 설교자로 선택한다. 그 내각명령은 더 나아가 모든 종교국들에 세 명의 종교 위원들로 이루어지는 하나의 특별한 “위원회”가 설치되어야 한다고 지시한다. 그 위원회는 사제직 또는 교직을 받아야 하는 모든 후보들을 그들의 신앙고

백과 관련하여 그들이 "현재의 신해석자[새로운 성서해석자]들Neologen과 소위 계몽자들의 유해한 오류들에 의해 전염된 것은 아닌지"를 심사해야 한다. 먼저 이 심사를 합격한 사람이 이어지는 종교국의 시험에 지원할 수 있다. 베를린에서 그 위원회는 세 명의 종교 위원들, 실버슐락Silberschlag, 헤르메스 그리고 볼터스도르프로 구성된다. 이 세 명의 최고 종교국 위원들은 프로이센 영방의 모든 종교국에 대해 해당하는 하나의 위원회를 위한 세 명의 "정교적orthodoxe" 인사들을 추천해야 한다. "정교"는 "현재의 신해석자들과 소위 계몽자들의 유해한 오류들"에 대한 반대를 통해 내각명령 속에 규정되어 있다. 이 정교적 인사들이 반드시 한 종교국의 회원들일 필요는 없으며, 그들은 단순히 마을[지역]사제들일 수 있다. 위원회들을 위한 지령의 기획은 1791년 9월 5일에 실버슐락, 헤르메스, 볼터스도르프 그리고 힐머에 의해 제출된다. 그렇지만 위원회들은 1793년 2월 3일에 비로소 설치된다.

16) **종교칙령** 제7조(『신 프로이센-브란덴부르크 영방 법령집』*Novum Corpus Constitutionum Prussico-Brandenburgensium Praecipue Marchicarum*(NCC) / 8권, 1788, 2175-2184쪽)에 대한 반어적이며 말 그대로 논박적인 시사이다.

17) 프로이센에 상급학교 평의회의 재설치와 더불어 뵐너에 의해 공포된 제한들의 철회(1797년 12월 27일)를 의미한다. 요한 에른스트 뤼데케Johann Ernst Lüdeke는 1797년 12월 30일에 칸트에게 다음과 같이 쓰고 있다. "12월 27일 이후로 최고 종교국은 자신이 빼앗긴 모든 심사, 검열 등등의 권리들을 되찾았고, 따라서 분명 신앙 위원회는 담배회사처럼 폐지될 것입니다. 아참 그렇게 되면 어느 한 사람에게는 안개가 걷히고 태양이 비칠 것입니다. 이제 또한 분명히 이성의 한계들 안에서의 종교도 검열을 통과할 수 있을 것입니다. 그리고 최선의 생각들에 대한 교감 선생 같은 교정이나 진정한 훼손은 끝이 날 것입니다. 다시 배치된 검열관들은 분명 당신이 정확하고 옳게 검열관들에게 지시한 그 규범에 따라 지나갈 것입니다."(AA XII 227-229쪽.)

18) 율리우스 에버하르트 빌헬름 에른스트 폰 마쏘브Julius Eberhard Wilhelm Ernst von Massow(1750-1816)를 의미한다. 그는 1798년 4월 2일에 국무 및 법무장관이 되었고 동시에 종교 및 학교관리국뿐만 아니라 대학들의 최고-감독직을 맡는다.(AA Ⅻ 189-190; ⅩⅢ 457쪽 비교.)

19) 클라우디우스 살마시우스Claudius Salmasius(클로드 드 소메스Claude de Saumaise 1588-1653), 『갱년기와 고대 점성술에 대하여』*De annis climacteriis et de antiqua astrologia diatribae*(라이덴Leyden 1648), 561쪽. 갱년기의 개념에 대해서는 『전체 의학 명칭론』*Onomatologia medicae completa*, J. P. 에버하르트Eberhard, 울름Ulm / 프랑크푸르트Frankfurt / 라이프치히 Leipzig 1772) 96-97쪽 비교. "사람들은 갱년기[변화의 해]Annus climacterius, 단계의 해Stufenjahr를 주로 63번째 해와 81번째 해라고 생각하고, 그 해들을 특히 인간의 삶[생명]의 중요하고 위험한 시기로 간주하는데, 그 해는 9세에 시작하여 7년씩 그리고 나중에는 9년씩 배가된다."(AA Ⅶ 194, 361; Ⅻ 362-363; ⅩⅩⅤ 1031, 1295쪽.)

20) 이러한 학부들의 이해관계의 분류는 흐라바누스 마우루스Hrabanus Maurus에 의해 기획된 **자유 학문**[기술]*artes liberales*의 분류에 상응한다. 말하자면 논리학-도나-분트락켄Logik-Dohna-Wundlacken이라는 강의 필사본의 가장자리 메모에서 다음과 같이 일컫고 있다. "이러한 분류는 (칼 대제의Karl des Großen 시기에) 흐라바누스 마우루스가 신학을 위해 행하였다. — 그 당시 모든 학문들은 a) 상위 학부들, 1. 영복[구원의 축복], 2. 자유와 재산, 3. 생명과 건강을 얻는 것, 일반적으로 여기[현세]에 **존재하는***esse* 것, b) **잘 존재하는***meilius esse* 것, 하위 학부로 나눠진다." (AA ⅩⅩⅨ 699쪽). 그러나 요한 게오르그 발히Johann Georg Walch도 볼 것. 『철학사전』*philosophisches Lexikon* (라이프치히 1726), '학부' 항목: 학부들은 "그것들의 대상들의 성질과 그에 기인하는 유익에 따라 정해져야만 하고, 철학은 보편적인 진리들을 대변하기 때문에 직접적으로 우리의 행복을 촉진하는 것으로서의 참된 학식을 하나의 보편적인 학식, 즉 철학으로

분류할 수 있고, 신학, 법-학식 그리고 의학을 포함하는 학식을 하나의 특수한 학식으로 분류할 수 있을 것이다. 이러한 학식들은 당연히 서로 간에 다음과 같은 서열을 갖는다. 위에는 신학이 있다. 왜냐하면 신학은 그것이 스콜라적 신학이 아니라 참된 신학으로 이해되어야만 하는 한에서 [……] 영원한 행복의 길을 보여주기 때문이다. 이어서 의학이 뒤따르며, 이 의학은 육체의 건강을 돌보며, 시간적인 재산들 가운데에서 육체의 안녕이 당연히 최우선석인 것이기 때문에 의학은 신학 바로 뒤를 따라야 할 것이고, 그렇다면 법학식이 마지막을 이룬다. 이것은 자연적인 순서이다. 그렇지만 아마도 지금까지 통상적으로 있었던 것에 머물러 있을 것이다." 요한 게오르그 하인리히 체들러Johann Georg Heinrich Zedler, 『대완전 일반-사전』*Großes Vollständiges Universal-Lexikon*, 9권(할레와 라이프치히 1735), 68-69단도 볼 것.

21) 전설의 상인은 경제를 촉진하는 최선의 수단들에 대해 물었던 프랑스의 왕 루트비히[루이] 14세의 경제 및 재정부 장관 장 밥티스트 콜베르 Jean-Baptiste Colbert(1619-1683)에게 다음과 같이 대답한다(1680). "우리가 하게 놔두십시오Laissez-nous faire." 이것은 나중에 "하게 놔두라, 지나가게 놔두라Laissez-faire, laissez-passer(세상은 저절로 굴러 간다le monde va de lui-même)"는 경구가 된다[이것은 특히 19세기의 경제 자유주의의 표어가 된다-옮긴이]. (옹켄A. Oncken, 『민족경제사』*Geschichte der Nationalökonomie*, 1. 아담 스미스Adam Smith 이전 시대. 라이프치히 1902, 148쪽 비교). "우리가 하게 놔두라"라는 정식은 프랑스의 경제전문가 장 클로드 마리 뱅상 드 고르네Jean-Claude-Marie-Vincent de Gournay(1712-1759)에게서 연원한다. 외과 교수이며 중농주의의 주대표자 프랑수와 케스네François Quesnay(1694-1774)는 그 원리를 받아들여 고수하였다.

22) **종교칙령**, 제7조 비교. "우리는 우리의 통치자가 [……] 자신의 국가에서 그리스도의 종교[기독교], 즉 그 종교의 장점과 우수함이 오래전에 입증되어 의심의 여지가 없으며, 그 종교가 성경에서 가르친 그대로 그 종교

전체의 높은 존엄과 그 근원적인 순수함 속에서, 그리고 그 종교의 모든 상징적인 책[신앙고백서]들 속에 있는 그리스도 교회의 각각의 모든 고백에 대한 확신에 따라 일찍이 확립되어 있는 그 그리스도의 종교를 모든 날조에 대해 보호하고 올바로 유지하는 것을 그의 첫 번째 의무들 중 하나라고 여긴다. 그리하여 불쌍한 인민들의 무리는 유행교사들의 연기들에 희생되지 않을 것이고, 그것을 통해 우리의 수백만 신민들에게 그들의 삶의 안정과 죽음의 침상에서의 위로가 빼앗기지 않을 것이며, 따라서 그들은 불행하게 되지 않을 것이다." 프로테스탄트[개신교]의 신앙에 있어서 상징적인 책[신앙고백서]들은 다음과 같다. 루터의 양 교리문답서들, [그리스도교]옹호론Apologie과 더불어 아우크스부르크 고백서Augsburger Konfession, 슈말칼덴의Schmalkaldischen 신조들 그리고 화협신조Konkordienformel[1577년의 루터교회의 최종 고백서-옮긴이], 루터교회의 고백서로는 소위 하이델베르크 교리문답서Katechismus가 있다.

23) 1794년에 **프로이센 국가들을 위한 일반 영방법***Allgemeine Landrecht für die preußischen Staaten*(ALR)이 발효된다. 프리드리히 빌헬름 1세가 이미 하나의 법전편찬으로 전체에 해당하는 법을 기록케 하려는 시도를 기획하지만, 프리드리히 2세의 결정적인 발의가 나온다. 그 기획에 대한 토론과 수정작업 후에 그 영방법은 1783년부터 1788년까지 6권으로 출간된다. 그 수정작업으로부터 다시금 **프로이센 국가들을 위한 일반 법전**das *Allgemeine Gesetzbuch für die preußischen Staaten*(AGB)이 나오며, 1791년에 출판된다. — 그런데 1792년 그 법전은 발효되기 몇 주 전에 프리드리히 빌헬름 2세의 조치에 의해 중지된다. 다시 행해진 변경들 후에 그 법전은 원래의 제목 **프로이센 국가들을 위한 일반 영방법**(ALR)으로 출간될 수 있었고 1794년 6월 1일에 발효될 수 있었다. 조례-법 및 지방-법들이 포함되어 있음에도 불구하고, 그 영방법은 즉각 모든 프로이센 지방[영방]에서 적용된다. 그 영방법은 그것의 시민-법적인 부분 속에 있는 몇몇 예외들(1815년 이후 프랑스의 법을 지키는 라인란트Rheinland)과 함께 1900년의 **일반**

시민법BGB을 통해 대체될 때까지 그 효력을 유지한다.

24) 정치가이자 철학자인 요제프 니콜라우스 빈디쉬-그래츠 백작Josef Nikolaus Graf von Windisch-Graetz(1744-1802)은 1785년에 어떻게 장래의 자산변동들에 대한 법적 싸움이 피해질 수 있기 위해 이중적인 해석의 여지가 없는 계약정식들이 기획될 수 있는가라는 현상물음을 제시한다. 그 물음에 대해 아무런 해결방안도 접수되지 않아서 빈디쉬-그래츠에 의해 내걸리고 파리, 에딘버러 그리고 독일 학술원을 통해 승인된 상은 수여되지 않는다.(임마누엘 칸트, 『영원한 평화를 위하여』, 하이너 F. 클렘메 편집, 함부르크 1992, 58쪽(AA Ⅷ 348쪽) 각주[오진석 옮김, 도서출판 b, 2011, 19쪽 각주와 89쪽 마이너판 편집자 미주 7번].)

25) E 77(AA XXIII 461쪽)을 볼 것. "'왕에 의해 신에게 향하는 길이 막히다De par le Roi defense a Dieu / 여기 이곳에 기적이 일어나다De faire miracles en ce lieu'. 이렇게 왕의 명령으로 담을 쌓아 입구가 폐쇄된 교회뜰 묘지로 들어가는 관문으로서의 파리의 한 입구의 표제는 말하고 있었다. 그 교회뜰 묘지는 폐쇄될 때까지 전에 마비되었던 자들이 파리 수도원장의 기적들을 알리며 그의 무덤 위에서 춤을 추었었다". AA XXI 4쪽과 그에 대한 설명(AA XXII 792쪽)도 볼 것.

26) 신학의 한 시녀로서의 철학의 상은 중세의 전통에서 유래한다. 크리스티안 볼프Christian Wolf, 『상세한 소식』*Ausführliche Nachricht*, 13장 『모음집』*Gesammelte Werke* (힐데스하임 / 뉴욕 1968ff), Ⅰ책 9권, 536쪽을 볼 것. "그로 인해 오래전부터 사람들은 약간 거만한 어투로 세계-지혜는 모든 것이 이해될 수 있도록 [……] 자신의 개념들을 통해 빛을 비춰주기 때문에 보다 높은 학부들의 시녀라고 말하였다. 그래서 나는 농담으로 다음과 같이 말하곤 한다. 세계-지혜는 그러한 한에서 더 높은 학부들의 시녀이지만, 그러한 한에서 부인은 어둠 속에서 시녀가 그녀에게 빛을 비춰주지 않았을 경우 더듬거려야만 할 것이고 자주 넘어질 것이다."

27) 요한 요아킴 슈팔딩Johann Joachim Spalding(1714-1804), 『인간의 규정에

대한 고찰』*Betrachtungen über die Bestimmung des Menschen* (그라이프스발트Greifswald 1748), 『기독교에서 감정들의 가치에 대한 생각』*Gedanken über den Werth der Gefühle in dem Christenthum*(라이프치히 1761), 『대부분 정규외적인 경우에 행해진 설교들, 몇몇 작은 기도서들을 포함하여』*Predigten, größtentheils bey außerordentlichen Fällen gehalten, nebst einigen kleinen Erbauungsschriften*(프랑크푸르트 암 오더Frankfurt a. O./라이프치히 1775). J.J. 슈팔딩Spalding, W.A. 텔러Teller, F.S.G. 싹Sack, 『새로운 절기설교들』*Neue Festpredigten*(할레Halle 1792), 『종교, 하나의 인간의 문제』*Religion, eine Angelegenheit des Menschen*(라이프치히 1797). 요한 프리드리히 빌헬름 예루살렘Johann Friedrich Wilhelm Jerusalem(1709-1789), 『브라운슈바이크와 뤼네부르크의 황태자 전하께 드리는 종교의 가장 고상한 진리에 대한 고찰』*Betrachtungen über die vornehmsten Wahrheit der Religion an Se. Durchlaucht den Erbprinzen von Braunschweig und Lüneburg*, 총 2부(브라운슈바이크Braunschweig 1780). 예루살렘에 대해서는 다니엘 예니쉬Daniel Ienisch가 칸트에게 보낸 1787년 5월 14일자의 편지를 볼 것. "여든한 살의 예루살렘 자신은 나에게 새로 다음과 같이 말하였습니다. '나는 칸트를 따라 사변하기에는 너무 늙었습니다. 그러나 <베를린 월보>에서의 방향잡기Orientieren[『사유에서 방향 잡는다는 무엇을 말하는가?』*Was heißt: sich im Denken orientieren?*]에 대한 그의 글은 나의 신앙고백의 메아리입니다. 멘델스존의 선험적 증명들은 칸트의 철학을 통해 정당하게 간주되는 건전한 인간지성을 조롱하는 말일 뿐입니다.'"(AA Ⅹ 485쪽.) 요한 살로모 젤머(1725-1791), 『비판적 해석학과 교의론의 재고를 위하여』*Zur Revision der kritischen Hermeneutik und Dogmatik*(할레 1788). **머리말**에서 그는 이성과 계시를 "두 가지 [왕위계승]요구자Prätendenten"라고 이름하고 있다.(AA Ⅵ 113쪽.) 같은 저자, 『특히 예수와 그의 제자들의 목적을 위한 한 작자미상의 단편들에 대한 답변』*Beantwortung der Fragmente eines Ungenannten insbesondere zum Zweck Jesu und seiner Jünger*(할레 1780), 16쪽

(166쪽). 같은 저자, 『켐베르크의 로만적인 열광에서의 새로운 영들과 낡은 오류들에 대한 거부, 악마의 육체점령과 기독교인들의 마력에 대한 통속적 견해의 근거 없음에 관한 신학적 가르침을 포함하여』*Abfertigung der neuen Geister und alten Irrtümer in der Lohmannischen Begeisterung zu Kemberg, nebst theologischem Unterricht von dem leiblichen Besitzungen des Teufels und Bezauberung der Christen*(할레 1759).(AA XXVIII 1388쪽.) 1794년 4월 12일에 프리드리히 빌헬름 2세는 신해석주의적인 설교자들과 그들을 파면처리하는 것에 대한 보다 더 엄격한 조치를 위해 한 내각명령을 발표한다. 이 명령을 뵐너에게 전달하면서 그는 다음과 같은 엄중한 경고를 덧붙인다. 즉 그 일을 소홀히 처리하지 말고 신해석주의적인 설교자들의 파면에 대한 최고 종교국에서의 투표에서 그가 그렇지 않아도 "잠깐 동안만 참으려고 했던 신해석자들과 소위 계몽자들로 알려진 종교국-위원들인 텔러Teller, 쵤너Zoellner 그리고 게딕케Gedike를" 배제할 것을 덧붙인다.

28) 퀸투스 호라티우스 플라쿠스Quintus Horatius Flacus(호라즈, 기원전 65-8) 『편지들』*Epistulae*, Ⅰ, Ⅻ, 19쪽: "**불화적인 조화의 것***rerum concordia discors*." 라틴어로 쓰인 호라즈의 편지들은 C.M. 빌란트Wieland에 의해 번역되고 역사적인 안내와 다른 필요한 설명들을 갖추고 있다(Dessau데싸우 1782). "왜 달의 원반은 번갈아 금방 기울고 금방 차는가? 요컨대 자연의 불화로 가득찬 조화의 전적인 계획을 엠페도클레스Empedokles든 교묘한 스테르티니우스Stertinius든 그 누구든 간에 알지 못하는 것이 아닌가?" 푸블리우스 오비디우스 나소Publius Ovidius Naso(오비드Ovid, 기원전 43-기원후 17), 『변형들』*Metamorphosen*. I, 433: "Quippe ubi temperiem sumpsere umorque, concipiunt, et ab his oriuntur cuncta duobus; cumque sit ignis aquae pugnax, vapor umidus omnes res creat, et discors concordia fetibus apta est."

29) 요한복음 5장 39-40절: "성서에서 구하라. 왜냐하면 너희는 그 속에서 영원한 생명을 얻는다고 생각하기 때문이다. 그리고 그 성서는 나에 관하

여 증거 하는 것이다. 그런데 너희는 그 생명을 얻고자 하면서도 나에게 오려 하지 않는구나."(AA Ⅵ 112쪽.)

30) 마태복음 8장.

31) 마르쿠스 툴리우스 키케로Marcus Tullius Cicero, 『가족들에게 보내는 편지들』*Epistulae ad familiares* Ⅻ, 4, 1: "Vellem idibus Martiis me ad cenam invitasses: reliquiarum nihil fuisset. Nunc me reliquiae vestrae exercent."(AA XXIII 105쪽.)

32) 『*Biblia*』, 에베소서 3장 8-9절: "모든 성도들 가운데에서 가장 작은 자인 나에게 헤아릴 수 없는 그리스도의 풍성함을 이방인[이교도]들에게 알리고, 어떻게 모든 것을 만드신 신께서 그 자신 속에 영원부터 감춰져 있었던 그의 비밀스러운 의도[경륜]Ratschluß를 실행하는지를 [……] 모든 사람에게 밝혀주도록 하는 은혜가 주어졌다."

33) 『순전한 이성의 한계들 안에서의 종교』, AA Ⅵ 60f쪽.

34) 귀욤 포스텔Guilleaume Postel(1510-1581), 『다른 세계[피안]의 아홉 가지 상급: 즉 …… 베네치아의 동정녀』*Le prime nove del atro mondo: cioè…… La Vergine Venetiana* (1555). 체들러Zedler, 『일반 사전』, 28권 1796단을 볼 것. "이후 그는 베네치아로 왔고 몇몇 사람들이 충분한 근거가 없음에도 불구하고 그의 애인으로 간주하는 어떤 한 여성과 함께 알려졌다. 그런데 그는 이 여성에 의해 많은 것들을 하였고, 그가 그녀에 관해 베네치아의 동정녀라는 제목으로 쓴 한 책 속에서 그녀를 하나의 위대한 예언자로뿐만 아니라 더욱이 또한 여성 구원자로 주장하였다. 또한 그것으로 인하여 그는 고소를 당했지만, 종교재판관은 그를 실제로 하나의 이단자로 판결하지 않고 오히려 정신이상의 광인으로 선고하여 그를 곧바로 다시 완전한 자유의 몸이 되게 하였다."(AA XXIII 436쪽.)

35) 고린도전서 15장 12-19절: "그런데 그리스도가 죽은 자들로부터 부활하였다고 전파되었음에도gepredigt 불구하고, 어떻게 너희 중의 몇몇 사람들은 죽은 자들의 부활이 없다고 말하는가? 죽은 자들의 부활이 없다면,

그리스도도 또한 부활하지 못하였다. 그런데 그리스도가 부활하지 못하였다면, 우리의 전파Predigt는 헛일이며, 너희의 믿음도 또한 헛된 일이다. 그러면 또한 우리는 신에 대한 거짓증인으로 판명날 것이다. 왜냐하면 만약 죽은 자들이 정말 부활하지 않는다면, 우리는 신에 대해 그가 다시 살리지 않았을 그리스도를 다시 살렸다고 증언했을 것이기 때문이다. 만약 죽은 자들이 부활하지 않는다면, 그리스도도 또한 부활하지 않았다. 그러나 그리스도가 부활하지 않았다면, 너희의 믿음은 헛것이며, 너희는 여전히 너희의 죄 속에 있는 것이다. 그래서 또한 그리스도 안에서 잠든 이들도 패한 것이다. 우리가 그리스도를 오로지 이생에서만 희망한다면, 우리는 모든 인간들 가운데에 가장 불쌍한 자들이다."(『마틴 루터 번역에 따른 성경, 1984년 개정본』*Die Bibel nach der Übersetzung Martin Luthers in der revidierten Fassung von 1984*, 독일 성서공회Deutsche Bibelgesellschaft, 슈투트가르트Stuttgart 1985[이하 『*Bibel*』]에 따라 인용.)

36) 『*Biblia*』, 마태복음 27장 46절: "그리고 제9시경에 예수가 크게 소리질러 말하였다. 엘리Eli, 엘리Eli, 라마lama 아삽타니asabthani? 그것은 즉 나의 신이여, 나의 신이여, 왜 당신은 나를 버리십니까?" 칼 프리드리히 바르트 Karl Friedrich Bahrdt(1741-1792), 『회의자들을 최종적으로 진정시키기 위한 도덕적 종교의 체계』*System der moralischen Religion zur endgülitigen Beruhigung der Zweifler [……]*(베를린 1787), IX장, X장, 64쪽): "참으로 여태껏 아무도 그렇게 자유롭게 자신의 운명을 선택하지 않았으며, 어떠한 진리의 순교자도 그렇게 의도적으로 자신의 처형을 집행하지 않았다 [……]." 바르트는 1786년 12월에 칸트에게 자신의 책의 한 인쇄본을 보낸다.(AA X 476쪽 비교.)

37) 『*Bibel*』, 누가복음 24장 13-24절: "그리고 보라, 같은 날에 그들 중 두 사람이 예루살렘으로부터 약 두 시간 걸음 길 떨어진 한 마을로 갔는데, 그 마을의 이름은 엠마우스Emmaus이다. 그리고 그들은 서로 일어난 이 모든 일에 관해 이야기하였다. 그리고 그들이 그렇게 이야기하고 서로

의논할 때에 예수 자신이 다가와 그들과 함께 동행하는 일이 일어났다. 그러나 그들의 눈이 닫혀 그들은 그를 알아보지 못하였다. 그런데 그는 그들에게 말하였다. 너희가 도중에 서로 주고받는 이야기가 무엇이냐? 그때 그들은 슬픈 표정과 함께 멈춰 선다. 그리고 클레오파스Kleopas라는 이름을 가진 한 사람이 대답하여 그에게 말하였다. 당신은 예루살렘에 있는 타지인들 가운데 오늘 거기서 무슨 일이 일어났는지를 모르는 유일한 사람이냐? 그리고 그는 그들에게 말하였다. 무슨 일이냐? 그래서 그들은 그에게 말하였다. 그 일은 나사렛 출신 예수에 관한 일로, 그는 신과 모든 인민[백성] 앞에서 행한 일과 말에서 권능 있는 한 선지자였다. 그를 우리의 대제사장들과 고위 관료들이 사형하도록 넘겨주어 십자가에 달리게 하였다. 그런데 우리는 그가 이스라엘을 구원할 자라고 희망하였다. 그리고 오늘은 그 모든 것이 일어난 지 사흘 째 되는 날이다. 또한 우리 가운데에 몇몇 여자들이 우리를 놀라게 하였는데, 그들이 새벽에 무덤에 갔지만 그의 시신을 찾지 못하고 와서는 그가 살아 있다고 말하는 천사들의 나타남을 보았다고 말하였다. 그리고 우리들 중 몇 사람이 무덤으로 가서 그 여자들이 말한 대로임을 보았다. 그러나 그들은 그를 보지 못하였다." 헤르만 사무엘 라이마루스Hermann Samuel Reimarus(1694-1768)는 그 구절을 다음과 같이 해석한다. "그가 고난을 당하고 죽고자 했던 것은 [……] 그의 목적이 아니었다. 오히려 그가 하나의 세계 왕국을 세우고, 유대인들을 그들의 포로생활[식민상태]로부터 구원하는 것이 그의 목적이었다. 그 점에서 그의 희망은 그에게 실패를 안겨줬다."(『예수와 그의 제자들의 목적에 관하여. 볼펜뷔텔의 작자미상의 또 하나의 단편』*Von dem Zwecke Jesu und seiner Jünger. Noch ein Fragment des Wolfenbüttelschen Ungenannten*, 고트홀트 에프라임 레싱G.E. Lessing 편집, 1778.)

38) 『*Bibel*』, 로마서 8장 29-30절: "그[신]는 그가 선정한 자들을 또한 그들이 그의 아들의 형상과 같아지도록 미리 정하였다. 이것은 그 아들이 많은 형제들 가운데에 장자가 되도록 하기 위함이다. 그런데 또한 그는 그가

미리 정한 자들을 불렀다. 그리고 또한 그는 그가 부른 자들을 정의롭게 하였다. 그리고 또한 그는 그가 정의롭게 한 자들을 영화롭게 하였다."; 로마서 9장 18절: "**그래서 그는 그가 원하는 자를 불쌍히 여기고, 그가 원하는 자를 완고하게 만든다**."(칸트의 성경에 눈에 띄게 표시됨.)

39) 요하네스 칼빈[장 칼뱅]Johnnes Calvin(1509-1564)을 시사함. 『기독교 강요』*Institutio Christianae Religionis*(1563) Ⅲ, 21, 5: "우리는 섭리를 신의 영원한 규정[지시]Anordnung으로 이해한다. 그 규정에 의해 신은 그의 의지에 따라 모든 개별적인 인간들이 무엇이 되어야 할지를 결정하였다! 인간들은 모두 다 같은 규정으로 정해져 있지 않고, 한 사람에게는 영원한 생명이, 다른 사람에게는 영원한 지옥형벌이 미리 지정되어 있다."

40) 야코부스 아르미니우스Jacobus Arminius(야콥 하르멘즈Jacob Harmensz), 칼빈주의자, 아르미니우스파 또는 반대파[?]Remonstranten의 창시자(1560-1609). 예정론의 반대자로서 아르미니우스는 구원은 모든 사람에게 제공된다는 보다 온건한 관점을 대표한다. 왜냐하면 신은 또한 모든 사람을 구원하길 원하기 때문이다(디모데 전서 2장 4절). 그래서 그는 은혜[은총] 보편주의를 옹호한다. 1618-1619년 도르드레히트 총회Dordrechter Synode는 아르미니우스파의 교설을 거부 판정한다. 그 총회의 결정들은 1675년에 '협의서'Formula Consensus를 통하여 확인되고, 17세기 내내 신학적 그리고 교회적 삶의 규준이 된다.

41) 은총설Gnadenlehre에 대한 이러한 도덕적 해석의 배경에는 다음과 같은 성경의 구절들이 숨어 있다. 『*Biblia*』, 마태복음 25장 29절: "그러면 여기 가지고 있는 자에게 주어질 것이고, 그는 풍족하게 가질 것이다."(AA Ⅵ 160쪽; XXVIII 1318쪽.) 『*Biblia*』, 마태복음 5장 48절: "그 때문에 너희는 너희의 아버지가 하늘에서 완전한 것과 같이 **완전**(칸트의 성경에 눈에 띄게 표시됨)해야 한다."(AA Ⅵ 159쪽.)

42) 요한 고트프리트 아이히호른Johann Gottfried Eichhorn(1752-1827)을 의미함. <일반 성경 문헌 문고>Allgemeine Bibliothek der biblischen Litteratur,

5권 (1793), 203-298쪽에 있는 「성경 해석과 관련한 네 편지들」*Vier Briefe, die biblische Exegese betreffend*. 첫 번째 편지는 "순수한 이성-종교의 보편적인 실천적 규칙들과 합치하는 한 의미에 성경의 글자가 모순된다 할지라도 신약과 구약을 그러한 의미로 해석하는 시도들"(204쪽)을 비유적인 allegorischen 옛 해석과 동일시한다. 그러한 시도들의 도움으로 사람들은 성경 작가들과의 친밀한 관계의 외양을 유지하려고 노력할 것이다. 칸트의 비판철학은 예를 들어 "성서 신학과의 자매 같은 친화성에 이르도록"(216쪽) 시도한다. AA Ⅵ 110ff쪽과 관련하여 아이히호른은 역사적 방법을 옹호한다. 신학자 요한 필립 가블러Johann Philipp Gabler(1753-1826)는 그가 편집한 아이히호른의 『시원사』*Urgeschichte* (알트도르프 Altdorf와 뉘른베르크Nürnberg 1790-1795, 총 5부, 여기에서는 제2부 제1권, 424-445쪽)에서 가장 오래된 고문서Urkunde(창세기 2장 4절-3장 24절)의 상이한 여러 가지 해석방식들을 취급한다. 칸트의 저술 『인간역사의 추정적 시원』*Muthmaßlicher Anfang der Menschengeschichte*은 하나의 비유적인 설명방식의 범례로서 원용된다. 가블러는 444-445쪽에서 다음과 같이 쓰고 있다. "따라서 시원사에 대한 참된 설명은 확실히 칸트적 서술을 통해서는 획득되지 않았다. 그리고 모세의 고문서에 대한 해석으로서 그 서술은 매우 빈약한 업적을 지니며, 그 업적은 게다가 또한 많은 꾸며내어진 해석을 통해 적잖이 약화되고 모호해진다. 그러나 인간 이성의 계속적인 진보에 대한 철학적 전개로서 그 서술은 부인할 수 없이 커다란 가치를 지닌다. 그리고 모세의 시원사에 대한 신비주의적인 해석과 연관하여 그 서술은 하나의 훌륭한 전체를 제공한다." 신학자 요한 게오르그 로젠뮐러Johann Georg Rosenmüller(1736-1815)의 칸트에 대한 논박도 볼 것. 『신학의 연구와 관련한 몇 가지 유의점들: 성경 해석과 관련한 교수 칸트 씨의 몇 가지 언표들에 대한 논문을 포함하여; 1783년도 에얼랑엔에서 행해진 고별강연. 추정 2판. 성경해석과 관련한 임마누엘 칸트 씨의 몇 가지 언표들에 대한 논문을 포함하여』*Einige Bemerkungen das Studium* *der Theologie betreffend: nebst einer Abhandlung über einige Aesserungen des Herrn Prof. Kants die Auslegung der Bibel betreffend; eine Abschiedvorlesung in Erlang im Jahr 1783 gehalten. 2. verm. Aufl. Nebst einer Abhandlung über einige Aeusserungen des Hrn. Imm. Kant, die Auslegung der Bibel betreffend* (에얼랑엔Erlangen 1794.) 칸트적인 방법을 변론하는 크리스토프 프리드리히 폰 암몬Christoph Friedrich von Ammon(1766-1850)은 1794년 3월 8일에 칸트에게 다음과 같이 쓰고 있다. "예나Jena의 고故 되덜라인Döderlein은 그가 죽기 조금 전에 한 신학 저널을 창간 하였습니다. 나는 그 신학저널을 다른 신학자들과 함께 계속 진행시킬 계기를 갖게 되었습니다. 이 잡지의 첫 번째 항목으로 고귀한 당신의 탁월한 저술, 『순전한 이성의 한계들 안에서의 종교』의 발췌문이 자리하고 있습니다. 가장 존경스러운 선생님 — 왜냐하면 당신은 당신의 저술들을 통해 나에게 다음과 같은 것을 흘러 넘치게 한 분이기 때문입니다—, 그 저술에서 나는 성스러운 책[성서]들의 역사적이고 보편적인 의미에 대한 나의 마음에 드는 생각들이 당신의 언표들을 통해 확인될 정도로 나의 커다란 기쁨을 인식하게 되었습니다. 동시에 아이히호른, 가블러, 로젠뮐러는 이러한 도덕적 성서해석에 맞서 대단한 열의를 갖고 등장하였습니다. 그들은 이러한 도덕적 의미는 오래 전에 비웃음을 산 교부들, 특히 오리게네스Origenes의 비유적인 의미 이외의 다른 것이 아니라고 주장합니다. 이러한 해석의 방식에서는 모든 교의론적인 확실성[안전성]Sicherheit을 잃게 된다는 것입니다(물론 이점에서 그들이 전적으로 부당하지는 않을 것입니다). 하나의 새로운 야만이 이러한 해석의 결론을 이루게 될 것이라는 것입니다. 이 모든 들끓음이 진리의 권능 하에 결국은 저절로 사라질 것이라는 확신 속에서 나는 내가 나에게 첨부하는 영광을 주도록 해준 최신 저술들 중 하나를 소개함에 있어서 사태 그대로 따랐습니다. 가장 존경스러운 선생님, 내가 도덕적 성서해석의 원칙을 맞게 파악하였는지? 또는 내가 당신의 저술에서 하나의 잘못된 의미를 해석하고 있는지, 그리고 나에 대해 하나의 맹목적인 칸트숭배라

는 한 반대자에 의해 만들어진 비난은 근거지어진 것인지를 당신이 스스로 판단해 주십시오. 나는 정말 그저 학문들과 후세에 대한 당신의 모든 시선들이 얼마나 가치 있는지 만을 알 뿐입니다. 그러나 여하튼 나는 자신의 날들을 진리에 대한 축복을 위해 주의를 기울이며 이어가는 현자의 선의로부터 비록 짧게나마 하나의 답변을 바라는 용기를 충분히 가지고 있습니다."(AA XI 493-494, AA XXIII 329-330쪽.) 요한 크리스토프 되덜라인 Johann Christoph Döderlein(1745-1792)은 <국내외의 가장 중요한 신학 서적들과 저술들에 관한 소식을 전해 주는 해석 신학 문고>Auserlesenen theologischen Bibliothek, darinnen von den wichtigsten theologischen in–und ausländischen Bücher und Schriften Nachricht gegeben wird의 편집자였다. <신학 저널>Das Theologische Journal은 예나의 모나트Monath와 쿠슬러Kußler에게서 1792년도에 처음 발간되었다. 그 잡지는 <신 신학 저널>Neues Theologisches Journal이라는 명칭으로 계속 이어졌다.

43) 에마누엘 스베덴보리Emanuel Swedenborg(1688-1772), 스웨덴의 자연연구가이자 신지학자[접신론자]Theosoph. 그의 저술『성서, 또는 주의 말씀 속에 드러나 있는 천상의 비밀들』*Arcana Coelestia, quae in Scriptura Sacra, seu verbo domini sunt, detecta* (런던 1749-1756)은 이미 칸트에 의해 1766년의『형이상학의 꿈들을 통해 해명하는 한 시령자의 꿈들』*Träume eines Geistersehers, erläutert durch Träume der Metaphysik*에서 토론된다.(AA II 315-373; X 43; XXV 284, 1059; XXVIII 298, 593, 689, 897쪽.) 그렇지만 칸트는 또한 다음과 같은 인물들도 생각하고 있다. 독일 제화공이자 철학자인 야콥 뵈메Jacob Böhme(1575-1624)(AA XXV 109, 331, 1257쪽), 요한 카스파 라바터Johann Caspar Lavater(1741-1801), 목사[신부]Pfarrer이자 골상[인상]학자Physiognom:『영원으로의 전망들』*Aussichten in die Ewigkeit* 제2판, 제3권(취리히 1770-1773), 같은 저자,『비밀 일기장. 자기 자신의 한 관찰자에 관하여』*Geheimes Tagebuch. Von einem Beobachter Seiner Selbst* (라이프치히 1771), 같은 저자,『자기 자신의 한 관찰자의 일기장에서

발췌한 미변경 단편들; 또는 그 일기장의 제2부 [……]』*Unveränderte Fragmente aus dem Tagebuch eines Beobachters seiner Selbst; oder des Tagebuches Zweiter Theil [……]*(라이프치히 1773). 칸트에 의해 인용된 다른 신비주의자들은 다음과 같다. 잔느 마리 부비에 드 라 모트 귀용Jeanne Marie Bouvier de la Mothe Guyon(1648-1717) (AA XXV 1288쪽), 앙트와네트 드 부리뇽Antoinette de Bourignon(1618-1680) (AA VII 133, 162; XXV 1288쪽), 루이 클로드 마르퀴 드 생-마르탱Louis Claude Marquis de Saint-Martin(연대미상): 『오류와 진리, 또는 모든 인식의 보편적 원리에 대한 인간들의 거부』*Irrthümer und Wahrheit, oder Rückweiß für die Menschen auf das allgemeine Principium aller Erkenntniß [……]* (브레슬라우 1782), 같은 저자(연대미상), 『신, 인간 그리고 우주 사이에 존재하는 관계들의 자연적 도식』*Tableau Naturel des Rapports qui exsistent entre Dieu, l'Homme et l'Univers* (에딘버러Edinburg 1782) (AA XXV 1288, 1305쪽), 그리고 퀘이커 교도들 (AA VII 132; XV 664; XXIV 822; XXVIII 24, 118; XXVIII 555쪽.)

44) 『*Biblia*』, 요한복음 5장 8절, 마태복음 9장 5-6절, 누가복음 5장 23-24절, 마가복음 2장 9-11절.

45) 『*Biblia*』, 요한복음 5장 8절, 마태복음 9장 5-6절, 누가복음 5장 23-24절, 마가복음 2장 9-11절.

46) 『*Bibel*』 디모데 전서 1장 3-5절을 볼 것. "내가 너에게 훈계하였듯이 [너는] 몇몇 사람들에게 그들이 [……] 또한 끝이 없는, 그리고 신에 대한 믿음을 개선시키기[믿음 안에서 신의 경륜을 이루기]보다는 오히려 문제들을 일으키는 우화들[꾸며낸 이야기들]과 족보에 주의를 기울이지 않도록 해야 한다. 그런데 그 훈계의 요지는 순수한 마음과 선한 양심 그리고 꾸밈없는 믿음에 대한 사랑이다"(AA XXIII 424쪽). 『*Biblia*』, 디모데 후서 3장 16절: "신에 의해 기록된 모든 글들[성서]은 가르치고 벌하고 개선하기에 유익하다" (AA VI 112쪽). 『*Biblia*』, 요한복음 16장 13절: "진리의 영[성령]이 올 것이며, 그 영이 너희를 모든 진리에로 인도할 것이다" (AA VI

112쪽). 『*Biblia*』, 잠언 13장 14절: "지혜로운 자의 가르침은 죽음의 오랏줄을 벗어나게 하는 생명의 샘이다."(AA Ⅵ 112쪽.) 『*Biblia*』, 요한복음 7장 16-17절: "예수가 그들에게 대답하여 말하길, 나의 가르침은 나의 것이 아니라, 나를 보낸 이의 것이다. **누군가 그의 의지[뜻]를 행하고자 한다면, 그는** 이 가르침이 신으로부터 온 것인지, 내가 스스로 말하는 것인지를 **알게 될 것이다.**"(칸트의 성경에 눈에 띄게 표시됨) (AA Ⅵ 113쪽.)

47) 페레그리누스 프로테우스Peregrinus Proteus(?-167), 견유학파의 철학자Kyniker. 그의 삶에 대한 주요출처는 사모사타Samosata(대략 120-180년 이후)의 루키안Lukian 전기이다. 페레그리누스는 추정적으로 아르메니아에서 태어났다. 그는 (루키안에 의해) 부친살해의 혐의를 받게 되어 자신의 고향으로부터 도망쳐야만 했으며, 기독교에 들어섰고, 거기서 그는 그의 모험과 같은 삶의 방식으로 인해 약간의 명성을 얻었다. 그렇지만 그는 그의 추종자들과의 말썽을 일으킨 후 이집트에서 살았고, 나중에는 로마에 살았는데(황제의 가문에 대한 모독으로 인해 그 도시로부터 추방되었고), 결국에는 그리스로 옮겼다. 그곳에서조차도 그는 올림픽 경기를 즈음하여 그의 자살을 고지하였다. 루키안은 그 자살은 단지 페레그리누스의 터무니없는 허영과 명예욕을 통해 유발된 것이라고 주장한다. 프로테우스가 자기 자신의 조사弔辭를 읊은 후에 그는 스스로 불꽃 속으로 뛰어 들었으며, 그 후 곧바로 전설[성담]이 만들어진다. 그의 추종자들은 그들의 스승의 승천에 대해서 전언하며, 사람들은 이마에 올리브화관을 쓰고 흰옷을 입은 그를 보았다고 한다. 크리스토프 마르틴 빌란트Christoph Martin Wieland는 『철학자 페레그리누스 프로테우스의 불가사의한 이야기』*Geheime Geschichte des Philosophen Peregrinus Proteus*(라이프치히 1791) 안에 「페레그리누스의 죽음에 관한 루키안의 보고로부터의 발췌」*Auszug aus Lucian Nachrichten von Tode des Peregrinus*라는 하나의 글을 쓴다.

48) 『*Biblia*』, 마태복음 11장 3절.

49) 1769년에 불붙은 요한 카스파 라바터와 모세스 멘델스존Moses Mendelssohn (1729-1786) 사이의 논쟁을 시사함. 요한 카스파 라바터는 그의 『본네의 재생』*Bonnets Palingenesie*(『C. 본네 씨의 철학적 재생[부활], 또는 살아있는 존재의 과거와 미래의 상태에 대한 생각: 저자의 최근 글들에 대한 한 부록으로서; 그리고 특히 기독교에 대한 그의 연구들의 본질적인 것을 포함하여』*Herrn C. Bonnets Philosophische Palingenesie, oder Gedanken über den vergangenen und künftigen Zustand der lebenden Wesen: als ein Anhang zu den letztern Schriften des Verfassers; und welcher inssonderheit das Wesentliche seiner Untersuchungen über das Christenthum enthält.* 요한 카스파 라바터의 프랑스어로부터의 번역. 취리히 1769)에 대한 번역의 헌사에서 멘델스존에게 다음과 같은 것을 요구한다. 본네의 저술은 "당신이 기독교의 사실들이 의거하고 있는 본질적인 논의들을 옳지 않다고 여기는 한에서 공적으로 반박하는 것입니다. 그러나 그러한 한에서 당신은 당신이 영리하라, 진리를 사랑하라, 정직하라고 하는 것을 행하기 위해서는 이러한 본질적인 논의들을 옳다고 여길 것입니다.— 그것은 만약 소크라테스가 이 글을 읽고 반박될 수 없다고 여겼을 경우에 그가 행했을 바로 그것입니다." (멘델스존, 『모음집』*Gesammelte Schriften*, 기념판*Jubiläumsausgabe* (JA), 베를린 1929ff., 재인쇄와 후속, 슈투트가르트 1971ff., Ⅶ권 5쪽에 따라 인용). 멘델스존은 그의 『라바터에게 보내는 서한』*Schreiben an Lavater* (1769) (JA, Ⅶ권 8쪽)에서 다음과 같이 답변한다. "나는 나의 견해들과 행위들을 심사하는 의무를 아주 일찍이 알고 있다. 그리고 내가 젊은 시절 초기부터 나의 휴식과 휴양의 시간들을 세계지혜와 훌륭한 학문들에 바쳤을 때, 그것은 오로지 정말 필요한 이러한 심사를 위해 나를 준비시키려는 의도에서 일어난 것이다. [……] 이 수년 동안의 연구에 따른 결정이 완전히 나의 종교의 유익[장점]으로 나타나지 않았다면, 그 결정은 필연적으로 하나의 공적인 행위를 통해 알려져야만 했을 것이다. 만일 내가 종교의 진리의 핵심을 확신하지 못한다 해도, 외견상 아주 과도하게

엄격한, 그래서 일반적으로 경멸되는 하나의 종교에 내가 사로잡힐 수 있을 것이라고 나는 생각지 않는다." 10쪽: "이러한 개종[회개]의 정신은 몇몇 사람들이 그 정신의 근원을 기꺼이 유대교에 두고 싶어 하지만, 이 유대교에 [……] 단도직입적으로 배치된다." 11쪽: 랍비적인 이해에 따르면 "우리의 계시된 종교를 이루는 성문율들과 구술율들die schriftlichen und mündlichen Gesetze"은 단지 "야곱 족속Gemeinde Jacob"에만 구속력이 있다고 한다. "자연의 법칙과 조상들Patriachen의 종교를 따르는 지상의 모든 나머지 민족[족속]들은 신에 달려 있다고 우리는 믿는다." 그들에게는 영원한 복락에 참여하기 위해 "자연법의 본질적인 법칙[율법]들을 포함하고 있는" 노아의 7계명[율법]을 지키는 것으로 충분하다고 한다. 13쪽: "나는 나의 신앙과 같지 않은 많은 뛰어난 사람들을 친구로 갖는 행운을 가지고 있다. [……] 결코 나의 마음이 남모르게 나에게 다음과 같은 소리를 울리지 않았다. 아름다운 영혼인데, 애석하구나! 이때 자신의 교회 밖에는 영복이 없다고 믿는 자에게는 그와 같은 탄식이 아주 빈번히 가슴 속에서 올라올 수밖에 없다." 그런데 칸트는 모세스 멘델스존의 『예루살렘 또는 종교적 힘과 유대교에 대하여』*Jerusalem oder über religiöse Macht und Judentum*(베를린 1783) (재인쇄: JA, 8권 99-204쪽)에 관계하고 있다. "나의 집의 벽돌들이 빠져서 그 건물이 무너질 위험이 있다는 것이 사실인 경우, 만약 내가 나의 소지품들을 맨 아래층에서 맨 위층으로 옮긴다면 그것은 잘한 일인가? 그때 나는 더 안전해지는가? 그런데 기독교는 그들이 아는 것처럼 유대교 위에 세워져 있어서 이 유대교가 무너진다면 필연적으로 이 유대교와 함께 무너질 수밖에 없다. 그들은 나의 추론이 유대교의 토대를 파내는 것이라 말하며 나에게 위층의 안전을 제안한다. 나는 그들이 나를 조롱하고 있다고 생각할 수밖에 없지 않은가?" 127ff.쪽: "법칙[율법]에 대해 추사유하는 것, 그 법칙[율법]의 정신을 연구하는 것, 입법자가 아무런 근거도 제시하지 않은 여기 저기에서 어쩌면 시간과 장소, 그리고 상황들에 결부되어 있고 어쩌면 시간과 장소

그리고 상황들에 따라 변경될 수 있는 하나의 근거를 추정하는 것은 우리에게 허용되어 있다—만약 그러한 법칙[율법]에 대한 지고한 입법자의 의지를 인식시켜 주는 것, 즉 그가 그 법칙[율법]을 스스로 정하였다고 큰 소리로 그렇게 공적으로 모든 회의와 의심을 넘어 인식시켜 주는 것이 그 입법자의 마음에 드는 일이라면. 이러한 것이 발생하지 않는 한, 즉 우리가 그 법칙[율법]으로부터의 신뢰할 만한 해방을 보여줄 수 있는 것을 갖고 있지 않는 한, 우리의 사변[궤변]은 우리가 그 법칙[율법]에 책임을 져야 하는 엄격한 복종으로부터 벗어날 수 없다". 칸트는 이것을 멘델스존이 "저 위대한 날에 시나이Sinai에서 들린 목소리"에 관해 말하는 48f.쪽의 구절과 연결시키는 것으로 보인다. 127쪽도 비교할 것: "실제로 나는 어떻게 야곱의 집안에 태어난 자들이 그 어떤 방법으로 그 법칙으로부터 벗어날 수 있는지 알지 못한다." 129ff.쪽: "우리 중 어느 한 사람이 기독교로 넘어간다고 해도, 나는 어떻게 그가 그것을 통해 그의 양심을 해방시키고 스스로 그 법칙[율법]의 멍에로부터 벗어난다고 믿을 수 있는지?를 이해하지 못한다. [……] 나사렛 예수도 모세의 법칙[율법]뿐만 아니라 또한 랍비들의 규정들도 준수하였다 [……]. 예수의 가르침들이 나중에 다르게 생각되었다면, 그리고 유대인들도 그들의 가르침을 벗어날 수 있다고 생각했다면, 그것은 분명히 그[예수]의 권위[영향력]Autorität 없이 일어난 것이다.(AA Ⅵ 166; X 347; XXIII 90, 114, 439쪽.) 유대인 개종의 주제와 관련하여 여러 저자들이 종사한다. 예를 들어 요한 에른스트 슈베르트Johann Ernst Schubert를 볼 것: 『보편적 유대인-개종과 천년 왕국에 관한 생각들』*Gedanken von der allgemeinen Juden–Bekehrung und dem tausendjährigen Reich*(예나 1742), 『기독교인들의 운명, 이교도 근절 그리고 유대인의 신속한 개종[회개], 그리고 그에 곧바로 이어지는 기초적인 세계의 종말에 관한 에마누엘 스베덴보리 씨의 마지막 말과 예언』*Des Herrn Emanuel Swedenborg letzten Worte und Prophezeyung von dem Schicksal der Christen, Vertilgung der Heyden und schnellen Bekehrung der Juden und darauf stracks folgenden Ende der elementarrischen Welt*(알토나Altona 1789).

50) 라자루스 벤다비드Lazarus Bendavid(1762-1832), 『유대인들의 특성에 속하는 것』*Etwas zur Charackteristik der Juden*(라이프치히 1793), 33쪽: "멘델스존이 나타났다! 이 사람은 사람들이 기독교 수용을 위해 그를 설득시키려 했고, 그것을 통해 그에게 그의 내적 가치에 대한 온갖 감언이설의 증언을 하게 만들었던 사람으로 [……] 비록 신앙에 있어서는 아니지만, 할례Beschneidung에 있어서 강력히 그의 형제들의 주의를 자신에게로 끌었다. 그의 형제들은 그에게 주어진 제의에 대한 그의 단적인 거절을 통해, 또한 기독교인들이 그에게 부여한 것이라 보았던 존경을 통해 어슴푸레한 미명에서처럼 어쩌면 유대교가 기독교의 교리와 함께 존속할 수 있다는 것과 그러한 것이 오히려 기독교인들의 유파[종파]를 얻도록 하기 위해서도 아주 좋을 것이라는 것을 깨닫기 시작하였다. 왜냐하면 그 유파가 어떤 한 사람[국가]에게는 매우-유익할 수 있기 때문이다." 64쪽: "국가는 너희가 잘되길 원하며, 너희의 최선을 원하고, 너희는 스스로를 국가의 선의에 상응하도록 만들라. 너희는 모든 무의미한 예법[율법]을 폐기하여 너희의 자녀들에게 너희 모두가 매우 잘 아는 것, 즉 그 법칙[율법]은 단지 자기 자신의 정원을 둘러싼 울타리로서 설치되었던 것이라고 말하라. 이전 세기의 노예의식에 대해 내면을 아름답게 유지하기 위한 아주 편리한 한 수단이 지금은 더 이상 맞지도 않고 실행되지도 않는다고 말하고, 그 내면이 침해되지 않고 남아 있다면 너희는 그 울타리를 포기하려 한다고 말하고, 너희의 자녀들에게 모세의 순수한 가르침은 너희의 신앙의 발판인 자연종교의 가르침이라고 고백하라. 종교의 내면을 인간의 내면의 개선을 통해 보호하라. 너희의 자녀들에게 인간사랑을 가르치며, 힐렐Hillel[옮긴이: 히브리어로 הלל הזקן, Hillel ha-zaqen(약 기원전 30-약 기원후 9), 두 번째 예루살렘 성전 파괴의 시기의 가장 중요한 바리새파 랍비들 중 한 사람으로 산헤드린Sanhedrin의 대표자이며 성서해석 학교의 설립자]의 잠언에 따라 우리 종교의 가장 위대한 가르침, 즉

너의 이웃을 네 자신처럼 사랑하라는 원칙을 어머니의 젖과 더불어 그들에게 흘려 넣어주라. 너희는 만물의 아버지가 너희를 겸손하고 온유한 인간들로서, 즉 모든 인간을 만들었으며 모두를 부양하며 모두에게 그것을 알 수 있는 감정[느낌]을 불어 넣었고, 그의 훌륭한 세계에 마법을 행하여 경배하도록 우리를 사로잡는 유일하며 선하고 영원한 한 존재를 믿는 무리들로서 갖길 원하신 대로 너희를 그렇게 세상에 보이라."(AA Ⅺ 306, Ⅻ 294. XIII 609, XIII 423, 424쪽.)

51) 『*Biblia*』, 고린도전서 15장 28절: "**신은 모든 것 속에 있는 모든 것이라는 것**."(칸트의 성경에 눈에 띄게 표시됨) (AA Ⅵ 121쪽.)

52) 『*Biblia*』, 에베소서 4장 22-24절과의 관련을 암시: "이제 너희는 이전의 행실을 따라 욕망[쾌락]들을 통해 과오 속에서 썩어가는 옛사람을 벗어버리라. 그리고 너희는 너희 마음의 영을 새롭게 하여 신을 따라 올곧은 정의와 거룩함으로 만들어진 새사람을 입으라." 『*Biblia*』, 골로새서 3장 9-10절: "너희는 서로 거짓말하지 말며, 옛사람을 그 행실들과 함께 벗어버리고 새사람을 입으라. 그 사람은 올바른 형상[신의 형상]을 인식할 만큼 새로워진 자이다."(AA 48쪽.)

53) 루터식 경건주의의 창시자는 복음주의[개신교]의 신학자 필립 야콥 슈페너Philipp Jacob Spener(1635-1705)이다. 칸트는 학교에서 그의 『마르틴 루터 박사의 전체 교리문답이 명확하고 근본적으로 설명되어 있고 또한 동시에 신의-지식의 핵심이 교화적으로 소개된 교리문답서』*Cathechismus-Tabellen. Darinnen der gantze Catechismus D. Martin Luthers deutlich und gründlich erklärt aber auch zugleich Der Kern der Gottes-Gelehrheit erbaulich vorgestellt wird*(라틴어에서 독일어로 번역되고, Io. 조르지오 프리티오Geoergio Pritio의 몇몇 안내-표들과 더불어 증보됨, Frankfurt a. Main 1734)를 공부한다. 헤르만 아우구스트 프랑케Hermann August Francke(1663-1727)는 1695년부터 할레Halle에 하나의 재단을 설립한다. 그 재단은 하나의 빈민학교, 하나의 라틴어학교, 하나의 교원양성소, 하나의 기숙사, 하나의 고아원,

하나의 서적인쇄소, 하나의 서점, 하나의 병원, 그리고 하나의 약국으로 이루어져 있다. 그것에 대해 그는 다음과 같은 책을 출판한다. 『교육학에 있어서 할레의 글라우카에 도입된 [……] 질서와 교습방식』*Ordnung und Lehrart, wie selbige in dem Pädagogio zu Glaucha an Halle eingeführt ist [……]* (할레 1702). 칸트는 또한 성서주의자이며 경건주의자인 사무엘 콜렌부쉬 Samuel Collenbusch(1724-1803)의 생각을 신뢰하였다. 칸트는 그로부터 1795년 1월 23일자(AA XII 2-3쪽)와 1795년 3월 30일자(AA XII 12-14쪽), 그리고 1796년 3월 30일자(AA XII 67-68쪽)의 편지들을 받는다.

54) 또한 형제-결사 Brüder-Unität, *Unitas fratrum*, 보헤미아의Böhmische 또는 매렌[모라비아]의Mährische 형제들로도 알려져 있다. 모라비아주의는 1727년 매렌의 신앙망명자들의 한 공동체로부터 발생하며, 그들은 보헤미아의 개혁자 얀 후스Jan Hus에 의해 초빙되어 니콜라우스 루트비히 폰 친첸도르프Nikoaus Ludwig von Zinzendorf(1700-1760)에 의해 괴를리츠 Görlitz(선제후 영령 작센Kursachsen)에 정착하게 되었다. 그 정착은 '헤른후트[주인의 보호]Herrnhut'라는 명칭을 얻어 원기독교적인 형제애를 중심에 세우는 하나의 고유한 신앙지침Glaubensordnung을 발전시킨다. 친첸도르프는 프리드리히 폰 바텐뷜Friedrich von Wattenwyl에 의해 스위스의 경건주의자들과 관계하게 된다. 드레스덴의(뢰바우Löbau와 치타우Zittau 사이에 있는) 오벌라우지츠Oberlausitz에 있는 헤른후트의 지역설립자인 친첸도르프는 하나의 개신교 기도서인 **헤른후트 기도문***Herrnhuter Losungen*의 고안자이다. 그 기도문은 1731년부터 매년 중단되지 않고 출판되며, 오늘날 대략 40여 개의 언어로 출판되어 있다.

55) 요한 게오르그 하만(1730-1788), 「아벨라르두스 비르비우스, 신 엘로이즈에게 보내는 다섯 편지들의 저자에게」*Abälardus virbius an den Verfasser der fünf Briefe die neue Heloise betreffend*: 『최신 문헌과 관련한 편지들』Briefe, die Neueste Litteratur betreffend(1759-66), 1761, 2부, 194-209쪽에 수록, 여기에는 206-207쪽: "영Young은 이미 그의 백조의 노래에서 물이

흐르지 않는 일곱 계곡[지옥]septem sine flumine valles을 보여주지 않았는가. 그렇지만 모든 감성적 기적행위가 하나의 직접적인 감정을 대체하기에는 충분치 못하고, 자기인식의 지옥행 외에 아무것도 우리에게 거룩함으로 가는 길을 닦지 못한다."(AA Ⅵ 441; XXⅢ 342; XXⅤ 7쪽.)

56) 인간학 강의에서 리히텐베르크와 라바터의 입장들은 다음과 같이 보고된다. "리히텐베르크는 얼굴모습이 교육과 습관을 통해 비로소 확정되기 때문에 얼굴표정으로부터 나온다고 생각한다. 라바터는 얼굴모습이 자연으로부터 나오고 습관적인 얼굴표정이 아니라고 주장한다."(AA XXⅤ 1380쪽.) 요한 카스파 라바터, 『인상[골상]학적 단편들, 인간인식과 인간사랑의 촉진을 위하여』*Physiognomische Fragmente, zur Beförderung der Menschenerkenntnis und Menschenliebe*, 총4권 (라이프치히/빈터투르Winterthur 1775-1778), 4권, 417쪽: "목소리, 걸음걸이, 지위, 몸짓, 의복,—인간에게서의 모든 것은 인상[골상]학적이다—인간이 접촉하는 모든 것, 그리고 그의 손을 통해 이루어지는 모든 것, 그의 반경 안에 나타나는 모든 것은 그의 어떤 무엇을 반영한다. 인간은 모든 것에서 자신을 비춰 보여주며, 자신을 찍어내며, 자신의 상을 복제한다 [……]." 게오르그 크리스토프 리히텐베르크Georg Christoph Lichtenberg(1744-1799), 독일 물리학자이며 작가: 『인상[골상]학자들에 반하는 인상학에 대하여. 인간사랑과 인간인식의 촉진을 위하여』*Über Physiognomik wider Physiognomen. Zur Beförderung der Menschenliebe und der Menschenerkenntnis*, 증보 제2판 (괴팅겐 1778), 같은 저자, 『저술들과 편지들』*Schriften und Briefe*, 제3판, 총 6권, 볼프강 프로미스Wolfgang Promies 편집(프랑크푸르트 암 마인 1994)에 수록, 3권, 282쪽: "나는 다음과 같이 생각한다. 유명하며, 존경받고 사랑받는 사람들의 외양에 유사하게 자신의 외양을 만들려는 모방과 노력, 그들의 실수와 웃음거리, 심지어 악한 습관들을 흉내 내는 것은 얼굴에 놀랄 만한 변화들을 가져오지만, 그 변화가 전혀 마음 또는 머리에까지 미치지는 못한다."(AA XXⅤ 1380쪽.)

57) 크리스토프 프리드리히 니콜라이Christoph Friedrich Nicolei(1733-1811), 베를린의 계몽가이며 출판가: 『1781년의 독일과 스위스 일주 기행. 학식, 산업, 종교 그리고 윤리에 대한 기록들을 포함하여』*Beschreibung einer Reise durch Deutschland und Schweiz im Jahr 1781. Nebst Bemerkungen über Gelehrsamkeit, Industrie, Religion und Sitten*, 총 12권 (베를린-슈테틴Stettin 1783-1796), 3권(1784), 91쪽: "빈에 있는 사람은 그곳에서 대부분의 사람들이 얼마나 심하게 뚱뚱해지고 그 후에 마르게 되는 경향이 있는지를 확인하기 위해 많은 복스러운 얼굴들, 많은 살찐 소년들, 많은 늘어진 뺨들, 중년의 사람들만을 주의해 보면 된다."(AA Ⅶ 302; XXV 1549쪽).

58) 미상의 작자(헤르만 사무엘 라이마루스Hermann Samuel Reimarus)의 작품을 의미함: 『문학에 대한 레싱 씨의 기고에서 언급되지 않은 두 개의 단편들. 그것에 대한 고찰과 함께 인쇄됨. 몇몇 지도들을 포함하여』*Zwey Fragmente eines Ungenannten aus Herrn Lessings Beyträgen zur Litteratur abgedruckt mit Betrachtungen darüber. Nebst einigen Landkarten*(뉘른베르크 Nürnberg 1778). 칼 프리드리히 바르트Karl Friedrich Bahrdt(1741-1792), 『기독교도들과 비기독교도들 모두에게 읽힐 수 있는 의심자들과 사상가들을 종국적으로 진정시키기 위한 도덕적 종교의 체계』*System der moralischen Religion zur endlichen Beruhigung für Zweifler und Denker. Allen Christen und Nichtchristen lesbar*, 제1권 (베를린 1787). 1790년 베를린과 1792년 리가에서 제2권과 제3권이 출간되었다. 칼 프리드리히 바르트는 1786년 12월 29일에 칸트에게 다음과 같이 쓰고 있다. "매우 훌륭하신 분이여, 내가 동시에 순수한 기독교로 간주하는 나의 순수한 자연주의의 체계를 당신에게 보내어 당신의 솔직하고 엄격한 판단을 청하도록 허락하여 주십시오. 그 체계가 당신의 확신과 함께 존속할 수 있다면, 당신이 이 책을 살펴봄으로써 지지하고 추천하신다면, 그에 대해 나는 나의 진리에 대한 사랑으로 인해 매우 기뻐할 것입니다. 나는 내가 당신과 같은 소수의 사람들을 아주 높이 평가하고 있다는 것과 만약 내가 당신을 나의 친구로

일컬어도 된다면 나는 자랑스러워 할 것임을 당신에게 보증합니다."(AA Ⅹ 472-473쪽.) 1791년 바르트는 할레에서 『국가와 인간권리에 관련된 자연종교와 자연주의의 가치평가』*Würdigung der natürlichen Religion und des Naturalismus in Beziehung auf Staat und Menschenrechte*를 출판한다. 고틀롭 벤야민 예쉐Gottlob Benjamin Jäsche(1762-1842, 철학자이자 개신교 신학자)는 1789년에 비자연주의적 관점으로부터 <계몽을 위한 베를린 저널>Berliner Journal für die Aufklärung에 「순수 자연주의는 민족종교가 될 수 있는가? 라는 물음에 대한 한 연구 시론」*Versuch einer Untersuchung der Frage: Kann reiner Naturalismus Volksreligion werden?*(제1권 201-240쪽; 제3권 27-60쪽)을 발표한다. 1790년에는 베를린에서 그의 저술 『순수 자연주의와 실정 종교, 특히 기독교에 대하여』*Über reinen Naturalismus und positive, insonderheit christliche Religion*가 출간된다. 예쉐는 기독교적 계시신앙의 실증주의적 이해에 대한 계몽비판의 정당성을 입증한다. 그럼에도 불구하고 그는 교회적으로 매개된 계시의 경건함에 대해 찬성표를 던진다. 이러한 결정으로 그는 칸트가 2년 전에 그의 『실천이성비판』에서 표현한 것과 같은 실천이성의 원칙들과 요청들에 찬성하고 있는 것으로 보인다.

59) 푸블리우스 베르길리우스 마로Publius Vergilius Maro(기원전 70-19), 로마 시인: 『에네이스』*Aeneis*[독일어로 에네이데], 376쪽: "*desine fata deum flecti sperare precando, sed cape dicta memor, duri solacia casus.*" 『베르길의 에네이데』*Vergils Äneide*는 요한 하인리히 포스Johann Heinrich Voß에 의해 번역됨(라이프치히 1875. 1799년 재편집): "신들의 운명이 간청을 들어줄 것이라는 희망[망상]을 버려라! 그러나 내가 이야기하는 것, 벌어진 힘든 일에 대해 위로하는 말을 들어라."

60) 피에르 코스트Pierr Coste(1697-1757), 『설교들』*Predigten*, 예루살렘Joh. Fr. W. Jerusalem의 머리말 포함. 불어로부터 요한 트라우고트 슐체Johann Trautgott Schulze와 크리스티안 고틀립 쾰너Christian Gottlieb Köllner에

의해 번역됨(라이프치히 1755-1756), XXXIII장, 538ff쪽: "신의 말을 읽는 것에 관하여". 원본: 『*Sermons*』(할레 1753); **종교의 교의론적이고 도덕적인 진리들을 지니는 설교[강론]들은 일련의 그리고 하나의 자연적 질서 속에 있는 약속[계약]일 것이다***Sermons où les vérités dogmatiques et morales de la religion ont été traitées de suite et dans un ordre naturel*(드레스덴 1755). (AA XXIII 97, 266, 357쪽.)

61) 칸트는 그의 장서 가운데에 자크 베니녜 보쒸에Jacque Bènigne Bossuet (1627-1704)의 책을 갖고 있었다. 『세계 및 종교 역사 입문』*Einleitung in die Geschichte der Welt, und der Religion*, 요한 안드레아스 크라머Johann Andreas Cramer 번역(라이프치히 1775).

62) 드니 페토Denis Petau(1583-1652), 프랑스 신학자이자 연대학자: 『시대론 작업』*Opus de doctrina temporum*(파리 1627-1630).

63) 요한 알브레히트 벵엘Johann Albrecht Bengel(1687-1752), 뷔르템베르크 Würtemberg의 신학자: 『시대의 순서』*Ordo Temporum A Principio Per Periodos Oeconomiae Divinae Historicas Ateqve Propheticas Ad Finem Vsqve Ita Dedvctvs*(튀빙엔 1741), 9쪽, 218ff쪽.

64) 요한 게오르그 프랑크(1705-1784), 루터파 신학자: 『기초 연대기 서곡』*Praelusio chronologicae fundamentalis, qua omnes anni ad solis et lunae cursum accurate describi, et novilunia a primordio mundi ad nostra usque tempora et amplius ope epactarum designiari possunt: in cyclo Jobeleo biblico detecta et ad chronologiam tam sacram quam profanam applicatae*(괴팅겐 1774). 숫자 7의 신비론을 위해서는 칸트가 요한 게오르그 하만에게 보낸 1774년 4월 6일자의 편지도 비교할 것. (AA X 153-156쪽.)

65) 『*Biblia*』, 창세기 22장 1, 2절: "이 일이 일어난 후에 신은 아브라함을 **시험하여**(칸트의 성경에 눈에 띄게 표시됨) 그에게 말하길, 아브라함아! 그리고 그가 대답하길, 내가 여기 있습니다. 그리고 신이 말하길, 네가 사랑하는 너의 유일한 아들 이삭을 데리고 모리야 땅으로 가서 내가

네게 일러줄 어느 한 산 위의 바로 그곳에서 그를 번제물로 드리라." (AA Ⅵ 87, 187쪽.)

66) "초자연적인 것에 대한 학문은 가능하지 않다."

67) 『Bibel』, 사도행전 2장 1-13절: "그리고 오순절이 이르렀을 때, 그들 모두는 한 장소에 서로 함께 있었다. 그리고 갑자기 하늘로부터 강력한 바람에 의한 것 같이 쏴쏴 거리는 소리가 일어나서 그들이 앉아 있는 온 집을 가득 채웠다. 그리고 그들에게 불에 의한 것 같이 혀들이 갈라지는 일이 나타났다. 그리고 그 불이 그들 각자 위에 앉았고, 그들 모두는 성령에 의해 충만 되어 그 영이 그들에게 말하게 한 듯이 다른 언어들로 말하기 시작하였다. 그런데 예루살렘에는 하늘 아래의 모든 민족들로부터 온 신을 경외하는 자들인 유대인들이 거주하였었다. 그런데 이 쏴쏴 거리는 소리가 일어났을 때, 큰 무리가 함께 와서 보고는 당황하였다. 왜냐하면 그 무리의 각각은 저들이 그 무리의 각자의 고유한 언어로 말하는 것을 들었기 때문이다. 그런데 그들은 깜짝 놀라 기이히 여기며 말하길, 보라, 여기 말하고 있는 이들 모두는 갈릴리 출신이 아니냐? 도대체 어떻게 하여 우리는 우리 각자 자신의 모국어를 듣고 있는 것인가? 우리는 파르테인Parther[이란북부의 한 민족], 미디안인Meder[또는 매데인, 이란의 한 민족], 엘람인Elamiter[이란의 한 민족]이며, 메소포타미아[현 이라크 지역]와 유대Judäa, 카파도키아Kappadozien[터키 중앙지역], 폰투스Pontus[또는 폰토스, 흑해의 남부해안지역, 현 터키북부] 그리고 아시아 지방, 프뤼기아Phrygien[현 터키의 중북부]와 팜필리아Pamphylien[현 터키남부] 지방, 이집트, 그리고 리비아의 키레네Kyrene[구레네] 지역에 거주하고, 로마에서 이주해온 자들이며, 유대인과 유대인동료들이고, 크레타인이고 아랍인이다. 우리는 저들에게서 우리의 언어들로 신의 큰 행적들에 관해 말하는 것을 듣고 있다. 그런데 그들은 모두 놀라 어리둥절하였고, 한 사람은 다른 이에게 말하길, 도대체 어떻게 된 일이냐? 그런데 다른 이들은 조롱하여 말하길, 저들은 달콤한 포도주에 잔뜩 취해있다."

68) 마르쿠스 툴리우스 키케로(기원전106-43), 로마의 정치가이자 작가: 『카틸리나에 대한 제1반박연설』*Oratio I in Catilinam*, 4쪽: "Decrevit quondam senatus, ut L. Opimius consul videret, ne quid res publica detrimenti caperet."(언젠가 원로원은 루키우스 오피미우스 집정관으로 하여금 국가가 아무런 손상을 입지 않도록 보살필 것을 결정하였다.)

69) 칼 아놀드 빌만스Karl Arnold Wilmans(1772-1848), 의사이자 철학자: 『순수한 신비주의와 칸트의 종교론 사이의 유사성에 대한 철학적 논구』*Dissertatio philosophica de similitudine inter mysticismum purum et Kantianam religionis doctrinam.*(할레 1797) (AA XII 204, 208, 232, 261, 279-281쪽.) 이미 크리스토프 프리드리히 암몬Christoph Friedrich Ammon은 빌만스가 건드린 주제, 즉 『칸트적 성서해석의 도덕적인 말과 몇몇 신 신비론자들의 내적인 말의 유사성에 대하여』*Ueber die Aehnlichkeit des inneren Wortes einiger neueren Mystiker mit dem moralischen Worte der Kantischen Schriftauslegung* (괴팅겐 1796)를 다루었다(AA XIX 648쪽). 그는 11쪽에서 다음과 같이 쓰고 있다. "신비주의자들은 외적인 말뿐만 아니라 전체의 신학과 종교를 인간에게서의 내적인 천상의 말로 환원시키고자 하고 그 말과 통일시키고자 한다. 도덕법칙을 모든 종교와 신학의 원천으로 간주하는 칸트는 순수 도덕적인 종교의 보편적인 지침들과 합치하는 하나의 의미로 외적인 계시에 대한 일관된 해석을 주장한다." 1800년에 라인홀드 베른하르트 야흐만Reinhold Bernhard Jachmann은 쾨니히스베르크의 니콜로비우스Nicolovius에게서 『순수한 신비주의와의 유사성과 관련한 칸트의 종교철학 검토. 임마누엘 칸트의 서문 포함』*Prüfung der Kantischen Religionsphilosophie in Hinsicht auf die ihr beygelegte Aehnlichkeit mit dem reinen Mystizismus. Mit einer Einleitung von Immanuel Kant*이라는 책을 출판한다. 야흐만은 암몬과 빌만스에 반대하여 이성에 근거지어진 칸트철학을 계시 또는 내적인 비춰에 바탕을 두고 있는 신비주의로부터 구별한다(AA VIII 450쪽에 있는 칸트의 「내부에 놓여있는 일에 대한 전망」*Prospectus*

zum inliegenden Werk[위 야흐만의 책의 서문]을 비교할 것).

70) 요한 크리스티안 라일Johann Christian Reil(1759-1813), 의사: 「소위 동물의 전기현상에 대한 편집자에게 보내는 교수 라일 씨의 서한」*Schreiben des Herrn Prof. Reil an den Herausgeber über die sogenannte thierische Elektrizität*, <물리학 저널>Journal der Physik, 6권(1792), 3호, 411-414쪽. 같은 저자, 「생명력에 관하여」*Von der Lebenskraft*, <생리학 논총>Archiv für Physiologie, 1권(1795), 8-162쪽.

71) 이 물음은 이미 『속설에 대하여: 그것은 이론에서는 옳을지 모르지만 실천에 대해서는 쓸모없다』(1793)[오진석 옮김, 도서출판 b, 2011]의 제3절에서 제기되었다. "인간의 자연[본성] 속에는 류가 언제나 더 좋은[선한] 상태로 진보할 것이라고 [……] 추측할 수 있는 소질들이 있는가?"(AA Ⅷ 307쪽)[이 문장의 '추측할 수 있는 소질들'은 오진석의 번역본에서 "인간의 자연[본성] 속에는 '제거될 수 있는 소질들'이 있는가, 즉 류는 언제나 더 좋은[선한] 상태로 진보할 것 [……] 인가?"로 오역되어 있다. 61-62쪽]

72) 프리드리히 빌헬름 2세Friedrich Wilhelm Ⅱ의 정치와 그의 추종자들의 이론들을 의미한다. 프리드리히 폰 겐츠Friedrich von Gentz(1764-1832), 「이론과 실천 사이의 관계에 대한 교수 칸트 씨의 추론에 붙이는 추서」*Nachtrag zu dem Räsonnement des Hrn. Professor Kant über das Verhältniß zwischen Theorie und Praxis*, <베를린 월보>Berlinischen Monatsschrift, 1793, 2권, 518-554쪽에 수록. 여기에는 552쪽: "이 모든 것에 대한 결과는 다음과 같다. 단순한 의무개념에 기인하는 국가법의 이론은 국가법의 실천에 대해 불충분하다. 그리고 (본래 실천하는 국정인과도 구별될 수 있는) 실천적 국가학자는 단순한 이론가에 대해 궤변과 지혜의 오만이라는 비난을 갖다 붙일 것 없이 옛 속설을 아주 약간 변경하여 그가 그 이론가에 다음과 같이 말하는 방식으로 사용할 수 있다. 네가 가르치는 것은 이론에서는 옳지만, 아직 실천에 대해서는 쓸모없다."(AA Ⅺ 490쪽.) 아우구스트

빌헬름 레베르크August Wilhelm Rehberg(1757-1836), 「실천에 대한 이론의 관계에 대하여」*Über das Verhältniß der Theorie zur Praxis*, <베를린 월보>, 1794, 1권, 114-142쪽에 수록. 여기에는 136쪽: “그러므로 그렇게 선험적 원리들에 기인하는 시민 사회의 전 체계는 단지 그 구성원이 (형이상학적으로) 완전히 자유로운 존재들이고, 그 존재들 각각이 자기 자신의 작용반경의 창조자일 수 있는 하나의 세계 내에서만 적용될 수 있을 하나의 이념이다. 그렇지만 루소(그의 원칙들과 칸트 씨의 이론은 본질적으로 사람들이 단지 사회계약Contrat social이라는 용어를 해당하는 곳에 끼워 넣어 사용할 정도로 완전히 일치한다) 스스로도 그의 체계가 또한 전혀 시민적 헌정체제를 필요로 하지 않을 단지 신들의 공화국에 대해서만 적합하다는 것을 알고 있다. 물론 이성을 분유하고 있지만, 결코 일관되게 이성적이지 않은 존재들 사이의 이 시민적 헌정체제는 반대로 필연성이 아니라 실효가 있는 것에 대한 판단 속에 근거 지어져 있는 [……] 조건들에 기인한다.”(AA XI 491쪽.) 에드먼드 버크Edmund Burke(1729-1797)도 볼 것: 『프랑스 혁명에 대한 고찰』*Betrachtungen über die französische Revolution*. 번역자: 프리드리히 겐츠(베를린 1793, 제2판 1794; 재편집, 에드먼드 버크/프리드리히 겐츠, 『프랑스 혁명에 대하여. 고찰들과 논고들』*Über die Französische Revolution. Betrachtungen und Abhandlungen*, 베를린 1991, 13-400쪽에 수록(여기에는 131쪽)), 제2판, 제1과, 78-79쪽: “항상 준비되어 있는 이 사변적인 머리들의 비난은 국가들이 그 머리들의 이론들에 따라 수립되어 있지 않은 경우 가장 끔찍한 전제폭정이나 가장 생생한[최근의] 찬탈에 향하는 비난과 마찬가지로 아주 족히 자선을 베푸는 옛 정부[통치]를 향한다. 국가들은 잘못을 손보기 위해서가 아니라 순전히 지배를 위한 권한과 전권위임에 대한 문제를 협상하기 위해 모든 정부들과의 지속적인 전쟁 중에 있다. 나는 그들의 정치적인 형이상학의 서투른 정교함에 대해 아무런 할 말이 없다. 그렇지만 아마도 그들은 그것을 가지고 그들의 학교들에서 즐거워할 것이다.” (여기에서는 번역

수정됨. 칸트, 『속설에 대하여』, 오진석 옮김, 11쪽과 73-74쪽의 미주 1번 비교.)

73) 폭력주의는 『순전한 이성의 한계들 안에서의 종교』에서 다음과 같이 기술된다. "세계가 악마[사탄]들 속에 놓여있다는 것은 그 역사만큼 오래되고, 심지어 그보다 더 오래된 창작술Dichtkunst 만큼 오래되었으며, 당연히 모든 창작물들Dichtungen 가운데에 가장 오래된 것, 즉 사제종교Priesterreligion와 같이 오래된 하나의 탄식이다. 말하자면 그 창작물들은 세계를 선으로부터 시작케 한다. 황금시대로부터, 낙원에서의 삶으로부터, 또는 천상의 존재들과의 공동체 속에서의 좀 더 행복한 삶으로부터 시작케 한다. 그러나 그 창작물들은 곧 이 행복을 하나의 꿈처럼 사라지게 하여 이제는 분노케 하는 악(자연[물리]적인 것이 항상 같은 짝으로 동행하였던 도덕적인 것)에로의 몰락을 가속화된 상황과 더불어 서두르게 한다. 그렇게 우리는 지금 (그러나 이 지금은 역사만큼이나 오래되었다) 마지막 시대에 살고 있으며, 최후의 날과 세계 종말이 문 앞에 있다는 것이다. 그리고 힌도스탄Hindostan의 몇몇 지역들에서는 세계유지자 비쉬누Wischnu가 세계창조자 브라마Brahma로부터 위임받은 자신의 직무에 지친 후에 이미 세계 심판자이자 파괴자 루트렌Ruttren(보통은 시바Siba 또는 시벤Siwen이라고도 불린다)이 지금 권세를 가진 신으로 숭배되며, 그것은 이미 수세기 전에 기록되었다는 것이다."(AA VI 19쪽.) 칸트는 일반적으로 널리 퍼진 이해의 예로 호라즈Horaz, 『노래들』*Oden* III. 6쪽에서 다음 문장을 인용한다. "Aetas parentum peior avis tulit / Nos Nequiores, mox daturos / Progeniem vitiosiorem". 이것은 『논리학-블롬베르크』*Logik-Blomberg*에서 다음과 같이 말하고 있다. "호라즈가 말하길, '우리의 후손은 우리보다 더 못된 새끼를 낳을 것이다'."(AA XXIV 180쪽.) 호라즈, 『풍자들』*Saturae* I, 3, 68: "Vitiis nemo sine nascitur." 『호라즈의 풍자들』*Horazens Satyren*은 빌란트C.M. Wieland에 의해 라틴어로부터 번역되어 안내말들과 해설 주해들을 갖추고 있다(라이프치히 1786). "그렇다면

우리들 중에 누가 결함 없이 태어났는가?"

74) "확실히 단지 철학자들 가운데에, 그리고 우리 시대에는 특히 교육학자들 가운데에 자리를 잡은 영웅적인 견해"를 의미한다. 칸트는 "세네카에서 루소에 이르는 도덕가들"을 생각하고 있다(AA Ⅵ 19-20쪽). 루키우스 안네우스 세네카Lucius Anneus Seneca, 『분노에 대하여』*De ira*, Ⅱ, 13, 1: "Sanabilibus aegrotamus malis, nosque in rectum genitos natura, si sanari velimus, adiuvat" (AA Ⅵ 20쪽). 장-자크 루소Jean-Jacque Rousseau(1712-1778), 『1750년에 디종 학술원에서 그 학술원이 제시한 다음의 물음에 대해 수상한 논고: 학문들과 예술[기술]들의 재생산이 어느 정도 윤리의 정화를 위하여 기여하였는가?』*Abhandlung welche bei der Akademie zu Dijon im Jahr 1750 den Preis über folgende von der Akademie vorgelegte Frage davongetragen hat: Ob die Wissenschaften und Künste etwas zur Läuterung der Sitten beygetragen hat?* 다니엘 티에체Daniel [Titus] Tietze에 의해 번역됨(라이프치히 1752). 같은 저자, 『인간들 사이의 불평등의 근원에 관한 논고, 그리고 그 근원에 인간들은 근거 지어질 것이다; 레싱 선생에 대한 서한과 저자에게 보내는 볼테르의 편지와 함께 증보된 독일어 번역』*Abhandlung von dem Ursprunge der Ungleichheit unter den Menschen, und worauf sie sich gründe; ins Deutsche übersetzt mit einem Schreiben an den Herrn Magister Leßing und einem Briefe Voltairens an den Verfasser vermehrt.* 모세스 멘델스존에 의해 번역됨(베를린 1756). 같은 저자, 『에밀, 또는 교육에 관하여』*Aemil, oder von der Erziehung*(베를린 1762). 같은 저자, 『사회계약, 또는 보편적 국가법[……]의 근본규칙들』*Der gesellschaftliche Vertrag, oder die Grundregeln des allgemeinen Staatsrechts [……],* 가이거Chr. Fr. Geiger에 의해 번역됨.(마르부르크Marburg 1763) (AA Ⅵ 20, Ⅶ 326-327쪽.) 요한 베른하르트 바제도브Johann Bernhard Basedow(1724-1790), 『데사우에 세워진 인간사랑 양성소, 배우는 자들과 젊은 교사들, 가난한 자와 부자들을 위해 인간우호와 좋은 지식을 가르치는 하나의 학교』*Das in*

Dessau errichtete Philanthropinum, Eine Schule der Menschenfreundschaft und guter Kenntnisse für Lernende und junge Lehrer, arme und reiche(라이프치히 1774). 같은 저자, 『세계시민을 위해 읽고, 생각하고, 행할 것. 안할트-데사우에 세워진 한 인간사랑 양성소 또는 이미 오래되었어야 할 완전히 새로운 방식의 교육학적 연구소와 관련하여. 부모들, 학생들, 좋은 일의 필연성을 실천[실제]적으로 믿는 이들, 교육학에 재능있는 가난한 천재들에 대한 선행자들, 그리고 자신들의 군주에게 재정과 병력과는 다른 어떤 무엇에 관해 생각들을 전달할지도 모르는 국정인들에 대한 하나의 제안. 최소한 몇가지 담론들을 유발하기 위해 작성되거나 반복됨』*Für Cosmopoliten Etwas zu lesen, zu denken und zu thun. In Ansehung eines in Anhalt–Dessau errichteten Philantrophins oder Pädagogischen Seminars von ganz neuer Art, die schon alt sein sollte. Ein Antrag an Eltern, an Studierende, an solche, welche die Notwendigkeit guter Werke practisch glauben, an Wohltäter armer zur Pädagogie geschickter Genies, und an Staatsmänner, die ihren Monarchen von etwas Anders als von Finanzen und Miliz Vorstellungen thun dürfen. Mindestens zum Anlasse einiger Discurse aufgesetzt oder wiederholt*(라이프치히 1775). 같은 저자, 『가족들과 인민들의 아버지들과 어머니들을 위한 방법서』*Das Methodenbuch für Väter und Mütter der Familien und Völker* (알토나 1770-1771). 같은 저자, 「데사우 교육기관, 다음 부활절분기와 더불어 시작하게 될 교육학적 내용의 한 월간지의 공고」*Das Dessauische Educationsinstitut, Anzeige einer Monatsschrift von pädagogischem Inhalte, welche mitdem nächsten Osterquartal ihren Anfang nehmen soll*, <쾨니히스베르크의 학자들과 정치 신문들>Königsbergische Gelehrte und politische Zeitungen, 1777년 3월 13일 제21호. 요한 베른하르트 바제도브, 요아킴 하인리히 캄페Joachim Heinrich Campe(1748-1818) (편집), <교육학적 논의들>Pädagogische Unterhandlungen, 데사우 1777-1779. (AA Ⅱ 447-450; Ⅸ 448; Ⅹ 194-197, 234; ⅩⅩⅤ 723-724; ⅩⅩⅦ 471쪽). 요아킴 하인리히 캄페, 『동생

로빈손. 어린이를 위한 읽기책』*Robinson der Jüngere. Ein Lesebuch für Kinder*(함부르크 1779). (AA XXV 1144쪽 비교.)

75) 최후 심판 전의 그리스도의 천년왕국에 대한 신앙(그리스어 *Χίλιοι* [chilioi]는 '천千'). 천년왕국설은 요한의 『계시록』*Offenbarung* 4장에 의거한다. 초기 기독교와 중세의 천년왕국설의 추종자들은 곧 있을 그리스도의 재림으로부터 출발하였다(요한 계시록 20장 4절 이하를 볼 것). 칸트는 종교저술(1793/1794)에서 신학적, 그리고 철학적 "천년왕국설"을 구별한다. 신학적인 "천년왕국설"은 "전체 인간종의 완성된 도덕적 개선을 고대하고"(AA Ⅵ 34쪽), 유대교와 그리스도교에 의해 주장되며(AA Ⅵ 136-137쪽과 각주), 또한 고트홀드 에프라임 레싱(1729-1781)에 의해서도 주장된다. 『인간종의 교육』*Die Erziehung des Menschengeschlechts*(베를린 1780). 레싱은 칸트에게 "인간종의 한 신적인 교육에 대한 가설"을 말한다[임마누엘 칸트, 『속설에 대하여』, 오진석 옮김, 도서출판 b, 62-63쪽]. 철학적 천년왕국설은 "세계공화국으로서의 한 국제연맹에 근거 지어진 영원한 평화의 한 상태"를 희망한다(AA Ⅵ 34쪽). 그 천년왕국설은 수도원장 생 피에르St. Pierre, 장 자크 루소, 칸트 자신에 의해 대표된다. 샤를-이레네 카스텔 드 생-피에르Charles-Irénée Castel de Saint-Pierre(1658-1743), 『유럽에서의 영속적인 평화를 실현하기 위한 기획』*Projet pour rendre la Paix perpétuelle en Europe*(우트레히트 1713). 장 자크 루소: 『수도원장 생 피에르 씨의 영속적인 평화의 기획에 대한 발췌』*Extrait du projet de paix perpétuelle de Monsieur l'Abbé de Saint-Pierre* (1761), 같은 저자: 『전집』*Oeuvres complètes*, 3권(파리 1964)에 수록. (AA Ⅷ 24[오진석 옮김, 『속설에 대하여』, 70-71쪽]; AA Ⅻ 117; XV 210, 591-592, 705-706; XXV 764, 1005-1007, 1411-1412, XXVII 740; 칸트, 『판단력비판』, 함부르크 2006, 357쪽[AA Ⅴ 432-433쪽].)

76) 모세스 멘델스존, 『예루살렘 또는 종교적 힘과 유대교에 대하여』*Jerusalem oder über religiöse Macht und Judentum*(『모음집』*Gesammelte*

Schrften, 8권에 재인쇄), 제2절, 44-47쪽. 멘델스존은 레싱의 인간종의 신적인 교육에 대한 가설에 대해 "전체가, 이 지상의 인류가 시간의 흐름 속에서 항상 앞으로 나아가고 완전해진다는 것"은 망상이라고 주장한다. "우리는 전체로서 인간종이 작은 흔들림을 일으키는 것을 본다. 그리고 인간종은 곧바로 나중에 두 배의 속력으로 그의 이전 상태로 도로 미끄러짐 없이는 몇 걸음도 앞으로 내디디지 못했다." "인간은 계속해서 나아간다. 그러나 인류는 확정된 제한들 사이에서 끊임없이 위 아래로 흔들린다. 그러나 전체적으로 보아 시간의 모든 시대들 속에는 대략 윤리성의 동일한 수준, 즉 종교와 비종교, 덕과 악덕, 행복(?)과 불행에 관한 동일한 정도를 유지한다." 46쪽: "너희들은 섭리가 인류에 대해 어떤 의도를 가지고 있는지를 알아맞히고 싶은가? 어떠한 가설도 단조하지 마라. 단지 그 전부터 일어난 것을 둘러보기만 하라. 이것은 사실이다. 이것은 의도에 속한 것일 수밖에 없으며, 지혜의 계획 속에 허락되어 있었거나 적어도 함께 포함되어 있었던 것일 수밖에 없다."[칸트, 『속설에 대하여』, 오진석 옮김, 도서출판 b, 62-63쪽] 칸트는 1783년 8월 16일자의 멘델스존에게 보내는 한 서한에서 그 저술에 대해 칭찬하는 말을 한다(AA X 344-347쪽, 여기에는 344와 347쪽). 그에 반해 칸트는 멘델스존의 테제와의 논쟁을 다루고 있는 『속설에 대하여』의 제3절에서는 매우 비판적으로 말한다[『속설에 대하여』, 오진석 옮김, 61-72쪽]. 압데리티즘의 이론가로서의 멘델스존을 확인하는 것은 「크라카우」*Krakau* 사전작업의 1쪽에 그의 이름을 분명하게 언급하는 것을 통해서도 가능할 것이다. "압데리티즘"Abderitismus이란 용어는 우연의 개념에 근거하고 있는 압데라Abdera 출신의 데모크리토스Demokrit의 이론에 관계한다. 그의 테제는 에피쿠로스 학파에 전수된다. 『세계시민적인 견지에서의 하나의 보편적 역사를 위한 이념』*Idee zu einer allgemeinen Geschichte in weltbürgerlichen Absicht*에서는 다음과 같이 말한다. "그렇다면 사람들은 국가들이 마치 물질의 작은 입자들이 그것들의 우연한 충돌을 통해 모든 종류의 형성[구

성]Bildung을 시도하는 것처럼 결국 언젠가는 우연히 자신의 형식[형태]을 유지할 수 있는 그러한 하나의 형성[구성]을 성취할 때까지 새로운 충격[동인]을 통하여 다시 파괴되길 에피쿠로스적인 작용원인들의 어떤 개입에 의해 기대해야 하는가(언젠가 한 번 일어날까 말까한 행운의 경우!) [……].” (AA Ⅰ 226-227; Ⅱ 123-148, 368; Ⅲ 552:9; Ⅳ 533; Ⅴ 391쪽).

77) 호머Homer(『오디세이』*Odyssee* Ⅺ, 593-600)에 따르면 전설의 코린트의 왕은 그의 범행 때문에 저승에서 무거운 돌 하나를 어떤 한 산의 꼭대기에로 올리지만, 곧바로 다시 굴러 떨어졌던 돌 하나를 끊임없이 올리는 형벌을 받았다[오진석 옮김, 『속설에 대하여』, 62쪽].

78) 가브리엘 프랑수와 콰이예Gabriel François Coyer(1707-1782), 『도덕적인 사소함들』*Moralische Kleinigkeiten*. 프랑스어로부터 번역됨(제1판, 라이프치히 1755; 제2판, 베를린/슈테틴/라이프치히 1762). (AA Ⅷ 336쪽.)

79) 칸트는 사모스Samos의 아리스타코스Aristarchos(기원전 약 310-230)에 관해 말한다. “그래서 아리스타코스는 이미 코페르니쿠스적 체계를 가지고 있었을 것이다”(AA XXIV 643쪽). 그는 필로라오스Philolaos(기원전 5세기 중반)에 대해서도 마찬가지로 말한다. “코페르니쿠스의 세계체계를 이미 필로라우스Philolaus가 가지고 있었을 것이다”(AA XXIV 878, 952쪽). 칸트의 장서에는 피에르 가상디Pierre Gassendi가 있었다. 『코페르니쿠스와 튀코의 것과 같은 오래된 가설들에 접근하는 천문학 입문』*Institvtio astronomica iuxta hypotheseis tam vetervum, qvam Copernici, et Tychonis. Eivsdem oratio inauguralis iteratio edita*(파리 1647). 폴란드의 천문학자 니콜라우스 코페르닉Nikolaus Koppernigk(1473-1543)의 저술: 『천구의 회전에 대하여』*De Revolutionibus orbium coelestium: libri VI*(노림베르가에[뉘른베르크]Norimbergae 1543). 행성들이 “지속적으로 자신들의 규칙적인 궤도를 진행”한다는 주장은 코페르니쿠스의 가설이 자명한 확실성으로 바뀌는 갈릴레오 갈릴레이, 요하네스 케플러 그리고 특히 아이작 뉴턴의 발견들과의 연관을 내포한다. (AA Ⅲ 14쪽 각주**) 칸트는 뉴턴의 저술들도 소유하

고 있다. 『자연철학의 수학적 원리들』*Philosophiae Naturalis Principia Mathematica*(런던 1687), 『광학 또는 빛의 반사들, 굴절들, 굴곡들 그리고 색들에 관한 논고』*Optick or a Treatise of the Reflexions, Refractions, Inflexions and Colour of Light*(런던 1704, 제2판 1717).

80) 튀코 브라헤Tycho Brahe(1546-1601), 튀게Tyge(라틴어로 튀코) 브라헤, 덴마크의 천문학자: 『에테르[천공]의 세계에서 새로이 관찰된 현상들 2권』*De mundi aetherei recentioribus phaenomenis liber secundus*(Uraniburgi[Hven] 1588). 칸트는 "한 가설로부터 귀결들이 많으면 많을수록, 그 가설은 더 개연적이며, 적으면 적을수록 가능치 않다. 예를 들어 태양, 행성들 그리고 항성들이 지구의 둘레를 돈다는 튀코 드 브라헤의 가설은 많은 현상들을 충족시키지 못하고, 따라서 그는 항상 더 많은 것들을 가정할 수밖에 없다는 것이다"라고 말한다(AA XXIV 559쪽). (AA XVI 464; XXIV 440, 887, 889, 85쪽.)

81) 잡지<독일>의 1796년도 6월호에 프리드리히 슐레겔Friedrich Schlegel의 「칸트의 저술 영원한 평화를 위하여를 통하여 유발된 공화주의의 개념에 대한 시론」*Versuch über den Begriff des Republikanismus, veranlaßt durch die Kantische Schrift zum ewigen Frieden*이 발표된다. 그는 칸트 저술(1795)의 '**제1추가. 영원한 평화의 보장에 관하여**'를 다음과 같이 논한다. "'이러한 보장을 수행하는 것은 위대한 기술자인 **자연** 이외의 그 어떤 것도 아니다'라고 칸트는 말한다. 이 탁월한 생각의 상론이 아주 기지 넘치는 것이라 해도 나는 용감하게 그것에 있어서 내가 아쉬워하는 점을 고백하고자 한다. 가능성의 **수단들, 운명이라는 외적인 계기들**이 영원한 평화의 실제적이며 점차적인 실현을 보여 준다는 것은 충분치 않다. 다음과 같은 물음에 대한 하나의 답변이 기대된다. **인류의 내적인 발전**이 그곳으로 인도하는가? (상정된) **자연**의 **합목적성**(이러한 견해는 다른 연관에서는 정말 훌륭하고 필연적일지도 모른다)은 여기서 전혀 상관없다. 단지 **경험**의 실제적인 **필연적 법칙들**만이 한 장래의 결과를 보장할 수 있다. **정치 역사의 법칙들과**

정치 교육의 원리들이 영원한 평화가 공허한 이념이 아니라, 점차적으로 해결되고 그 목표에 지속적으로 가까워지게 되는 하나의 과제라는 것을 입증케 해주는 유일한 자료Data이다. 그것들에 따라 미래의 그것[영원한 평화]의 현실성과 또한 그 접근방식은 물론—이론적으로 그리고 시간과 장소의 모든 상황들에 따라—**예언될** 수는 없겠지만(65쪽[오진석 옮김, 『영원한 평화를 위하여』, 도서출판 b, 53쪽]), 그럼에도 불구하고 아마도 (비록 단지 가설적이라 할지라도) 이론적으로 확실하게 사전규정될 수 있을 것이다. —그 외에 (기대될 수 있는 것처럼) 여기서 칸트는 인류의 역사에서의 목적론적 원리의 사용을 하지 않는다(비판 철학자들은 그 원리까지도 허용하였다). 그렇지만 나에게는 어느 한 부분에서 무조건적인 의지자유의 실천적 개념이 부당하게 인류 역사의 이론적 영역으로 넘어들어 오는 것처럼 보인다.—만약 도덕신학이 물음을 제기할 수 있고 또 해야만 한다면, 부도덕성Immoralität의 지성계적인intelligible 근거는 어떤 것인가? —도덕신학이 그것을 대답할 수 있는지 그리고 **해야만 하는**지를 여기서 나는 그 자리에 놔둘 것이다—그래서 나도 또한 칸트적인 의미에서의 원죄 이외의 다른 답변을 알지 못한다. 그러나 인류의 역사는 단지 부도덕성이란 **현상의** 경험적인 **원인들**과만 관계한다. 근원적인 사악함[근본악]의 지성계적인 개념은 경험의 영역에서는 공허하고 아무런 의미도 없다."(<독일. 하나의 잡지>*Deutschland. Eine Zeitschrift* 라이히아르트J.F. Reichardt 편집, 베를린 1796. 헨리히G. Henrich 선택 편집, 라이프치히 1989, 168-185쪽, 여기에는 182쪽에 따라 인용.)

82) 이 열거는 바움가르텐에 연원한다. 『형이상학』 §348; "Signatum actuale, §347, vel praesens est, tunc signum dicitur demonstrativum; vel praeteritum, tunc signum dicitur mnemonicum, vel futurum, §298, tunc dicitur prognociticon."

83) 프랑스 혁명을 의미하지만, 1789년의 사건이 아니라 90년대의 혁명과정을 의미한다. 그 90년대에 제1차 동맹전쟁이 일어난다. 제1차 동맹전쟁(1792-97)에는 오스트리아, 프로이센(1795년 동맹탈퇴), 영국, 홀란드, 스

페인 그리고 사르디니아Sardinien가 참가한다. 프로이센은 바젤의 특별평화조약과 더불어 라인 왼쪽 지역을 포기한다. 1797년에 나폴레옹은 슈타이어마르크Steiermark로의 진군을 통해 전쟁을 결정한다(캄포포르미오Campoformio 평화조약). 그 평화조약(1797)과 더불어 오스트리아는 롬바르디아와 오스트리아 령 네덜란드를 포기하지만, 베네치아를 받고 한 비밀 추가조항을 통해 라인 왼쪽 지역에서 물러난다. AA Refl. 8077 비교. —AA XIX 604쪽: "이전에는 절대적으로 지배당하고, 지금은 가장 커다란 내외의 곤경 가운데에서 공화정화하는 한 민족을(혁명을) 바라보는 순전한 구경꾼들이 아주 활기찬 참여와 그들의 계획의 성취에 대한 소망으로 채우는 [……] 것은 무엇인가." 칸트는 다음과 같은 그의 동시대인들의 판단과 더불어 신뢰를 받았다. 요한 빌헬름 린데Johann Wilhelm Linde: 『이레네우스의 전쟁의 해악에 대하여, 그의 친구를 진정시키기 위하여』*Irenäus über das Kriegsübel, zur Beruhigung an seinen Freund*(쾨니히스베르크 1797), "서문", III-IV쪽: "지금 전 유럽에서 시작되는 아주 특기할만한 전쟁, 왜냐하면 그 전쟁에 대부분의 국가들이 직접적인 참가를 할 뿐만 아니라, 또한 다른 국가들도 간접적으로 그 전쟁을 통해 가장 놀라운 운명을 경험했기 때문에, 그 전쟁은 분명 되돌아 생각해 보면 예외 없이 모든 사람들에 의해 그 어떤 방식으로든 이용되었다 [……]. 그들은 가장 집중된 주의력으로 그 전쟁에 관심을 기울였고, 그것은 사건들에 대한 소식들을 타는 목마름으로 들이키는 호기심일 뿐만 아니라, 그것은 이번에 그 어느 때보다도 더 논쟁거리가 될 인류의 사안이라는 확신이기도 했다. 단순한 역사연구가 순식간에 법학으로 변화하였고, 종종 배우지 못하여 절반정도로 도야된 시민들이 그들의 당파에 대한 가장 열띤 논쟁에 빠지는 것을 보는 것이 인간의 원칙들과 열정들을 바라보는 관찰자와 똑같을 수는 없었다. 왜냐하면 각자는 모두 자신의 의견에 따라 보다 더 큰 권리를 갖는다고 주장했기 때문이다." 루트비히 페르디난드 후버Ludwig Ferdinand Huber는 1795년 1월 3일에 <모니터>*moniteur*에서 다음과 같이 쓰고 있다. "구 통치형식을 깨트리는 일이 일어나게 한 혁명처럼 독일에서의 하나의 정신적인 혁명을 성공시킨 유명한 칸트, 이 사람은 자신의 이름의 무게와 함께 공화적 헌정체제의 사안을 다루었다." <Mercure de France>의 편집자인 스위스인 자크 말레 뒤팡Jacques Mallet du Pan(1749-1800)은 그의 책 『프랑스 혁명과 그 지속의 원인에 대하여』*Über die französische Revolution und die Ursachen ihrer Dauer*, 프리드리히 겐츠Friedrich Gentz에 의해 번역됨(베를린 1794), 205쪽 이하에서 다음과 같이 쓰고 있다. "사람들은 그 혁명이 이러한 믿음을 흔들리게 하지 못했다는 것을 쉽게 떠올릴 수 있다. 그리고 그 혁명이 우리에게 부패한 인민들이 전제군주들보다 수천 배나 더 나쁘다는 것을 계시하였기 때문에, 나는 15년 전부터 나를 인도하였던, 그리고 우리에게 한 영국 시인이 두 구절로 읊조렸었던 하나의 준칙을 그들의 만행의 끔찍스러운 기념비 속에 묻을 것이다: 「형식들을 위하여……」". 칸트는 그 시를 다음과 같이 번역한다. "최선의 통치[정부]에 대해서는 광대들에게 논쟁하도록 내버려두라. 최선으로 수행된 정부[통치]가 최선의 정부[통치]이다."[오진석 옮김, 『영원한 평화를 위하여』, 도서출판 b, 29쪽 각주 비교] 이외에도 요한 에리히 비스터Johann Erich Biester가 1793년 10월 5일에 칸트에게 보내는 편지(AA XI 456쪽)와 사무엘 콜렌부쉬Samuel Collenbusch가 1796년 3월 30일에 칸트에게 보내는 편지(AA XII 67쪽)를 볼 것.

84) 칸트는 『속설에 대하여』에서 여기 다루어진 인민의 저항권이라는 주제에 대해 아헨발 및 홉스와 논쟁한다. 고트프리트 아헨발Gottfried Achenwall (1719-1772)을 볼 것: 『자연법 후서, 강의실 사용에 있어서의 가족법, 공법 그리고 국제법을 포괄하여』*Iuris naturalis pars posterior complectens ius familiae, ius publicum et ius gentium in usum auditorium. Editio quinta emendatior* (괴팅겐 1763) (AA XIX 325-442쪽에 인쇄됨), §§203-205: "만일 통수권자[수장]의 부정의를 오랫동안 인내함으로써 공동의 존재를 위협하는 위험이 그를 향하여 무기를 잡는 것에 의해 처리될 수 있는 것보다 더 크다면,

그때 인민은 저 통수권자에게 저항할 수 있으며, 이러한 권리를 위해 자신의 예속계약으로부터 벗어날 수 있고, 전제군주로서 그를 폐위시킬 수 있다." "인민은 그러한 방식으로 자연상태로 (또는 자신의 이전의 최고 지배자에게로) 돌아갈 것이다." 아헨발은 철학교수였으며, 나중에 또한 괴팅겐 대학의 법학교수였다. 칸트는 교과서로 아헨발의 그 저술을 그의 자연법에 대한 강의들에 기초로 삼았다. 유일하게 간직된 학생의 필사본 "파이어아벤트"는 AA XXVII 2, 2, 1317-1394쪽에 인쇄되어 있다. (종전 이후 실종된) 칸트 소유의 아헨발의 책의 간행본[인쇄본] 속에 칸트가 손으로 적은 메모들은 AA XIX 325-442쪽에 인쇄되어 있다[오진석 옮김, 『속설에 대하여』, 50-51쪽과 미주 8번 비교]. 또한 토마스 홉스Thomas Hobbes(1588-1679)도 볼 것: 『시민에 대하여』*De Cive* (1642) (또는 1647), 7장, §14: "국가에서 최고 권력의 소유자들은 계약을 통해 아무에게도 의무를 지고 있지 않다는 것이 알려졌고, 그로부터 그 소유자들은 어떤 시민에게도 부당함[불법]을 행할 수 없다는 것이 따라 나온다. 왜냐하면 부당함은 [……] 단지 계약들에 대한 하나의 위반일 뿐이기 때문이다. 그러므로 그러한 계약이 선행하지 않는 곳에서는 어떠한 부당함도 발생할 수 없다."(가블릭G. Gawlick 판본, 함부르크 1966, 155쪽에 따라 인용) [오진석 옮김, 『속설에 대하여』, 55쪽과 미주 13번 비교]. 칸트는 혁명과 연관하는 반란Rebellion을 좋게 평가하지 않는다. 그는 이미 1793년 저술의 『속설에 대하여』에서 조르주 자크 당통Georges Jacques Danton(1759-1794)을 논박적으로 지시한다. "주권자는 자신의 개념들에 따라 인민을 행복하게 만들고자 하여 전제군주가 된다. 인민은 자신의 행복에 대한 보편적인 인간의 요구를 빼앗기지 않으려 하여 반란자가 된다. 만약 최우선적으로 무엇이 정당한 것인지(선험적 원리들이 확정하는 것이 무엇인지, 그리고 어떠한 경험론자도 그러한 점에서 속임수를 쓸 수 없는 것이 무엇인지)가 물어졌다면, 사회계약의 이념은 이론의 여지가 없는 명망 속에 머물러 있을 것이다. 그러나 사실(당통이 그러한 사실 없이는 실제로 실존하는 시민적 헌정체제 속에 처할 수 있는 모든 권리들과 모든 소유물을 영이고 무효한 것이라 선언하고자 하는 것처럼)로서가 아니라 모든 공공의 법적인 헌정체제 일반을 판정하는 단지 이성의 원리로서 그러하다."[오진석 옮김, 『속설에 대하여』, 53쪽.]

85) 정서Affekt는 정열Leidenschaft이 아니다. 칸트는 이러한 구별을 프란시스 허치슨Francis Hutchson으로부터 넘겨받는다. 『정열들과 경향성들의 본성과 지배, 그리고 특별히 도덕적 감정에 대한 논고』*Abhandlung über die Natur und Beherrschung der Leidenschaften und Neigungen und über das moralische Gefühl inssonderheit*(라이프치히 1760), 33쪽: "만약 정열이란 말이 정서와 다른 어떤 무엇을 시사하는 것이라면 [……]." 66쪽: "만일 신체 내의 움직임들에 의해 동반되고, 그것을 통해 연장되는 보다 더 격렬하며 혼란된 느낌들이 동시에 정서와 함께 발생한다면, 우리는 이것을 정열[열정]이라는 명칭 하에 통합한다 [……]." 68쪽: "그러나 선 또는 악에 대한 이성적인 관찰에서 필연적으로 발생하는 것으로 보이는 정서들 외에도 우리의 본성[자연] 속에는 신체적인 움직임들과 동반된 격렬한 혼란된 느낌들이 있으며, 그러한 우리의 정서들에 대해 정열들이라 부른다." 94쪽: "어느 정도까지 우리의 상이한[여러] 정서들과 정열들이 우리의 강제 하에 예속되는지 [……]." 235쪽: "모든 가능한 근거들은 그것들이 기분 좋게 만드는 것인 경우에는 경향성들을 전제하거나, 또는 그것들이 정당하게 만드는 것인 경우에는 하나의 도덕적 감정을 전제한다." 351쪽: "물론 몇몇 특수한 기분 좋은 행위들을 위해 움직여질 수 있기보다는 하나의 신적인 명령이나 신적인 법칙들에 대한 생각을 염두에 둘 필요가 있는 마음의 종류는 실제로 하나의 커다란 선의 결핍을 갖고 있음에 틀림없다."(AA XXV 589쪽). 열광Enthusiasmus에 대해서는 안토니 샤프츠버리 경Anthony Lord of Shaftsbury를 볼 것: 『열광에 대한 한 편지』*Ein Brief über den Enthusiasmus*, 6절. 같은 저자, 『철학 저작들』*Philosopische Werke*, 총 3권(라이프치히 1776-1779), 1권에 수록, 67쪽: "내가 이미 처음

에 주장하였듯이 어떠한 시인도 그의 예술 속에서 하나의 신성神性의 현재를 그려내지 않고서는 위대한 어떤 무엇을 만들어낼 수 없다. 그 신성의 현재를 그려내는 것을 통해 그는 우리가 말하는 이러한 정열의 어떤 한 수준으로 고양된다." 1권의 7절, 69쪽도 볼 것: "왜냐하면 영감Eingebung은 신적인 현재[현전]에 대한 하나의 실제적인 감정이고, 정열은 그것에 대한 하나의 허위 감정이기 때문이다."(『판단력비판』, 143쪽[마이너 판].)

86) 베르길Vergil, 에네이스『*Aeneis*』 XII, 738-741쪽: "idque diu, dum terga dabant palantia Teucri, suffecit; postquam arma dei ad Volcania ventum est, moralis mucro glacies ceu futtilis ictu dissiluit, fulva resplendent fragmina harena."

87) 독일의 프랑스 혁명 지지자인 요한 벤야민 에르하르트Johann Benjamin Erhard(1766-1827)는 독일 자코뱅주의의 대표자로서 1793/94년의 자코뱅파의 공안위원회Wohlfahrtsausschuss[Comité de salut public] 독재를 지지하고 독일의 다른 자코뱅파들과 함께 남부독일에 하나의 공화국 설립을 계획한다. 칸트는 『하나의 혁명을 위한 인민의 권리에 대하여』(예나 & 라이프치히 1795)에 관련짓고 있다. 185쪽: "각각의 인민이 멈출 수 없이 자신의 성숙함에 반해 행하는 한에서, 모든 인민은 하나의 혁명을 준비하고 있다. 그러나 헌정체제들이 상이한 수준의 성숙함에 맞춰지고, 그것을 통해 하나의 본래적인 혁명을 막는 것은 가능하다. 그래서 모든 것은 점차적으로 발생하고, 부지불식간에 헌정체제가 그 올바른 도덕적 형식을 유지하는 것이다. 마치 사람들이 인민에 대해 인민은 자신의 미성숙함에 대해 책임이 있다고 말할 수 있는 것처럼, 또한 정부에 대해서도 정부는 모든 혁명에 책임이 있다고 말할 수 있다. 왜냐하면 정부는 스스로 그 성숙도에 맞추지 못했거나, 정부가 인민을 알고 있었던 수준에서 인간의 권리들을 존중하지 않았기 때문이다." 188-189쪽: "평등하게 인민을 계몽시키는 진행에서의 실행들이 그 자체 장려하는 인민의 계몽과 관련하여 인민을 다루는 일에 있어서 지속적으로 정당한 국가는 행복하다. 하나의

그러한 국가에서는 **혁명***Revolution*을 통해 발생하는 것과는 다른 것, 즉 지혜에 의해 야기된 하나의 **진화***Evolution*를 통해 발생하는 것이 일어난다." 192쪽: "계몽은 한 인민[민족]을 행복하게 하는 목적이 아니라 그 인민[민족]을 정당하게 하는 목적을 갖는다. 국가헌정체제는 행복이 아니라 정의를 산출해야 한다." 에르하르트의 책은 이미 같은 해에 라이프치히, 뮌헨 그리고 빈에서 금지되었다.

88) 페트루스 캄페르Petrus Camper(1722-1789), 네덜란드의 의학자: 『*Complementa varia acad. Imper. Scient. Petropolitanae commuicanda, ad clar. Ac celeb. Pallas*』, in: 『*Nova acta academiae scientiarum imperalis Petropolitanae*』, 2권, 1788, 250쪽 이하, 여기에는 251쪽: "Convictus cum maxime sum, orbem nostrum variis illis, ac horrendis catastrophis fuisse expositum aliquot seculis, antequam homo fuit creatus: numquam enim hucusque, nec in ullo museo, videre mihi contigit verum os humanum petrifactum, aut fossile, etiamsi Mammonteorum, Elephantorum, Rhinocerotum, Bubalorum, Equorum, Draconum, seu Pseudoursorum, Leonum, Canum, Ursorum, alioumque perplura viderim ossa, et eorum omnium haud pauca specmina in Museo meo conservem!"(AA XIV 619; XXI 214-215; 『판단력비판』 351쪽[마이너 판]). 요한 프리드리히 블루멘바흐Johann Friedrich Blumenbach(1752-1840), 해부학자이자 비교 동물학자: 『자연사 수첩』*Hanbuch der Naturgeschichte*(괴팅겐 1779), 44쪽과 47쪽 이하.

89) 「종교칙령」, 제7조를 볼 것: "소치니안들Socinianer[16세기 폴란드의 반삼위일체 종교공동체], 자연신론[이신론]자들Deisten, 자연주의자들 그리고 다른 교파[종파]들의 비참하고 이미 오래전에 반박된 오류들을 또다시 뜨겁게 하지 말고 또한 많은 불손함과 뻔뻔함으로 그러한 것들을 극도로 오용한 **계몽**이란 이름을 통해 인민 가운데에 유포하지 말아야 한다."

90) 영국은 1688/89년의 '명예혁명'Glorious Revolution으로 하나의 입헌 군주

제로 바뀐다. 오라니에Oranien의 빌헬름[윌리엄]Wilhelm 3세의 등극과 야콥[제임스]Jakob 2세의 프랑스로의 도피 후에 야콥의 맏딸이며, 개신교도로 남아 있었던 마리아[메리]Maria는 권좌에 오른다. 새로 소집된 의회(공회Konvention)는 하나의 주권자적 행사로 스스로를 정규의회로 선언하고 개신교 계승을 확정한다.

91) 플라톤, 『국가』*Politeia* 500d-e: "그러므로 만약 사람들이 우리가 저것의 진리를 말한다는 것을 알게 되기만 한다면, 그럼에도 불구하고 그들이 철학자들에게 화낼 것이고, 만약 우리가 한 국가는 신적인 원형을 사용하는 설계자들이 그 국가를 설계하지 않은 경우 행복할 수 없다고 말한다면, 우리를 믿지 않을 것인가?"(AA XXV 98-99쪽의 해명에 따라 인용; XXV 325쪽도 볼 것). 『인간학 강의』에서는 다음과 같이 말한다. "플라톤이 말하길, 철학자의 가장 고귀한 작업은 이념[이데아]을 전개하는 일이다." (AA XXV 551쪽) 플라톤에 대한 지시: 『국가』, 534b-d: "그러므로 또한 선과 관련해서도 마찬가지인데, 설명을 통해 선의 이데아를 다른 모든 것으로부터 분리하여 규정할 수 없는 사람, 그리고 전투에서 모든 공격들을 관통하여 뚫고 들어가듯이 그 이데아를 가상이 아니라 그 존재에 따라 주장하고자 하면서 하나의 정복될[흔들릴] 수 없는 설명을 가지고 이 모든 것을 통과하지 못하는 사람에 대해 너는 또한 그러한 사정에 처해 있는 그가 선 자체를 인식하고 있다고 주장하고 싶지 않을 뿐더러, 또한 그가 그 어떤 다른 선을 인식하고 있다고도 주장하고 싶지 않을 것이다. 오히려 만일 그가 그 선에 대한 그 어떤 한 상Bild을 떠올린다면, 그는 학Wissenschaft이 아닌 견해[억견]Meinung를 통해 떠올린다는 것이고, 그는 자신이 이 생에서 꿈꾸고 잠자면서 여기 이곳에서 깨어나기 전에 지하세계에 이르러 가장 깊은 잠 속에 완전히 빠진다는 것이다." (AA XXV 551쪽 해명에 따라 인용.)

92) 이 개념의 생성을 위해 다음과 같이 복합적인 문제들에 대한 논쟁을 볼 것: 1. 프랑스 혁명, 2. 프로이센의 입법 개혁, 3. 오스트리아의 입법

개혁. 1번에 대해서는 위의 주해 83번을 볼 것. 2번과 관련하여 베를린의 최고법원 고문이자 『일반 프로이센 영방법』*Allgemeinen Peußischen Landrecht*의 공동저자인 에른스트 페르디난드 클라인Ernst Ferdinand Klein은 1789년 6월 15일에 칸트에게 다음과 같이 쓰고 있다. "당신은 실천 철학에 대한 당신의 다음 저작에서 다음과 같은 물음을 허락할 것입니까?: 입법자의 자의에는 (영리함의 규칙들을 제외하고) 어떠한 한계들이 정해져 있는가?"(AA XI 62쪽). 1789년 12월 22일에 그는 다시 칸트에게 다음과 같이 쓰고 있다. "오래전부터 통용되던 것은 그 자체로 인민의 의지를 지니고 있는 것으로 보입니다. 그런데 나는 계약들을 통해 나의 자유를 제한해야 할 충분한 이유가 있으며, 그렇다고 내가 불가피한 의무들을 지키는 것을 통해 나에게서 권세를 빼앗는 것은 아니기 때문에, 내가 생각하기에 분명 그러한 통용들의 유지는 **양해***entschuldigen*됩니다. 나 자신은 내가 여기서 당연히 **정당화***rechtfertigen*라는 낱말을 사용할 수 없다고 느끼지만, 그것이 무슨 상관이 있는지요? 우리의 법칙들은 온통 그러한 자의적인 제한들에 관한 것들입니다. 한 번에 너무 거대한 변화들을 일으키고자 하는 한 입법자는 지배적인 견해들에 대해 아무런 방향도 맞추지 않을 것입니다." (AA XI 116쪽.) 1790년 4월 29일에 그는 칸트에게 그의 대화록 『프랑스 국민회의의 의결들에 대한 여덟 개의 대담에서 논의된 자유와 자산』*Freiheit und Eigentum, abgehandelt in acht Gesprächen über die Beschlüsse der französischen Nationalversammung*(1790)을 보낸다(AA XI 159쪽). 그는 다음과 같이 쓰고 있다. "그로부터 또한 국가는 권리를 소유[점유]하는 것보다 더 많이 권리를 획득하는 것을 제한할 수 있다는 것이 따라 나온다." (트래거C. Träger: 『독일 문학에 반영된 프랑스 혁명』*Die französische Revolution im Spiegel der deutschen Literatur* (라이프치히 1795), 849쪽에 따라 인용). (AA XXVII 524쪽 비교). 3번에 대해서는 요제프 니콜라우스 빈디쉬-그래츠 백작Josef Nikolaus Graf von Windisch-Graetz: *Discours dans lequel on examine les deux questions suivantes: 1. Un Monarque at-il le droit* *de changer de son chef une Constitution évodemment vicieuse? 2. Est-il prudent à lui, est-il de son intérêt de l'entreprendre?* (AA XI 73쪽 비교).

93) 칸트에게서 이 이념은 생-피에르와 루소의 기획들과의 논쟁을 통해 발생한다. 위의 주해 75번 비교.

94) 플라톤의 "아틀란티카"를 위해서는 체들러Zedler, 『일반-사전』*Universal-Lexikon* 2권, 단락 2045를 볼 것: "아틀란티스는 하나의 섬으로 대서양 항로의 입구에 자리하고 있다 하고, 유럽과 아프리카의 대부분을 지배했다고 하며, 아시아와 아프리카를 합한 것보다 더 컸다고 하고, 한 지진 후에 가라앉았다고 한다. 이것을 플라톤은 『티마이오스』와 『크리티아스』에서 이야기한다. 스트라본Strabon[지리학자, 기원전 약 63-기원후 23] Ⅱ. p. 160. 그러나 대부분의 사람들은 이 말이 플라톤이 실제로 그러한 하나의 섬이 있다고 적잖이 믿었다는 것을 암시하는 것이라고 생각한다는 것이다. 플리니우스Plinius의 『자연사』 VI, 31은 또한 아틀라스 산의 맞은편에 놓여 있어서 아틀란티스라고 불리는 섬이라고 생각하였다." 토마스 모어Thomas More(1478-1535): 『토마스 모루스를 통해 기술된 [……] 유토피아 섬 [……]에 대한 정연하고 상세한 기술』*Ordentliche und ausführliche Beschreibung der [……] Insul [……] Utopia beschrieben durch Thomam Morum*(프랑크푸르트 암 마인 1704). 『P. 모리 비티오르 유토피아. 또는 한 모범적 정책에 대한 기획: 그것을 통해 고위 당국은 제대로 강력해지며, 상거래에서 불화들, 소송거리들, 나쁜 약제들, 불평등한 이득이 [……] 지양되며, 금과 은이 거의 필요 없어지게 되며, 국가는 강력하게 되며, 풍부해지고 [……] 거의 황금시대가 다시 도래하게 된다』*P. Mori Beatior Utopia. Oder Entwurff Einer Paradigmatischen Policey: Wodurch Die Hohe Obrigkeit recht mächtig, Die Spaltungen, Gerichts-Zänckereyen, böse Artzeneyen, ungleicher Vortheil im Handel [……] gestillet, Gold und Silber fast unnötig gemacht, der Staat starck, reich vergnügt und [……] fast ein güldenes Seculum wiedergebracht wird*(쾰른 약 1700); J. B. K의 한 새롭고 자유로운

번역, 『영국총리 토마스 모루스의 유토피아』*Des Englischen Canzlers Thomas Morus Utopien*(프랑크푸르트/라이프치히 1753)에서 인용(AA XXV 172, 372, 564쪽 비교). 제임스 해링턴James Harrington(1611-1677), 영국의 정치 철학자: 『오세아나』*Oceana*(런던 1656) (AA Ⅶ 219; XXV 1542쪽). 드니 베라스 달레Denis Vairasse d'Allais: 『세베람비아 여행, 또는 세베람비아의 헌정체제, 윤리 그리고 관습에 대한 이야기』*Reise nach dem Lande der Sevaramben, oder Geschichte der Staatsverfassung, Sitten und Gebräuche der Severamben*. 『지그프리트 폰 린덴베르크』*Siegfried v. Lindenberg*의 저자(즉 요한 고트베르트 뮐러Johann Gottwerth Müller)에 의해 프랑스어로부터 번역, (이체호에Itzehoe 1683) (AA XXⅧ 1231쪽). 올리버 크롬웰Oliver Cromwell(1599-1658), 영국의 정치인. 왕의 처형과 "상원의회"Oberhaus [Lord of house]의 폐지 후에 영국에는 크롬웰의 지도와 "잔여의회" Rumpfparlament 그리고 런던의 중산층 시민계급이 지위를 차지하는 하나의 국가위원회 하에서 "커먼웰스[연방]"Commonwealth가 설립된다. 헌정체제의 구상은 홀란드 공화국에 방향을 맞춘다. 그렇지만 1653년에 크롬웰은 의회를 해산하고, 군대의 이름으로 "정부 기구"Instrument of Government를 포고하고 생애 동안 "호국경護國卿"Lordprotector이라는 반半-군주적 관직을 넘겨받는다. (AA XXV 823, 876, 1264, 1281쪽.)

95) 안톤 프리드리히 뷔슁Anton friedrich Büsching(1724-1793), 독일의 지리학자이자 교육학자, 베를린의 잿빛[프란체스코회의] 수도원 부설 김나지움 Gymnasium zum grauen Kloster의 교장이며 최고 종교국 위원. 1773-1781년에 그는 잡지 <새로운 지도들, 지리학적, 통계학적 그리고 역사적인 도서들과 저술들에 관한 주간 소식>의 편집자이다. 4년째 되던 해, 1776년 4월 15일자의 16호 131쪽에서 그는 다음과 같이 쓰고 있다. "유럽 국가들의 정부들이 빚 갚을 돈을 남겨놓고 있지 않기 때문에, 부유한 개인[사인]들이 그러한 정부들을 돕는다면 어디서나 환영받고, 그것을 통해 인간종에 대한 선행자가 된다. 하지만 가끔씩 또한 때때로 그렇게 선행하는 사람들

이 있다는 것을 신께 찬양하자!" 1777년 3월 27일에 데사우의 '인간사랑 양성소'에 대한 한 작문에서 칸트도 다음과 같이 말한다. "최고 종교국 위원 뷔슁 씨가 (주간 소식 1776년 16호에서) 말하듯이, 작금의 정부들이 학교개선을 위한 돈을 한 푼도 가지고 있지 않은 것으로 보이기 때문에, 그러한 일이 완전히 원래상태로 돌이켜지지 않는 한 결국 이러한 아주 중요하고 보편적인 사안[데사우의 '인간사랑 양성소'를 지원하는 일; 마인너 판 편집자]을 너그러운 기부를 통해 장려하는 것은 부유한 개인[사인]들에 달려있을 것이다."(AA Ⅱ 451-452쪽.) 링크Rink에 의해 출판된 칸트의 『교육학』에서도 다음과 같이 말하고 있다. "그래서 여기서는 주로 사적노력들이 관건이고, 단순히 **바제도브***Basedow*와 다른 이들이 생각하는 것처럼 제후들의 관여에만 달려있는 것은 아니다."(AA Ⅸ 448쪽.) <쾨니히스베르크 학자들과 정치 신문들>의 1776년 3월 25일자 호에는 안할트-데사우Anhalt-Dessau의 제후[영주] 레오폴드 프리드리히 프란츠Leopold Friedrich Franz의 기부가 보고되며, 그 기부를 통해 데사우의 바제도브에 의해 설립된 교육기관, "인간사랑 양성소"는 "그 지속을 보장받았다." 칸트는 그 기부를 "고상한 손의 상당히 많은 원조"라고 표현한다(AA Ⅱ 448쪽).

96) 추정컨대 칸트는 흄을 기억으로부터 인용하고 있다. 그는 『혼합 저술들』*Vermischten Schriften* (1766) 내에 「공공의 신용에 관하여」*Von öffentlichem Credit*란 제목으로 번역된 「*Of Public Credit*」 논문의 한 절에 관계하고 있다. 176-177쪽: "만일 내가 왕자들과 국가들이 그들의 부채들, 기금들 그리고 저당 잡힌 수입들 한가운데에서 다투고 칼부림하는 것을 본다면, 그것은 나에게 바로 한 중국 도자기 상점에서 몇 명의 사람들이 몽둥이로 치면서 싸우는 것 같이 보일 것이라고 나는 고백할 수밖에 없다. 왕자들은 아주 유용한 인간들의 생명과 재산들에 대해 같은 마음을 거의 갖지 않기 때문에, 어떻게 그들이 그들과 국가에 해로운 일종의 자산을 아낄 것이라고 기대할 수 있겠는가?"(AA ⅩⅩ 153쪽 비교, 마르부르크Marburg의

라인하르트 브란트Reinhard Brandt의 안내.)

97) 데시데리우스 에라스무스Desiderius Erasmus, 『아다지아』*Adagia* (베네치아 1508), 1.1.28: "나중에 비로소 프뤼기아[트로이]인들은 영리해질 것이다."

98) 크리스토프 빌헬름 후펠란트Christoph Wilhelm Hufeland(1762-1836), 의사, 학자. 후펠란트는 1796년 12월 12일에 칸트에게 다음과 같이 쓰고 있다. "존경받기에 합당하신 분인 당신은 내가 당신에게 한 책을 보내는 것을 허락하십시오. 그 책은 부분적으로는 사람들이 힘들인 정신노동으로도 늙게 될 뿐만 아니라 또한 좋은 효과를 내어 유익할 수도 있다는 것을 보여주는 우리 세대의 가장 존경스러운 대가들 중 한 분이며, 부분적으로는 인간에 대한 지식, 즉 참된 인간학이 아주 많은 덕택을 입고 있고, 그것을 통해 의학 자체를 위하여 아주 많은 업적을 쌓았고, 분명 미래에도 좀 더 쌓을 한 분으로서의 당신에게 하나의 유의할 만한 것 이상에 해당하는 책입니다. 동시에 나는 이 기회를 빌려 당신에게 나의 가장 마음 깊은 존경을 기꺼이 표하고, 당신이 계속해서 힘을 발휘하는 정신력을 가진 최고령의 인간에 대한 최신의 본보기를 보여 주시리라는 소망을 덧붙입니다. 그 소망은 이러한 힘을 그렇게 비축하여 아주 조화로운 효력을 발휘할 때 분명 희망될 수 있는 것입니다. 만약 인간에게서의 물리[자연]적인 것을 도덕적으로 논하는 일, 즉 물리[자연]적인 것도 함께 지니는 전체적인 인간을 도덕성을 계산해 넣은 한 존재로 서술[현시]하고자 하고, 도덕적 문화[도야]가 다만 소질 속이면 어디든지 현전하는 인간본성의 물리[자연]적인 완성을 위해 필수불가결한 것임을 보이고자 하는 나의 노력이 당신에게 마음에 들지 않는 것이 아니라면, 나는 행복하게 생각할 것입니다. 적어도 나는 그것이 선입견들이 아니었고, 내가 작업과 연구 자체를 통해 저항할 수 없이 이러한 논의방식 안으로 이끌리게 되었다는 것을 보증할 수 있습니다. 나는 다시 한 번 모든 사유하고 느끼는 인간에게서와 마찬가지로 아주 값비싼 당신의 삶[생명]이 더 오래 유지되길 최고로

소망합니다. 그리고 나는 가장 솔직한 존경을 품고 순종하는 시종입니다." (AA XII 136-137쪽). 후펠란트의 책은 다음과 같은 제목을 달고 있다. 『인간의 생명을 연장하는 기술』*Die Kunst das menschliche Leben zu verlängern* (예나 1796 또는 1797, 팩시밀리 판본: 함부르크 (대략) 1970). 칸트는 1797년 3월 15일과 4월 19일에 답하고 있다(AA XII 157-158쪽). 후펠란트는 다시 1797년 9월 30일에 칸트에게 편지를 쓴다. 칸트는 후펠란트에게 쓴 1798년 2월 6일자의 편지에 「마음의 권능에 관하여」*Von der Macht des Gemüths*라는 작문을 첨부한다(AA XII 232쪽). 후펠란트는 이미 다음의 작문들에서 그 주제에 종사한다. 「생명의 연장에 대하여」*Ueber die Verlängerung des Lebens*, <신 독일 메르쿠어>Der neue Teutsche Merkur 1792, 1, 242-263쪽에 수록. 「인간의 생명, 그 생명의 자연적 본성, 주요계기들, 기관들, 생명의 오랜 지속의 원인, 생명지속에 대한 인간의 영혼과 이성의 영향에 대하여. (하나의 강의)」*Ueber mmenschliches Leben, seine physische Natur, seine Hauptmomente, Organe, Ursach seiner langen Dauer, Einfluß der menschlichen Seele und Vernunft auf die Lebensdauer. (Eine Vorlesung)*, <신 독일 메르쿠어>1795, 1, 133-159쪽에 수록. 「1795년 8월의<신 독일 메르쿠어>에서 이성적 의학을 공격하는 것에 대한 한 마디」*Ein Wort über den Angriff der razionellen Medicin im N.T.Merkur. August 1795*, 빌란트Chr. M. Wieland 편집, <신 독일 메르쿠어>, 1795, 3, 138-155쪽에 수록. 후펠란트는 또한 『질병발생과 질병들의 생성과 형태에 미치는 생명력의 영향에 대한 생각들: 병리학 강의 입문으로서』*Ideen über Pathogenie und Einfluss der Lebenskraft auf Entstehung und Form der Krankheiten: als Einleitung zu pathologischen Vorlesungen*(예나 1795)의 저자이기도 하다.

99) 푸블리우스 코넬리우스 타키투스Publius Cornelius Tacitus(55-120[?]), 로마의 역사가, 『연감』*Annales*, XV, 64: "Seneca interim, durante tractu et lentintudine mortis, Statium Annaeum, diu sibi amicitiae fide et arte medicinae probatum, orat provisum pridem venenum, quo d[am]nati publico Atheniensium iudi-

cio exstinguerentur, promeret; adlatumque hausit frustra, frigidus iam artus et cluso corpore adversum vim veneni. postremo stagnum calidae aquae introiit, respergens proximos servorum addita voce libare se liquorem illum Iovi liberatori. exim balneo inlatus et vapore eius exanimatus, sine ullo funeris sollemni crematur. ita codicillispraescripserat, cum etiam tum praedives et praepotens supremis suis consuleret."

100) 『*Biblia*』, 창세기 3장 19절: "너는 흙으로부터 취해졌으니 네가 다시 흙이 될 때까지 **네 얼굴의 땀으로 네 빵을 먹어야 할 것이다**. 너는 흙이니 흙이 되어야 할 것이다."

101) 생명력의 개념은 같은 해에 다음과 같은 저자들에 의해 다루어진다. 요한 크리스티안 라일Johann Christian Reil, 「소위 동물의 전기현상에 대한 편집자에게 보내는 교수 라일 씨의 서한」, <물리학 저널>, Ⅵ, Ⅲ, (1792), 411-414쪽. 같은 저자, 「생명력에 관하여」, <생리학 논총>, 1 (1795), 8-162쪽. [원어제목은 위의 주해 70번 참조]. 요아킴 디트리히 브란디스Joachim Dietrich Brandis, 『생명력에 대한 시론』*Versuch über die Lebenskrsft* (하노버 1795). 『요한 브라운의 약제론의 원칙들』*Johann Browns Grundsaetze der Arzeneylehre*. 바이카르트M. A. Weikard에 의해 라틴어로부터 번역됨(프랑크푸르트 암 마인 1795).

102) 겔리우스Gellius, 『아티카의 밤들』*Noctes Atticae*. 마샬P.K. Marshall 편집(옥스포드 1968), ⅩⅦ 19, 6: "Verba haec duo dicebat: ?????? [sustine] et ?????? [abstine]." (AA Ⅵ 419; Ⅸ 486; ⅩⅤ 71; ⅩⅩⅤ 892, 1078, 1320쪽 비교).

103) 푸블리우스 테렌티우스 아퍼Publius Terentius Afer(기원전 196-160), 로마의 시인: 『자기 스스로 괴롭히는 자』*Heautontimoroumenos* (AA Ⅱ 313, Ⅵ 460, ⅩⅡ 35, 415, ⅩⅤ 875, ⅩⅩⅢ 98쪽).

104) 지렛대의 받침대.

105) 마르쿠스 툴리우스 키케로Marcus Tullius Cicero: 『투스쿨룸의 대

화』*Tusculanae Disputationes*, 막스 폴렌츠Max Pholenz(편집), 『*Scripta quae manserunt omnia*』(슈투트가르트 1965)에 수록, Ⅱ 25, 61: “Zenonem significabat, a quo illum [……] ‘nihil agis, dolor! quamvis sis molestus, nunquam te esse confitebor malum’.” 칸트는 이 문장을 <베를린 월보>28호 (1797)(12월), 485-504쪽(AA Ⅷ 411-422쪽)에 수록된 「철학에서의 영원한 평화를 위한 한 논문의 가까운 종결을 알림」이란 글에서 다음과 같이 보고한다. “스토아 철학자 **포시도니우스***Posidonius*는 약제로서의 철학의 힘에 대한 한 예를 위대한 폼페이우스Pompeius가 참석한 자리에서 자기 자신에게 행한 한 실험을 통해 보여준다(Cicer. tusc. quaest. lib 2, sect. 61). 그가 에피쿠로스 학파의 생생한 논박을 통해 하나의 격렬한 통풍발작으로 압도당하여 그 통풍이 발에까지 나타났고 심장과 머리에는 미치지 않았을 때, 그가 **통증은 전혀 악한 것이 아니다**라는 문장을 낭송함으로써 철학의 직접적인 **물리[자연]적 효과[작용]**에 대한, 즉 그 작용을 통해 자연이 의도하는 것(육체의 건강)에 대한 증명을 해 주었다.”(489쪽; AA Ⅷ 414-415쪽)(AA Ⅴ60; ⅩⅩⅤ16, 736쪽). 칸트는 통증[고통]으로부터 주의력을 돌리는 능력에 대한 한 증명을 에드먼드 버크Edmund Burke에게서도 읽는다. 『숭고와 미에 관한 우리의 개념들의 근원에 대한 철학적 연구』*Philosophische Untersuchungen über den Ursprung unserer Begriffe vom Erhabenen und Schönen*. 영어본 제5판(크리스티안 가르베Christian Garve에 의해 번역됨, 리가Riga 1773), 216-218쪽: “스폰Spon은 그의 고대유물에 대한 조사에서 우리에게 유명한 인상[골상]학자 캄파넬라Campanella의 한 특별한 이야기를 해준다 [……]. 이 캄파넬라 [……] 는 그가 고문까지도 별 고통 없이 견딜 수 있었을 정도로 그의 주의력을 가장 강력한 신체의 고통들로부터 돌리도록 통제할 수 있었다. 그리고 비교적 적은 통증들에 대해서는 모든 사람이 그 통증이 일정 시간 동안 사라질 만큼 자주 자신의 주의력을 그 어떤 다른 사안에 기울일 수 있다는 것을 스스로 의식하고 있어야만 한다.” (AA ⅩⅩⅤ 38쪽.)

106) 호라즈Horaz, 『편지들』*Epistulae*, Ⅱ, 3,385: "Tu nihil invita dices faciesve Minerva; id tibi iudicium est, ea mens [……]"; 『호라즈의 편지들』*Horazens Briefe*: "내가 생각하건대, 너, 나의 피소Piso야—이것[이 이름]은 우리에게 너의 지성과 선한 마음을 약속[맹세]한다—너는 네 삶에서 미네르바의 의지에 거스르는[미네르바의 반감을 사는] 것은 아무것도 시작하지 말아야 할 것이다."

107) 요한 페터 쥐스밀히Johann Peter Süssmilch를 볼 것: 『인간종의 출생, 죽음 그리고 생식으로부터 입증된 그 인간종의 변화들 속에 있는 신적인 질서』*Die göttliche Ordnung in den Veränderungen des menschlichen Geschlechts, aus der Geburt, dem Tode und der Fortpflanzung desselben erwiesen.* 총 2부(베를린 1761-1762). <베를린 월보>에 간행된 망자명부[죽음의 간지들]Sterbelisten도 볼 것.

108) "라틴[로마] 문자체"Antiqua는 어디서든 유일한 인쇄체로서 확고한 위치를 차지한다. 독일 고전의 시인들은 그들의 판본들을 위해 종종 이 서체를 요구한다. 그 서체는 프랑스의 도서인쇄를 2백 년 동안 지배한 한 가문의 이름으로 붙여졌다. 디도Didot 가문. 그 가문의 가장 훌륭한 구성원들은 다음과 같다. 프랑수아 암브루아즈 디도François Ambroise Didot(1750-1804), 피에르Pierre, 피르맹Firmin, 레제Léger. 요한 고틀롭 임마누엘 브라이트코프Johann Gottlob Immanuel Breitkopf(1719-1794)는 집중적으로 활자역사에 대한 연구들을 수행하고 알브레히트 뒤러Albrecht Dürer의 예술이론 저술들에 대한 독서를 통해 독일식 글자체에 대한 연구를 수행하게 된다. 브라이트코프는 옛 서체를 새롭게 하여 그 서체를 근대적인 사용에 맞게 만든다. 그는 비교적 많은 단계들을 거쳐 하나의 작고 예쁘며 모든 과도한 장식들을 제거한 활자체를 만든다. 또한 브라이트코프는 인쇄업과 관련된 활자주조에도 커다란 관심을 보인다. 브라이트코프 식 활자들은 특수하게 강화시킨 합금의 사용에 의한 그 활자의 내구성 때문에 모든 인쇄업자들에게서 좋게 평가되었고 온 세계로 확산되었다. 그 활자들은 "장

폴-서체"Jean Paul-Schrift로 알려진다. 왜냐하면 그 활자들은 요한 파울 리히터Johann Paul Richter의 『영혼의 거듭남』*Palingenesien*을 위해 이용되었기 때문이다.

찾아보기

-사항-

(ㄴ)

(ㄷ)

(ㄹ)

(ㅁ)

(ㅂ)

(ㅅ)

(ㅇ)

(ㅈ)

(ㅊ)

(ㅋ)

(ㅌ)

(ㅍ)

(ㅎ)

찾아보기

-인명-

학부들의 논쟁

초판 1쇄 발행 2012년 9월 26일

지은이 임마누엘 칸트
옮긴이 오진석
펴낸이 조기조

펴낸곳 도서출판 b
등　록 2003년 2월 24일 제12-348호
주　소 151-899 서울시 관악구 미성동 1567-1 남진빌딩 401호
전　화 02-6293-7070(대) 팩시밀리 02-6293-8080
홈페이지 b-book.co.kr 이메일 bbooks@naver.com

ISBN 978-89-91706-56-9　93160

정가_13,000원

* 잘못된 책은 교환해 드립니다.